宏观审慎框架下的商业银行资产负债表监管策略研究

刘旭妍 ◎ 著

吉林科学技术出版社

图书在版编目（CIP）数据

宏观审慎框架下的商业银行资产负债表监管策略研究 / 刘旭妍著. -- 长春：吉林科学技术出版社，2021.6
ISBN 978-7-5578-8145-0

Ⅰ. ①宏… Ⅱ. ①刘… Ⅲ. ①商业银行－资金平衡表－银行监管－研究－中国 Ⅳ. ①F832.33

中国版本图书馆 CIP 数据核字（2021）第 102684 号

宏观审慎框架下的商业银行资产负债表监管策略研究
HONGGUAN SHENSHEN KUANGJIA XIA DE SHANGYE YINHANG ZICHAN FUZHAIBIAO JIANGUAN CELUE YANJIU

著	刘旭妍
出 版 人	宛　霞
责任编辑	孟　盟
封面设计	舒小波
制　　版	舒小波
幅面尺寸	185 mm×260 mm
开　　本	16
印　　张	11.875
字　　数	260 千字
页　　数	190
印　　数	1-1500 册
版　　次	2021 年 6 月第 1 版
印　　次	2022 年 1 月第 2 次印刷

出　　版	吉林科学技术出版社
发　　行	吉林科学技术出版社
地　　址	长春市净月区福祉大路 5788 号
邮　　编	130118
发行部电话/传真	0431-81629529　81629530　81629531
	81629532　81629533　81629534
储运部电话	0431-86059116
编辑部电话	0431-81629518
印　　刷	保定市铭泰达印刷有限公司
书　　号	ISBN 978-7-5578-8145-0
定　　价	50.00 元

版权所有　翻印必究　举报电话：0431-81629508

前言 PREFACE

次贷危机爆发以后，全球范围内的经济形势不容乐观，单一的微观监管并不能随着金融业的发展起到有力的监管作用，宏观审慎管理亟待建立。目前，我国经济长期将延续L型走势，由于产能过剩和杠杆率过高，金融业的信贷风险上升，区域系统性金融风险存在的潜在可能性较大。不良贷款增速有所放缓但仍然难以见底，影子银行规模过大，监管套利增多，以上问题带来的信用、利率等风险问题层出不穷。融资多元化、融资渠道增加，金融不断创新使得现有"一行三会"监管模式捉襟见肘。同时，我国近年经济平稳增长，稳中向好的经济形势适合加强监管，深化推进宏观审慎管理的机会。

近年来，商业银行资产负债表的扩张方式发生了较大变化，集中表现在负债来源多元化、信贷投放趋同、同业结构调整、表外理财膨胀等方面，给传统审慎监管带来一系列的挑战。新的宏观审慎评估体系（Macro Rrudential Assessment，以下简称MPA）在延续原有审慎监管逻辑的基础上，通过强化资本支撑上限与资产规模扩张的联系，实现了对表内外资产总量和季度投放节奏的直接约束。《宏观审慎框架下的商业银行资产负债表监管策略研究》一书在总结传统审慎监管框架的基础上，着重分析了MPA管理的内容、实践和创新思路，从资产负债管理的角度指出确立以人民银行为主导的宏观审慎监管框架、增强对系统性风险的识别与评估能力、强化对系统重要性结构的监管力度、完善系统重要性机构的内部控制体系、实施逆周期的监管措、提高压力测试实施效果等应对策略。

编者

2021.4

目录
CONTENTS

第一章 导论 ·········· 1
 第一节 研究背景 ·········· 1
 第二节 研究综述 ·········· 2

第二章 宏观审慎监管的理论基础 ·········· 6
 第一节 宏观审慎监管的理论基础 ·········· 6
 第二节 宏观审慎监管系统性金融风险的理论 ·········· 16

第三章 商业银行资产负债管理概述 ·········· 29
 第一节 商业银行资产负债管理的定义 ·········· 29
 第二节 资产负债管理的基本理论 ·········· 34
 第三节 商业银行资产负债管理的方法 ·········· 41

第四章 商业银行资产负债管理的意义和作用 ·········· 47
 第一节 商业银行在国民经济中所扮演的角色 ·········· 47
 第二节 商业银行的社会责任 ·········· 53
 第三节 商业银行的管理目标与资产负债管理 ·········· 64
 第四节 商业银行资产负债管理的意义和作用 ·········· 71

第五章 宏观审慎监管对商业银行经营影响 ·········· 76
 第一节 从微观监管到宏观监管的转变 ·········· 76
 第二节 宏观审慎监管工具 ·········· 85
 第三节 监管工具对银行经营的影响 ·········· 89

第六章 宏观审慎监管下商业银行的经营现状 ... 96
第一节 我国系统性金融风险的现状分析 ... 96
第二节 我国宏观审慎监管的实践及成效 ... 110
第三节 我国银行业系统性风险监管存在的问题 ... 121

第七章 宏观审慎监管下商业银行经营的对策 ... 127
第一节 确立以人民银行为主导的宏观审慎监管框架 ... 127
第二节 增强对系统性风险的识别与评估能力 ... 131
第三节 强化对系统重要性结构的监管力度 ... 134
第四节 完善系统重要性机构的内部控制体系 ... 138
第五节 实施逆周期的监管措施 ... 145
第六节 提高压力测试实施效果 ... 147

第八章 国外宏观审慎监管的实践经验 ... 150
第一节 美国宏观审慎监管的实践 ... 150
第二节 欧盟宏观审慎监管的实践 ... 156
第三节 英国宏观审慎监管的实践 ... 164
第四节 巴塞尔委员会宏观审慎监管的实践 ... 168
第五节 日本宏观审慎监管的实践 ... 172

参考文献 ... 181

第一章 导论

第一节 研究背景

随着全球一体化进程的深入发展，现代金融结构主要以网络化形式所呈现，金融市场彼此相互关联、相互影响，导致单个金融市场不仅受自身制约因素的影响，而且还受外界金融市场波动的影响。从上世纪末以来，历史上金融系统性风险的案例不胜枚举，如1987年的美国股市"黑色星期一"股价暴跌事件、1997年泰铢大幅贬值引发东南亚和欧洲乃至世界的货币危机事件、2001—2002年阿根廷比索严重贬值导致多国相继爆发了货币危机事件、2007—2009年始于美国的次贷危机引发GFC（全球金融危机）事件、2010-2012年的欧洲公共债务危机事件、2019年至今的"新冠"疫情致使全球金融市场持续动荡事件。这些事件对金融市场危害巨大，严重的会破坏一个国家或地区正常的金融秩序甚至是金融安全，更严重的还会导致经济衰退、社会动荡、政局不稳，从而引发全球性的系统性风险。这些事件的发生，引发了很多关于金融市场方面的研究，其中研究者对系统性风险的研究兴趣明显增强，导致了大量文献提出了一系列研究金融市场对系统性风险贡献的新研究，这也促使我们更好地理解金融系统性风险。

研究表明，在金融系统性风险危机之前，单个金融市场的风险是监管者所关注的；危机过后，国际社会为了维护金融稳定，核心内容之一是加强以宏观审慎为导向的系统性风险的监管框架，这就要求明确系统性风险的根本原因。通常，系统性风险是内生的，来自金融系统本身，并放大了外生风险，它可以被视为金融协调失败。系统性风险的具体来源是传染、银行挤兑和流动性危机。众所周知，银行业是构建金融体系的一个非常重要的组成部分，为金融业的发展提供了举足轻重的作用，在金融研究中也备受关注。继2007—2009年的GFC和2010—2012年的欧洲公共债务危机以来，学术界和金融监管部门都更加关注非银行金融市场，特别是保险市场在造成系统性风险方面所扮演的角色。危机之前，人们普遍认为保险市场对系统性风险的贡献非常小。然而，在随后的文献中，国内外出现了几篇文章都表明保险市场有制造系统性风险的可能性。郭金龙和周华林声称保险市场的系统性风险的监管刻不容缓；Billioetal和Weiß&Muhlnickel皆声称保险市场是系统性风险不可避免地来源；Baluchetal、Cummins&Weiss、Chenetal 和 Czerwińska 皆声称保险市场具有系统重要性。

另一方面，Bierthetal 声称 2007—2008 年金融危机期间，保险市场对系统性风险的影响达到极值，还指出 4 个 L，即关联（Linkages）、杠杆（Leverage）、损失（Losses）、流动性（Liquidity）是导致保险公司系统风险敞口的关键因素。

第二节 研究综述

一、国外研究现状

纵观国外研究的文献，发现对系统性风险的研究由来已久，但不同时期对系统性风险的侧重不同，研究的侧重点也不同。下面按照对系统性风险的起源发展以及监管的发展情况来论述。

1. 系统性风险的起源与成因

人们最早对系统性风险的认识源于发现如果一家银行出现了破产倒闭的现象那么会由这一事件产生溢出效应波及其他的银行（Thornton，1982）。这便是银行挤兑现象。将这一现象提炼为系统知识的是 Diamond and Dibvig（1983），所以银行挤兑模型被称为 DD 模型。他们认为银行与存款人的平衡在于银行可以实现储户之间风险与收益的分担共享，但如果存款人认为银行不具备相应的偿付能力，那么银行与储户之间的平衡被打破，储户会将存款从银行取出。而关注其他储户的存款行为可能会给自己带来损失，于是储户们纷纷将存款取出，参与挤兑。后来产生了许多关于银行挤兑现象和结果的研究，市场如果出现引起金融恐慌的信息（也有可能是虚假信息引发的恐慌），由于银行业的脆弱性（Minskyand Hyman，1982）很可能对产生连锁反应，导致"技术性破产"（Borio，2003；Lehar，2005；Goodhart，2006），最终银行会纷纷倒闭对整体经济造成巨大影响（Bernanke，1983）。这一阶段学者对于系统性风险的认识只是了解其如多米诺骨牌效应般的传染性可以导致银行挤兑现象的产生。对银行危机的雏形有了了解，并且已经粗略探讨出为解决这一现象建立存款保险制度与最后贷款人的必要性。

2. 系统性风险的识别与度量

随着经济的发展与时代的进步，金融大环境得到蓬勃发展。经济的飞速发展离不开各国的金融创新以及金融自由化。但高速成长也孕育着高风险，这一阶段人们逐渐意识到系统性风险爆发的巨大威力。1994 年墨西哥金融危机蔓延至美国和加拿大；1997 年东南亚国家的金融危机扩散至整个亚洲；2007 年美国次贷危机波及全球经济的衰退。因此这一时期学者开始关注系统性风险的识别与度量。其中比较著名的有 Aleksiejuk and Holyst（2001），通过统计物理的方法和二维有向随机网络模型，定性解释了1932年美国大萧条期间的银行倒闭现象。另外还有英格兰银行（Aikman et al）通过基于资产负债表的信贷模型以及网状结构模型评估银行违约概率考察了资产流动性风险。此外，国外学者对系统性风险的实证研究方法大体分为一下几种：

（1）指标法

巴塞尔银行监管委员会（BCBS）提出对衡量各国系统重要性银行的12条指导原则；

（2）网络分析法

Upper and Worms；Wells；；Lelyveld and Liedorp（2006）通过构建银行间市场双边风险暴露矩阵，采用模拟法检验单个或部分银行倒闭的传染效应，分别对德国、英国、荷兰等国家测量了银行的系统性风险；

（3）市场模型法

这一方法主要是基于公开市场数据建立预测模型。主流的方法有 CoVaR（条件在线价值法）AdrianandBrunnermeier 对公开上市的1226家金融机构采用分位数回归估计了美国金融系统 CoVaR。此外还有 MES 法（marginal expected shortfall），即金融机构边际风险贡献的有效度量。Acharya, PedersenandPhilippon 采用2008年102家金融机构的 CDS 价格和股票回报率数据，实证结果显示前十中的八家都在危机中遭受损失，并预测了自2001年起至经济危机结束阶段个体溢出性风险金融机构的风险贡献值。

（4）系统性风险的监管—宏观审慎

在认识到了系统性风险的巨大破坏性之后，学者们对银行风险监管方面的研究变得更加重视。从巴塞尔银行监督委员会对银行监管的要求变化可以看出对银行系统性风险监管的进程。最早在1988年推出的巴Ⅰ确定了银行监管的三大支柱，即最低资本充足率、监管部门审查及市场纪律。以及由美国联邦金融机构监管委员会设立的 CAMELS 框架。分别对资本充足性（Capital Adequacy）、资产质量（Asset Quality），管理能力（Management），盈利性（Earnings），流动性（Liquidity）还有后来增加的敏感性指标（Sensitivity to Market Risks）作出了规定。各国银行机构可以通过这些审慎监管工具来规避一定的银行经营风险。

但在金融危机后人们意识到单纯对单个机构的审慎监管不能防范系统性风险的蔓延，所以越来越多的监管方式倾向于宏观审慎的监管政策。其实"宏观审慎"的概念并非是在危机之后新创造的。早在1979年的库克委员会（Cooke Committee）的一次会议中，宏观审慎用来表示为了防止快速增长的贷款增量带来的风险的相关政策处理（Piet Clement，2010）。对于系统性风险的宏观审慎监管，通过学者的不断研究得到发展。最初，如学者 Andrew Crockett 在监管目标和监管方式方面对了微观审慎和宏观审慎监管的异同，认为二者是金融监管中不可或缺的两个并存体系。后来 Claudia 首次将宏观审慎监管分为横截面维度与时间维度两部分，对系统性监管提供了新思路。

　　危机后国际性监管机构也采取了一些推行宏观审慎监管的政策。2009年美国总统奥巴马公布了《金融监管体系改革框架》，首次将金融业作为整体进行监管政策。2009年，国际货币基金组织（IMF）在《全球金融稳定报告》中规范定义了系统性风险，并针对系统性风险的识别、测量、监管等作出了重要陈述。IMF随后在2011年强调对系统性风险的防范是宏观审慎政策的首要目标。巴Ⅲ也提出了逆周期监管的理念，强调银行要引入资本缓冲机制来缓解微观审慎监管引发的顺周期性系统性风险。

二、国内研究现状

　　西方国家学者对系统性风险的相较于我国提前很多，我国对系统性风险的研究热潮出现在此次危机之后，所以国内对系统性风险及其监管的研究相比国外少一些，大体也可以分为系统性风险的成因、度量及监管三个方面。

1. 银行系统性风险的成因

　　国内对系统性风险成因大致有两种思路：一方面认为系统性风险源于金融体系风险内生性理论。研究较早的有翟金林，较详细地对系统性风险的形成、传导、估测与防范做了系统性研究，表明银行实行部分准备金制度造成的基础不实以及体制问题是造成银行系统性风险先天"内生性"的原因。进一步将系统性风险的成因分类的研究为周柏将其归结为金融脆弱性假说、货币主义的金融危机理论、信息不对称理论和金融资产价格波动论四种，并就每种理论产生的根源进行了客观的评论。另一方面认为系统性风险是由于金融创新引起的。金融创新往往意味着带来新的风险。欧阳谦对"影子银行"进行了详细的研究，他认为影子银行的特点是交易模式采用批发式、不透明的场外交易、杠杆率非常高、过度创新以及游离于现有的监管体制外同时也在最后贷款人的保护伞之外特点，这些特性导致其累积了相当大的风险。宋彤提出本次危机的根源之一是金融机构过度创新导致金融体系的过度杠杆化，而过度杠杆化具有放大复杂性、增加脆弱性、顺周期性等特点，从而直接引起系统性风险的增加。

2. 银行系统性风险的度量

　　对系统性风险的度量方法应从横截面维度和时间维度进行阐述。主要分为以下方法：

（1）综合指数法

　　此种方法主要通过对系统性风险设立指数阈值来预警风险。张娜从截面维度与时间维度两方面运用主成分分析法以及协整方法等度量了中国银行业系统性风险，并构建了评估银行系统性风险的指标。曹崇荣运用矩阵分析法分析我国16家上市银行的系统关联性，还用shaplay值测算了银行的系统重要性。结果表明工商银行与中国银行具有明显系统重要性特征，且大型银行分散化风险作用明显。

（2）在线价值和预期损失法

条件在线价值（CoVaR）方法因其将进入机构整体进行考虑，能较完整地定义和度量系统性风险，溢价且大多采用分位数回归。樊丽运用此方法对我国上市银行从截面维度与时间维度测度了系统性风险，验证了系统重要性银行的风险和内在的顺周期性以及它们的影响因素，同时也考察了银行主要指标变量对系统性风险的影响程度。但由于 VaR 方法不总是一致性的风险度量，满足所有一致性条件的期望损失 ES 方法可以弥补这一缺陷。期望损失 ES 是指在最大损失发生情况下对平均损失的度量。申琬莉进一步发展此方法，运用边际风险贡献（MES）对银行的系统性重要性进行了分析和总结。这一方法考虑了金融机构杠杆率对其边际风险贡献和系统性风险的影响，一般可以通过未发生金融危机时各金融机构的边际期望损失和杠杆率，预测发生系统性金融危机时金融机构对整个系统的边际风险贡献。

（3）网络模型法

网络模型法基于银行间的资产负债表，通过建立债权债务矩阵形成网络，构造相关向量并设定循环条件，进行算法循环，用感染银行的数目来衡量系统性风险大小。国内较早运用此方法有包全永通过构建网络传染模型，并设定相应循环条件来测度银行间系统性风险的传染效应。

3. 系统性风险的宏观审慎监管

自危机之后我国对防范系统性风险发生的宏观审慎监管的研究增多，学者们在不同的方面积极探索。一方面有比较全面的分析宏观审慎两种维度同时监管的研究，比较有代表性的有巴曙松、王璟怡、杜婧提出应针对系统关联性及亲周期性两方面对系统性风险进行防范，并着手于微观机构，在宏观层面上发挥宏观审慎监管的优势。邹传伟运用从下向上的方法，通过理论建模和案例实证研究微观审慎监管与宏观审慎监管的关系并对微观审慎监管工具进行改进提出我国宏观审慎监管政策。另一方面对于逆周期监管工具有较深的研究，如李文泓着眼于金融系统的顺周期性，提出引入逆周期政策工具，如逆周期资本缓冲、前瞻性拨备计提规则以及杠杆率指标等来缓解系统性风险。还有庄达通过对我国商业银行的贷款损失拨备的信贷波动效应实证检验，并结合国外监管经验，提出动态拨备的实施建议。

第二章 宏观审慎监管的理论基础

第一节 宏观审慎监管的理论基础

一、宏观审慎监管的历史演变

"宏观审慎"术语的起源可以追溯到20世纪70年代末国际清算银行和英格兰银行的文件,一般被认为与宏观经济有关的系统性方向调节和监管。1986年的国际清算银行报告把宏观审慎政策定义为维护金融体系和支付体系稳健运行的政策措施。21世纪初,随着宏观审慎政策在新兴市场国家的广泛使用以及人们对不良资产的担忧,宏观审慎监管的概念得到新的提升。2008年全球危机后,宏观审慎的使用更加普遍,构建有效宏观审慎政策框架也逐渐成为20国集团、欧盟和国际货币基金组织等的主要目标。

美国是第一个实施宏观审慎政策的国家,目的是为了控制经济中或某个主要经济部门(如住房)的信贷增长量。早期的美国宏观审慎政策目标不仅包括实现金融稳定,还包括平稳经济和金融周期、获得价格稳定以及特定的产业政策。二战后的欧洲多国也采取了宏观审慎政策,但德国有所不同。20世纪60年代到70年代早期,为应对大规模投机资本流入并保持马克的汇率稳定,德国实施了有别于其他国家的资本流动管理,政策工具包括规定外币存款的非生息法定准备金比率为100%,限制本国人在外国债券和国际货币市场和外国人在德国资本市场上发行马克债务、严格禁止发行浮动利率,零息票和外汇挂钩债券、取消利率互换等。

表2-1 美欧早期宏观审慎政策及控制信贷增长工具一览表

政策类别	美国		欧洲		
	影响信贷需求	影响信贷供给	信贷控制	流动性和法定准备金	银行业指导

续表

	美国		欧洲	
具体政策工具或措施	贷款/估值比率	贷款利率上限	贴现率上限	流动性比率	流动性和偿付能力比率
	法定保证金	利率上限	自由裁量权	法定准备金率	成立国家信用委员会
	贷款期限	法定准备金	贷款直接管制	—	—
	税收政策和激励机制	法定资本金	—	—	—
	—	投资组合限制性条款	—	—	—
	—	监管压力	—	—	—

20世纪80~90年代，许多新兴市场经济体正在经历信贷快速增长和大规模实际有效汇率不对称引发的资本流动，国内信贷需求的强劲增长使得问题更加严峻。为应对金融危机，这些国家也采取了许多宏观审慎政策和资本流动管理措施。

二、宏观审慎监管的理论基础

宏观审慎监管源自有限责任、有限执行和信息不对称的负外部性。代理人从自身利益考虑，发现可以通过增加杠杆、扩充资产负债表、依赖短期流动性来分散风险。单个代理人行为的选择将强化其他代理人采取类似行动的动机，金融中介机构也使得其各自风险相关联。此外，一些金融公司的贱卖行为产生溢出，并对其他人的资产负债造成不利影响。这些外部性分别被称为相关性外部性、战略互补和金融外部性。由于代理人自身并不会将这些外部性内部化，宏观审慎就需要针对外部性所导致的市场失灵而做出相应的监管。

来自金融业务的相关性外部性。例如，银行的业务属性使得其投资组合和资产负债表相互关联。某个银行的行为都很可能冲击整个银行业，特别是银行间同业风险敞口更加剧了这种外部性。而系统重要性金融机构业务类型复杂、在国际上多点经营且作为国家金融基础设施的关键组成，其冲击的外部性可能更大。鉴于金融机构不会顾虑到自身行为对其他机构和金融体系的影响，相关性外部性或将使得金融体系面临过多风险。

与战略互补性相关的外部性，来自银行和其他金融机构间的互动。最经典的是Diamond-Dy-bvig银行运营模型中的挤提行为，由于相关性外部性，一家陷入困境的银行的挤提或将导致整个金融系统的完全停业。互补性有多种来源，如繁荣时期银行间的竞争加剧、向银行提供隐性政府担保等。拥有同类风险和同质投资组合的金融机构的脆弱性逐步加深，最终导致金融周期的下行。

金融外部性一般与贱卖有关。当一家可能破产的金融机构面对同样遭受资产波动困扰的潜在买家时，它只能以低于基础价值的价格出售其资产；贱卖也会压制其他代理人所持有的相似资产。代理人出售资产的冲击可能使得抵押品价值持续走低，而借款人的信贷需求被进一步遏制，从而减少投资行为，最终影响实体经济的运行。贱卖的外部性对银行而言相当棘手，在经济衰退期，假定银行多数流动性负债对应的是非流动资产，为应对存款陡降或批发融资剧减时，银行必须提前清算其资产。过度依赖短期和非核心债务将使得贱卖问题更加严重。但核心问题是银行无法在既获得低成本债务收益的同时，内部化其流动性短期融资的一般均衡效应。另一方面，金融部门和经济在衰退期所经历的事后贱卖问题，通常是经济繁荣期过渡借款的后果，此时经济将持有超过社会最优值的债务。

三、宏观审慎监管与微观审慎监管的对比

宏观审慎监管的概念虽然不是近几年才提出来的，但是是危机爆发以后才广泛被接受的，在此之前，整个金融体系的运行主要依靠微观审慎监管的理念在支持，因此，我们有必要详细对比分析一下二者的区别和联系。

通过对以往学者观点的梳理和归纳，将宏观审慎监管与微观审慎监管的不同之处进行对比，具体区别详见表2-2。

表 2-2　微观审慎监管与宏观审慎监管的比较

名称	微观审慎监管	宏观审慎监管
监管目标	防范单一机构的危机	防范系统性金融风险
最终目标	保护金融消费者利益	避免经济产出下降
风险的性质	外生	内生
机构间共同风险暴露相关性	无关	重要的
机构间共同风险暴露相关性	自下而上，关注单一机构的风险	自上而下，关注系统风险

1. 监管目标不同

微观审慎监管主要关注于某家金融机构的单一风险，而宏观审慎监管的首要目标是维持整个金融系统的稳定。在宏观审慎监管的思想指导下，政府不仅要对单个金融机构进行严密监控，例如需要保护存款人和投资者的各方面利益不受侵害，更重要的是，政府具有高瞻远瞩的眼光，将监管目光放在确保整个金融体系的稳定性上。在全球经济发展紧密关联的今天，只关注于单一机构的稳定性已经不足以保证整个宏观经济的稳定性。

2. 监管对象不同

宏观审慎监管对单个金融系统的关注度比较低，但是金融系统中一些"大而不倒"金融机构的健康与否会对整个金融系统的稳定性带来重大影响。因此，宏观审慎监管也十分重视对系统性金融机构的监管。由于商业银行在提供流动性和支付结算方面具有重要作用，因此，通常监管机构对商业银行的监管比对其他非银行金融机构的监管更为细致严谨。而在银行体系中，还需要将精力更多地投放在对能够产生比较大的系统性风险的大型商业银行上，比如资产规模排名前十名的商业银行。

随着对宏观审慎监管的认识不断加深，我们逐渐认识到宏观审慎监管的关注重点不应仅仅集中于大型商业银行，还应该将监管对象的范围扩大到其他的大型的非银行金融机构，甚至那些会对金融系统带来较大影响的非金融机构也应该成为政府在实施宏观审慎监管工作中的主要监管对象。次贷危机爆发以后，各国政府以及监管当局也逐渐认识到企业

和家庭的资产负债表的稳健情况、"影子银行体系"等都会对金融体系的健康发展带来很大的冲击和影响。正因如此，近几年来宏观审慎监管的监管范围正在不断地向外扩展。

3. 风险特征不同

金融市场的参与者通常会存在共同的风险暴露的问题，因此相对于微观审慎监管来说，其监管风险具有内生性的特质。在现实中，常常会出现"集体失败"的现象，即对单个机构来说是理性的、最优的决策，但对整体而言是不利的。例如，在经济发展处于上行的时期，市场的参与者会对未来会有非常乐观的预期，从商业银行个体的经营效益最大化的角度来说，它们常常会在利益的驱使下，给资质不佳的借款人发放贷款，扩大信贷量，增加收入。对单一的银行机构来说，这是最优的判断决策，但如果所有的银行机构都这样操作，将会产生经济泡沫，对经济金融大环境的安危带来不利影响，甚至成为危机爆发的导火索。同样，在经济下行时期，商业银行出于优化自己的经营水平的考虑会减少信贷规模，但这种集体行为将会使原本已经在下行的经济雪上加霜。

四、宏观审慎监管的两个维度

宏观审慎监管可以分为两个维度，①横截面维度，主要是指在某一具体时间节点上，金融风险是如何在整个金融体系内进行分布、传播的。②时间维度，主要是对风险如何随着时间发展而变化进行研究。

1. 横截面维度

横截面维度，亦称跨行业维度。在这一维度上宏观审慎关注的重点是在某一具体时间点上，金融系统内的风险分布情况，主要针对系统重要性机构采取具体的监管措施。各国政府都非常关注系统重要性机构的安危，一旦这些机构出现危机，通过传导作用，将会迅速传染给整个金融体系，危及整个国家的金融稳定性。通过关注过去几次金融危机，各国的救助情况，就可以发现，各国政府在金融系统出现危机时，都会不遗余力地去拯救系统重要性机构，可见其重要性。

横截面维度除了关注系统性风险之外，还关注单个金融机构内部的风险关联性。设想，如果一家金融机构将其大部分资产投入到一个行业中去，当这个行业出现危机时，对这个金融系统的打击将会是致命的，比如在美国的次贷危机中的房地产行业。实践中，每个金融机构都通过运用计算机技术和大数据对各个行业的投资情况进行严谨的分析与规划。这样一来，虽然对单个金融机构来说，不太可能存在风险过度集中的状态，但从整个金融体系来看，将会出现相同的或者是类似的投资决策。如果行业出现危机，金融机构往往采取的应对的措施也是类似的，这样就会产生"拥挤交易"，对整个金融体系带来严重的冲击。通过以上分析，宏观审慎监管在横截面维度的监管应该主要从对系统重要性机构的识别与监管，以及金融系统中的风险分布情况和关联度等方面开展。

2. 时间维度

宏观审慎监管在时间维度上，主要需要解决的问题是顺周期性问题。抑制经济活动中顺周期性问题是监管机构为之不断努力的方向，其中解决商业银行的顺周期性问题，是宏观审慎监管在时间维度上亟待解决的重要难题。导致商业银行经营过程中出现顺周期性问题的原因有很多，总结了三个比较重要的原因，分别是：

（1）信息不对称

在金融市场中，市场参与者之间通常都存在着不同程度的信息不对称的问题。譬如，在经济繁荣发展阶段，不论是商业银行，还是资金需求者都对未来有着过于乐观的预期，借款人往往会对自己未来的盈利情况充满信心，商业银行也会高估借款人的实际偿还能力，因此，在这一阶段，银行会实行宽松的信贷政策，增加信贷量。除了这两者之间的信息不对称以外，信息不对称的问题也同样出现在银行经理与股东之间。在经济繁荣时期，银行经理人为了获得较高的投资回报率往往会冒险经营，降低对抵押物以及对借款人的要求，甚至许多负净现值的项目都可能在这个时期获得融资机会。

（2）羊群效应

在现实的信贷市场中，银行在放贷之前通常会对贷款人进行严格的资格审查，而银行和银行之间往往会彼此学习效仿，如同经济活动中的羊群效应一般，在经济繁荣时期，银行出于自己的理性判断和非理性参照其他银行的原因，容易出现集体放松信贷政策的情况。而当市场出现问题时，市场参与者通常又会出现集体的"恐慌"情绪，进而做出一些不理智的行为，导致危机状况更加严重。

（3）不当的薪酬激励机制

我国现行的银行激励制度，存在风险与收益不匹配的问题。目前，在我国的大部分银行中，存在着经营者和雇员是负盈不负亏的问题，也就是说雇员们享受到的收益高于承担的风险，正因为这种风险收益不对称的结构，促使了银行的员工会增强承担风险的积极性。近来，薪酬激励机制正在不断完善，收益与风险渐渐更加匹配，但工资发放同样存在着顺周期性的问题，因此绩效考核参照的评级标准，具有顺周期性。因此这一问题，并没有得到很好的改善。不管是哪方面的原因造成的商业银行顺周期性问题，这一问题都严重地影响了整个金融体系的稳健运行，而宏观审慎监管的存在就是要努力克服和解决这一问题。

五、宏观审慎监管的主要政策工具

宏观审慎监管的工具主要包括对杠杆率、资本金和信贷标准等方面的控制。根据逻辑，将政策工具分为横截面维度和时间维度两方面进行介绍。

国际上，国际货币基金组织曾给出了一个宏观审慎监管的工具和具体指标的参考意见，具体指标情况列示在表2-3中。

表 2-3　宏观审慎政策工具及检测指标

工具类型	工具	检测指标 收紧	检测指标 放松
一般性工具	逆周期资本缓冲杠杆率；动态贷款损失拨备信贷增长上限	信贷/GDP 缺口	资产负债表承受压力下的高频指标，如银行 CDS 息差扩大；贷款利率/利差扩大；信贷增长放缓/供给恶化违约率和不良贷款上升
流动性	流动性缓冲要求；稳定来源资金要求；流动性费用；准备金要求；外汇头寸限制；外币资金限制；针对非银行机构的工具	贷存比增长情况非核心融资占总负债比重上升	银行间利率与掉期利率的利差扩大；零售市场融资成本上升；对中央银行流动性窗口的依赖增加本货与外币掉期利率；总资本流入逆转
住户部门工具	增加对该部门的资本要求；贷款价值比（LTV）、偿债收入比（DSTI）	住户贷款增长率；住房价格上涨（名义和实际增速）；房价/租金比和房价/可支配收入比；住户部门贷款占总贷款比重上升	房价下降；房地产交易减少；住户贷款利差增加；抵押支持证券价格下降；净住户贷款增长放缓；新住户贷款增长放缓；住户不良贷款上升
企业部门工具	企业贷款的风险权重；贷款增长上限；贷款集中度限制	企业贷款增长率；企业贷款占总贷款比重的增长；商业不动产价格上涨；商业房地产信贷增长；外汇贷款占比上升	公司信用违约掉期息差，债券收益率等高频指标；贷款利率/利差增加；公司贷款增长放缓；公司违约率/不良贷款上升；贷款调查显示出信贷供给不断恶化

1. 横截面维度上的政策工具

在横截面维度上，宏观审慎监管的政策工具主要是指针对系统重要性机构的监管工具。在这一维度下，目前，国际上各国政府普遍采用的政策工具主要有以下几种。

(1) 压力测试

压力测试是指通过一系列的方法、技术等去评判金融机构在遭遇到风险时的表现。通过对风险发生的模拟，提前预估当遭遇危机时，金融机构会遭到哪些损失，从而能够在危机之前提前采取必要的措施去弥补自身的不足。

情景分析法是模拟金融机构在遭遇机率小却无法避免的冲击时，所能承受的风险弹力大小。敏感性分析法是改变相关经济变量，观测金融系统的所作出的反应。传染性分析法，顾名思义，就是风险具有传染性，在这里主要是指单个金融机构的风险如何传播以及传播的速度等。目前压力测试的方法被国内外的金融机构所广泛采纳，其流程可以简单地分为8个步骤。

1) 明确风险的种类

在金融市场中，对单个金融机构来说，比较常见的风险有市场风险、流动性风险和操作风险等。

2) 选择相对应的风险模型

针对第一步明确的风险种类，选择与之相匹配的模型，如市场风险模型、操作风险模型等。

3) 选择正确的压力测试方法

每一种压力测试方法均有其适用的应用条件，例如，敏感性分析法主要针对单一因素引起的风险，而情景分析法则可以多因素同步的风险进行分析。

4) 确定风险冲击的种类

确定对市场造成冲击的因素。另外，也要明确金融系统中是否还存在潜在的相关性冲击。

5) 构建压力测试情景。通常可以将压力测试的情景分为以下三种，即蒙特卡洛情景、历史模拟情景、特殊情景等，根据实际情况，构建合适的压力测试情景。

6) 估计被冲击的核心资产和次要资产的资产规模，确定资产的被冲击规模和冲击时间等方面的信息。

7) 在数值分析的基础上将冲击的第二轮效应考虑进来。

8) 对资产组合重新搭配和定价，及时根据现实情况对资产组合进行优化。

(2) 建立完善的信息库及信息共享机制

为了能够准确而有效率的应对危机，最重要的一方面就是能够在危机爆发之前就能够识别出来。而如何能够做到准确的危机预警，最重要的就是通过强大的数据信息作支撑，运用多项指标实时监控金融系统的运行情况。通过对信息数据的严密监控，虽然不能完全杜绝危机的爆发，但能够在很大的程度上及时发现问题并加以改善。

另外，在我们现行的金融系统中，信息共享机制很不完善，绝大部分参与者是无法获取市场的大量信息，因此，急需在央行等监管机构与金融机构之间建立信息共享机制，补充早期预警需要关注的指标，最大限度上的把好风险控制的第一关。

（3）提高风险意识，加强管理能力

为了能够在风云变幻的金融大环境中，更好地发展，各金融机构必须扭转思想，改变经营风格。应将防范、规避风险的思想扭转为主动经营风险，甚至是在风险的波动中获得收益。商业银行等大型金融机构应当积极探索开发主动管理风险的体系，对收益和风险进行量化管理。除此之外，应在金融机构内部建立完善的风险识别、审查系统，严格执行分级授权和管理的制度，优化全面风险管理流程，在提高金融机构抵御风险的能力的同时，也能培养金融机构提高经营金融风险的意识和能力。如今，商业银行中间业务占比迅速攀升，在加快中间业务发展步伐的同时，绝不能无视风险的存在，金融机构的快速发展必须建立在健康稳健的基础之上。

2. 时间维度上的政策工具

（1）建立逆周期资本缓冲机制

关于构建逆周期资本缓冲机制的问题，《巴塞尔协议Ⅲ》已经给出了一个详细的参考框架，见表2-4。

表2-4　巴塞尔协议Ⅲ多层级资本框架

	核心一级资本充足率	核心资本充足率	总资本充足率
最低要求	4.50%	6.00%	8.00%
资本留存缓冲	2.50%		
最低要求+缓冲资本	7.00%	8.50%	10.50%
逆周期资本区间	0~2.50%		—

《巴塞尔协议Ⅲ》引入逆周期资本缓冲机制，其发挥作用的原理是，在经济繁荣时，计提超额资本，这样当经济危机出现时，银行就可以利用这些逆周期资本来应对危机，减少损失。由于，资本在平滑经济周期中所起的作用有限，因此，逆周期资本缓冲的比率不应过高，在巴塞尔协议中，将此比率设定在0~2.50%之间。

（2）提高高风险资产的信贷风险权重

在现实的监管过程中，如果监管者发现银行贷款在某一特定的高风险行业中出现过度集中的现象，监管机构可以根据具体情况将此类资产的风险权重调整为150%~200%，也可根据具体情况要求相关金融机构缴纳一定数量的存款保险费作为风险缓冲资本。

六、宏观审慎政策的制度安排与实施

宏观审慎政策的最终目标是降低金融危机发生的频率和严重程度，增强金融体系应对经济、金融冲击的能力，促进经济不利条件下银行信贷和其他金融服务的持续供给。因此，各国政策框架安排须与其特定环境和制度背景相适应，而宏观审慎政策之所以能发挥有效作用，则需要通过向当局提供目标明确且权责匹配的任务。

1. 政策实施主体

（1）中央银行利用其专业性、主动性以及独立性，发挥主导作用

例如，中央银行董事会（或行长）作为决策主体（爱尔兰和新西兰）、担任决策委员会监督主席（马来西亚、南非和英国）、赋予央行明确的角色定位，即向决策机构提供系统性风险分析和采取政策行动的提案（法国和德国）或央行在指定的系统性重要金融机构的监管和监督权起决定性作用（美国）。

（2）央行以外的跨部门委员会主导

为了协调政策行动，促进信息共享，央行参与跨部门委员会讨论（法国、德国、墨西哥和美国）。其他部门（如财政部）的参与，可以使得决策者考虑其他领域的政策选择（如需要缓解系统性风险时财政机构的合作）。一些国家在宏观审慎政策委员会的设置上，将财政部作为无表决权成员（如英国）、投票成员（如波兰）或主席（如法国、德国和美国）。

（3）由央行的专门委员会主导

这个设定可以使得货币政策和宏观审慎政策都在央行主导之下，有助于对抗双重授权的潜在中央银行风险。它还允许独立的监管、监督部门和外部专家参与决策委员会，专家所持有的独立外部视角减少官员的群体思维，有助于维护中央银行决策纪律。如将独立的外部专家加入决策机构并行使投票权（法国、英国）；以咨询委员会的形式加入成为主体成员（欧洲系统性风险委员会）；根据工作需要，邀请专家提供意见（德国、荷兰）。

2. 政策制定

（1）明确政策目标

设定由特定机构负责的目标实现框架，可以提升其行动能力和工作意愿，降低不作为的风险；同时缓解把宏观审慎政策作为其他领域政策替代品的压力，使得决策者在考虑政策成本时兼顾政策平衡（欧洲系统性风险委员会）。

（2）增强政策透明度和建立问责机制

通过定期发布金融稳定报告、货币政策报告和会议纪要等，明确传达金融稳定评估成果，使社会公众明晰决策部门的政策立场、未来行动的预期和承诺，从而提升政策有效性，促进目标实现。某些情况下，这些沟通工具也被依法作为问责手段（法国、德国、英国）。

（3）建立适时的会议机制

决策主体通常会确定召开正式会议的频率（季度或半年度），由央行董事会作为决策者来阐述宏观审慎政策实践问题（欧央行）。政策措施的投票往往遵循简单多数原则而非全体一致（如德国、爱尔兰和英国）。

（4）由专门的部门负责政策分析

央行金融稳定部门（或常务委员会等其他部门）通过系统性风险分析，开发与监测适

用于管辖范围内的系统性风险指标，为宏观审慎决策者提供政策参考（如德国、印度、荷兰、美国、英国）。

3. 政策执行

宏观审慎机构的权力大小不同，或将导致政策实施的效果与力度有所不同。

（1）强硬型权力使决策者的行动明确有效

决策者直接控制宏观审慎工具或其他监管部门，避免了政策实施依赖于其他决策者可能引起的拖延和摩擦。直接控制权也可增强其他政策的有效性，在其他监管机构不愿意或无法采取行动的情况下（欧央行），延伸从其他机构收集直接信息的权力（德国、英国、美国）。

（2）半强硬性权力需附加"遵守或解释"机制

半强硬性是指决策者向其他监管部门提出建议时，附加"遵守或解释"机制，增加行动透明度并实施问责。宏观审慎机构的建议可以帮助政策执行机构抵制行业反对等潜在压力（挪威）。

（3）温和型权力可以补充审慎工具或现行监管范围以外的影响力

在构建新的宏观审慎工具或延伸法律框架外的监管范围时，或者需要与非金融监管部门合作以便有效缓解系统性风险时（如解决税收扭曲引发的债务增加），决策者通过发表意见或警告等定向沟通模式，减少政策不确定性对机构政策预期的影响。

4. 宏观审慎政策实施的注意事项

（1）构建用于监控系统性风险的全面框架。

"时间维度"方面：评估随时间推移增加的风险，包括因信贷总额或资产价格过快增长所引起的经济泡沫、部门产生漏洞（如信贷资源从企业流向个人）、金融机构累积和外国货币错配的漏洞。"结构维度"方面：评估在任何时点相关风险在金融系统内的漏洞分布情况，通过对中介机构和市场关键类机构的风险监测，评估其作为一个整体发生风险对金融系统的影响。

（2）通过设立预警指标评估漏洞

例如，巴塞尔委员会将"信贷占GDP比重"作为评估总信贷过度增长的预警指标、抵押贷款强劲增长与房价上涨形成房地产市场的风险信号，并进一步根据企业风险情况以及流动性和外汇风险提出指标。

（3）将早期预警指标与其他指标相结合以提高有效性。

结合杠杆作用、家庭负担、公司偿债利息保障比率，以及其在压力测试下的情况（如加息或企业盈利恶化），设计实施宏观压力测试以帮助评估系统运作情况，从而补充预警指标（如欧元区、英国和美国）。

（4）评估和解决漏损

漏损是指宏观审慎工具的应用达不到预期的地方。为了解决漏损问题，策略往往是扩大宏观审慎政策工具范围，将其应用到非银行金融机构，如通过互惠协议管辖对外国子公司拥有更多的控制权。经验证据表明多样的资本工具有效性可能会遭受国内漏损，同样，跨境漏损是资本工具有效性的主要挑战，尤其是国外的附属企业、分支机构能够直接从当地借贷。按揭、债务收入比等贷款限制可以限制家庭可用的银行信贷，经验表明这类漏损更容易控制。流动性相关工具，可以使用到非银行机构，从而使非银行机构也得以被监管（如中国）。

（5）考虑政策的潜在宽松性

政策的有效执行包括宏观审慎工具宽松条件下的事前考虑，尽管一些工具在设计上允许动态宽松，但这通常需要决策者做适当的决定。这可以以宏观审慎政策的目标导向为依据，特别是当系统性风险降低，这可能会让一些宏观审慎的限制逐渐放松。

第二节 宏观审慎监管系统性金融风险的理论

随着金融市场的不断演化、以及金融产品的不断革新，金融风险的体现形式也在不断变换、变得更难以监管和防控，虽然金融风险防范制度也在不断升级，但有一种金融风险一直很难做到有效监管：系统性风险。如何从各种风险中对系统性风险有效识别、并加以防范，一直是国内外金融监管者以及学术界的最大难题。

一、金融系统性风险

1. 金融系统性风险与系统风险的区别

自2008年美国次贷危机引发GFC之后，国外大量出现了关于Systemicrisk和SystematicRisk的研究，这两个术语被国内研究者翻译为系统性风险和系统风险，由于这两个词语的词义太相近，导致研究者经常混淆使用。本文在参考了Greenspan、Kaufman、董青马、龚明华、麦强盛、张亮等文献的基础上，确定"系统性风险"对应的英语术语为"Systemicrisk"，发现系统性风险和系统风险具有宏观与微观上的本质区别，系统风险指的是无法通过分散投资加以消除的资本市场风险，其通常表现为战争、骚乱和经济衰退等现象，因此具有外生性。系统性风险强调的是风险的整体和宏观方面 WilliamF.Sharpe。

2. 金融系统性风险的定义

对于系统性风险定义，不同的机构组织给出的定义不同，致使系统性风险至今没有一个明确统一的权威定义。

BIS（Bank for International Settlements）在1993~1994年年报中提到："系统性风险是系统中某一参与者未能履行合同规定的义务，导致其他参与者可能也违约，进而产生不良的连锁反应，带来金融危机的风险（Bartram，2007）。"同样European Central Bank（2008）将系统性风险定义为：系统中的一家机构由于不能履行应尽义务，这一现象会传染到其他机构从而产生严重的流动性危机和信用危机，更严重的会危及到整个市场的稳定性，削弱市场信心的风险。G20（2011）认为：系统性金融风险是指可能导致金融系统部分或全部受损进而使其金融服务功能中断，并对实体经济产生严重危害的风险。SRC（2013）定义系统性风险为整个系统崩溃的风险，而不是简单地个别部分的失败。

总结上述金融系统性风险共性规律及特征发现：系统性风险的产生可能会致使金融系统本身陷入危机状态，是一种全局性的特殊风险。主要有以下两种观点：第一类的观点主要认为其在金融系统自身内部积累，一旦风险爆发必将使金融体系本身陷入不稳定状态，然后其不稳定状态外溢，使得宏观经济系统也会陷入一种衰退境况。第二类的观点则主要是特定的冲击对金融体系和实体经济所产生迅速地、广泛的传染性全局影响，认为能够致使宏观性经济本身的失衡和金融体系内部不稳定的风险都有可能是系统性风险。结合以上观点，本文将系统性风险定义归纳如下：当某子系统由于外部或内部因素触发风险之后，由子系统之间的关联性形成了风险传递渠道，从而导致不确定性风险在整个金融系统内迅速扩展开来，产生时间和空间上的连锁性危机反应，严重情况下可造成金融系统以及实体经济的崩溃，其实质是溢出和传染的风险。

3. 金融系统性风险的识别

系统性风险的本质不同于一般金融风险，因此针对不同风险，其测度方法必然也有着本质区别。为了研究的方便，将金融风险从测度形式上分为个体风险、资产组合风险以及系统性风险。

（1）个体风险

很多人认为个体风险是严格意义上针对一个金融产品的风险范畴，实际上，广义的个体风险意为将风险研究对象视为一个完整体来分析。目前，学者们对风险的定义可以划分为两类，其一是如果风险可以完全量化，则风险是中性的。即针对同一事件的不可见结果的不确定性分析，造成损失的概率和形成收益的概率是一样大的；另一种看法是风险并非中性，风险造成的损失的不确定性无法统一衡量，如若度量，则必定是基于某一特定背景、特定时期下的不确定性的度量，同时，损失的大小也是不确定性的。

很明显，前者注重风险的客观性，风险带来的不仅仅是负面的损失，这种损失的可能性带来的还可以是收益。而由此对风险的测度方法主要由标准差法；后者更倾向于优先分析风险的厌恶程度，并假定所有投资者都是风险厌恶者，基于这种将风险定义为负面损失可能性的度量方法主要由VaR、ES法等。

（2）资产组合风险

针对不同背景、不同行业间的个体风险，如何进行组合才能使得风控最优化。Markowitz于1952年发现了资产组合降低风险的本质：将不同背景下的个体组合起来，最后形成的组合风险往往远远小于各个体风险之和，而原因就在于不同风险之间的相关性程度极低。由此而兴起不同类别风险资产打包的新投资避险模式，直至今日，仍为投资者风险配置优化的首选。20世纪末，基于组合风险的定量分析发现以 VaR 为主流的风险度量方法并不满足组合风险的特性（次可加性），并由此推动了 CoVaR 方法的广泛革新。

Markowitz 对于组合风险理论的开创从某种意义上而言是保证收益率的基础上对组合风险的削弱。但由此而诞生的另一个问题是，虽然单个资产组合内地风险做到了弱化，而当一些极端情形（如尾部风险发生）时，由于市场上存在大量同质化的打包资产组合，如何去防范这种因资产之间关联过于紧密而引发的渠道风险传染。即面对更大的风险管理视角，单就独立讨论组合风险还远远不够。

（3）系统性风险

综上所述，金融风险的起源在于个体风险对投资损失的不确定性，而不同资产的打包组合可以在一定程度上化解这种不确定性，但在整体金融市场的大视角下，考虑尾部事件的发生导致的系统性风险的蔓延才是确保金融稳定的重中之重。

在这种情况下，系统性风险的初始表现是"银行挤兑"，由于银行因无法满足储户取款需求而破产，而这又会导致其他银行或者债权人接连破产。一旦储户出现恐慌情绪，并从银行大量取回存款，而这时银行的现金储备头寸仅仅占其存款的微小部分，因此发生挤兑时，银行大概率发生违约，最终破产。而银行之间又存在着密切的同业联系，不同银行系统间相互借贷、持有对方的存款余额、通过统一同业结算系统进行偿付。在这种极端情况下，由于金融网络的存在，一个银行的自身的违约极有可能同时拉低其他银行的还债能力。因此，银行间系统性风险的传染由此发生。

随着现代金融市场的快速发展，非中介化趋势使得融资者可以通过发达的资本市场而不是银行或其他中介机构融资，这使得金融机构破产而导致的风险损失相比于过去要小得多。事实上，形如多米诺骨牌般的机构倒闭才是系统性风险传染的重要标志。

4. 金融系统性风险的特征

与银行一般风险（如信用风险、市场风险、流动性风险、操作风险、信誉风险等）相比，系统性风险呈现出许多独特的特征。系统性风险平时很隐匿、较难察觉和评估，当系统性风险累积到一定程度时则会急速暴露，迅速变为系统性危机，而且极具传染性和破坏力。

（1）系统性风险具有广泛性和普遍性

银行业系统性风险涉及主体是整个银行体系的所有使用者和所有金融中介机构，由于银行业复杂的金融关联，银行、住户、公司建立了紧密的信贷联系，少数银行机构遇险或受到宏观经济的冲击会产生连锁反应，从而使危机通过银行系统迅速传播。历史上发生的几次银行危机以及最近发生的金融危机，实则就是银行业系统性风险的集中爆发，或者说是银行体系内生的一种极端尾部风险。可见，银行业系统性风险已不仅是哪家银行自身的风险问题，还关切到金融系统的动荡、国家宏观政策的顺周期效应、监管有效性等问题，覆盖了所有的经济部门。

（2）系统性风险具有明显的负外部性

银行业系统性风险是一种"负外部性"，因为单个银行（类银行金融机构）陷入困境或倒闭强加于全社会的高于其实际价值的成本，而且系统性风险波及范围不仅仅局限于一国的经济、金融领域。尤其是 20 世纪 80 年代以来，全球经济一体化和金融全球化的趋势使各国经济极易受到国际经济环境变化的冲击；股票市场、外汇市场价格联动的特征则使金融系统性风险的连锁反应速度加快；现代通信技术及金融交易的高科技程度也为信息的传播及风险的溢出创造了条件，某个市场的动荡结果会通过计算机网络体系迅速得到蔓延，影响到世界其他地区的经济和金融局势。

（3）系统性风险具有极度的传染性

经济金融全球一体化的重要特征就是虚拟经济的飞速发展以及虚拟经济与实体经济的交织程度日益加深。实体经济与虚拟经济互动关系的增强使得不同机构或不同市场之间的风险溢出和传染性大大增强，传染和溢出的速度大大提高，传染和溢出的范围和影响力度也大大增加。一国银行的问题会引起其他本来健康的银行违约、瘫痪、倒闭。系统性风险的传染渠道很多，而金融全球化和自由化是最重要的传染渠道，近年来金融衍生品泛滥和放松监管，则是系统性风险传染的直接渠道。

（4）系统性风险具有风险和收益的不对称性

按照一般的风险与收益关系来说，所谓高风险对应的是高收益，风险与收益是对称的，但在系统性风险面前，风险的传播呈现交替的态势，对所有的机构和市场都是一种威胁。经济金融全球一体化使得银行机构进一步增强了风险和收益的不对称性。银行机构通过货币体系和资本市场机制，获取收益，同时将风险转移或转嫁出去，从而割裂了风险和收益的对称性，造成风险承担与收益分享之间的不平衡。系统性风险的发生虽然在一定程度上能够"纠错"，但风险发生的危害性特别大，可能会在整个金融体系中引发"多米诺骨牌"式坍塌的危险，导致国民财富的净流失，对市场的信心打击巨大，从而使银行业系统性风险的收益与风险的关系呈现不平衡。在银行业系统性风险发生的状况下，往往产生较大的真实经济成本损失或经济效率降低。

（5）系统性风险具有长期隐匿性和积累性

由于银行信用及虚拟经济的特点，可能会掩盖银行业系统性风险不确定性损失的实质，一方面因为银行信用损失可能会被银行信用循环所掩盖，银行信用货币具有创造信用的功能，使得即期银行风险可能因通货膨胀、借旧还新、贷款还息而掩盖事实上的金融损失；另一方面，虚拟经济的膨胀与实际经济不相符导致资本市场与房地产市场的虚假繁荣也掩盖了银行业系统性风险。尽管隐匿性可以在短期内为银行提供一些缓冲和弥补的机会，但是它可能会带来严重的银行业系统性风险或系统性危机。此外由于全球范围内金融混业的形势加剧，大量是商业银行从事证券、保险等表外业务，更过多涉足了衍生品市场，银行传统业务比重越来越低，靠非利息收入为生的银行越来越多，但是银行的风险管控水平并没有跟上，银行业系统性风险就在这些新业务领域积累，而宏观经济失衡和监管不力加速了系统性风险积累的进程，引发系统性危机的可能性越来越大。

（6）系统性风险具有较大的监管难度

与个别风险的监管相比，对系统性风险的监管更艰难、更复杂，需要监管理念、监管方式的一些根本改变。银行业系统性风险监管困难的原因首先表现在对系统性风险评估的困难。监管者的工作必须包括禁止特定风险转化为系统性风险，在这两种风险之间充当"警卫"，并且为了防止市场信心丧失造成的金融恐慌，中央银行通过注入流动性资金履行最后贷款人的职责是极其重要的。但在很多情况下，当个别金融机构处于困境时，中央银行可能不容易找到适当的渠道注入流动性资金，从而不能很好地履行最后贷款人的职责，这是系统性风险监管的又一困难。尤其是当金融衍生品的场外交易发生问题时，中央银行可能无法动用自己的自有资源注入资金来提供援助。因此监管当局有必要通过组织私人部门注入资金来进行援助，避免和减轻系统性风险带来的损失。

二、金融系统性风险的主要成因

金融系统性风险的产生对金融市场危害巨大，严重破坏一国或地区正常的金融秩序甚至是金融安全，更严重的还会导致经济衰退、社会动荡、政局不稳，进一步引发全球性的系统性风险。弄清楚导致金融系统性风险的主要成因，是有效监管金融系统性风险的首要条件。伴随世界金融经济全球化和一体化的不断发展，各金融行业和各金融行业间的结构更加多元化和复杂化、联动更加普遍化和紧密化，致使目前金融系统性风险的主要成因没有达成统一观点，研究整理其成因主要有以下几种主流理论观点：

1. 基于资产关联视角下对系统性风险的分析

现在学者们对金融风险的研究，更多是从资产损益的角度，以最大程度减少、甚至抵消风险损失为研究目的来进行。从金融子行业网络视角来看，风险是缘起于某一异常事件（或信号）引起单方面金融风险的生成，首先是引起相关金融机构或金融产品的收益率的异常波动，其次通过局部资产关联网络引起此相关金融市场的非理性波动，最后则扩散至全局金融网络，致使各金融主体遭受风险损失，甚至可能对资产背后的实体经济产生负面影响。因此从市场关联角度看待系统性风险，不能仅以"点"到"线"的传统思路去分析，而是要形成金融机构—金融行业—金融系统—包含虚实体经济的经济背景这一全局化视角来分析。

基于资产关联角度下系统性风险会对金融市场中所有资产产生影响，由于资产间的组合从一定程度上分散了个体风险，而分散风险的同时必然加大了不同资产间的关联度。因此在某一时点风险来临时，由于这种资产高关联度，即使投资者事先有预防或有风险准备，但这也无法避免金融风险在已连接成网的金融网络里迅速传染，进一步引发系统性风险。与此同时，和一般的金融风险防控相比，由于金融系统性风险并非直接生成，而是长时间的隐匿积累所致，因此通过普通的个体风险排查无法对其进行有效监管。所以，深入研究金融系统性风险显著特征、合理完善我国针对系统性风险的监管模式迫在眉睫。金融系统性风险主要性质如下：

（1）高传染性

极高的传染效应是金融系统性风险区分于其他金融风险的最大显著特征。普通的金融风险扩散通常只是相关个别机构的风险扩散或是局部市场风险扩散。而系统性风险的扩散则主要依靠其背后极为复杂的金融网络进行多米诺骨牌式的传染，由传统的"点—线"扩散演化到"点—线—面—整体"的系统性风险传染规模。这其中的传染机制和其背后金融网络内部的高关联性是分不开的，高关联性不仅支撑了金融子行业的全面快速发展，同时也助长了在风险来临之际，系统性风险的传染规模和传染速度。从而使金融个体风险通过层层金融网络关联渠道的传染演变为全范围的金融危机成为可能。

（2）负外部性

负外部性的定义为：若某一事件对其背后的整体环境带来的负面效应大于正面效应，则称该事件具有负外部性。考虑金融环境下的系统性风险，由于长期个体风险的隐匿积累，导致这种负外部性的总和在间接程度上也在不断积累，而这一积累过程并不仅发生在某一高风险行业，而是发生在整个金融网络。因此一旦特定风险事件爆发，金融网络长期积累的负外部性也将随之显现，这一显现过程等同于整个金融行业大规模的资产损失甚至接连倒闭，而这也正是金融系统性风险演变为金融危机的市场表征所在。

（3）与投资者

信心的密切相关性在金融特定风险事件发生、开始快速扩散时，通常都伴随着投资者对自身资产信心的不同程度的下降。某一金融机构的风险事件，或是某一资产收益率的非理性波动，都有可能导致部分投资者恐慌情绪的产生，同时给其他投资者传递恐慌信号，而这也将导致市场整体资产流动性收紧，从而加快金融系统性风险的蔓延速度。

2. 金融网络下系统性风险的传染渠道分析

要做到事前防范金融系统性风险，则有必要对金融系统间的业务网络进行先一步的梳理，显然，风险通过金融业务交叉关联进行传递，而业务上的体现形式就是金融产品或资产的两端彼此连接，系统性风险在这无数条路径的连接上如何传递，即为系统性风险的传染机制。

在刻画我国金融网络前，需要先对金融网络系统性风险的具体生成机制进行了解，从而可以在不同风险类别上对其进行有针对性的识别。实际上，金融网络系统性风险的生成，通常在其隐匿积累阶段是极为漫长的，任何小的风险隐患都无法撼动金融体系的整体稳定性，而很多个小的隐患则可以产生传染性，一旦尾部事件爆发，这些小的风险隐患极易生成金融系统性风险，在整个网络内传染，进而导致整个金融网络的震荡。从原理上来看，金融网络系统性风险主要是在金融风险隐患的积累、尾部事件爆发、金融风险传染这个逐渐演变的过程中生成。在整个演变生成系统性风险的过程中，风险隐患的隐匿积累是基础，尾部事件的爆发是契机，而对于系统性风险在扩散中如何传染、以何种方式传染、传染影响和网络结构又有何种关联。

通过先前相关学者的深入研究，同时结合自己对金融网络的理解，以下是对金融网络系统性风险生成机制的大致刻画：

（1）个体风险积累阶段

金融网络内部不良资产的隐患以及金融市场外部风险因素助长了风险在金融网络内部不断生成，同时，要想消除全部的金融个体风险是不现实的，只能抑制个体风险在金融网络中的过量积累。

（2）个体风险爆发阶段

在前面个体风险不断积累的情况下，如果针对个体风险的监管不力，导致金融风险隐患过量累积，则在金融全局视角上的体现就是个体风险发生的可能性大大增加。而出于对最终风险爆发的节点不同来考虑，可以分为两种情形：第一种是这种概率性的风险爆发在非关键金融机构，这一特殊风险事件所带来的市场冲击往往仅停留在小范围区域内，受牵连机构并非处于金融网络的核心，这是，通过其他重要金融机构的风控措施往往可以及时切断受牵连金融机构与关键金融机构的联系，达到起到抑制系统性风险的效果；而另一种则是发生在这些关键金融机构上的特定事件冲击，由于自身的金融网络关联异常复杂，因此极易导致金融系统性风险的生成。而系统性风险生成的直接体现就是关联资产收益率的陡降，即资产或产品价格的非理性波动，其主要表现为关联资产未来收益与市场走势的偏离、与宏观经济走势的偏离。

（3）个体风险

引发系统性风险指定风险的传染过程可以根据上述两种情形进行分析，在系统性冲击下，市场大规模关联资产收益率出现时滞性异常波动，金融网络也直接表现出强烈的关联资产收益联动现象；而在特点冲击下网络中某条网络关联链发生非理性联动，此时，资产关联程度成为了风险间接传染的重要前提。但是，不论在何种情形下，风险传染规模与速度都因资产关联方式的不同而存在着巨大的差异，而基于关键机构的特定风险冲击导致系统性风险的生成概率明显更大。同时由于资产收益率的联动效应，金融网络中各节点机构遭受损失，导致更大可能引发系统性风险危机。

目前，我国基于银行、证券、基金、保险、信托五大金融子行业的业务渠道交叉互联，而这也正是宏观视角上的系统性风险的传染渠道。正是由于系统性风险是金融系统规模上的传染，因此其传染渠道有如下几个特征：

1) 跨行业、跨区域的放射状传染规模。

一方面，互联网的迅猛发展促进了金融业的服务规模进一步扩大化，地理区位的差异给金融市场带来的影响已经越来越小；另一方面，由于投资实体经济的渠道相比十年前大大增加，这也进一步加深了虚实体经济的关联度，业务渠道的极速扩张从风险角度来看导致了系统性风险通过渠道传染的更大可能性。

2) 传染机制除了受资产关联程度的影响，还与金融机构本身在金融系统中的地位密切相关

这里的地位有很多种解释，学者们出现了两种流派：一种是基于资产体量的"太大而不能倒"，原因在于金融网络中大节点的倒闭会直接导致大量的资产损失，在资产数量上造成最大力度的网络冲击，从而更大概率引发系统性风险；另一种看法是"太关联而不能倒"，原因在于即使不是资产最密集的节点，只要此节点与最多其他节点相连接，这时哪怕是小规模冲击作用在这一节点上，也会引发系统性风险。

另外，除了体量较大以及关联较密集的金融机构外，其余"不重要"机构在金融网络风险传染中所起到的作用也不可忽视。例如往往存在这种节点，资产体量及关联度均不大，然而却是其他节点通过渠道传染中必经的节点，因此，金融网络结构特征是分析风险渠道传染机制的关键。

3) 鲁棒性

针对之前发生的种种不同规模的系统性风险，学者们发现，由于任一机构都与其他多数机构相关联从而分散了自身居于网络节点上的风险，因此金融网络在面对绝大部分的风险冲击时都体现出稳定、不受影响的特征；然而当极少数特定风险冲击个别中心节点时，系统性风险发生的概率更大，一旦发生则会使得金融网络比正常状态更脆弱，其他机构更易受到风险的传染。即"稳健而脆弱"的特征。

3. 复杂网络模型对研究系统性风险的适用性

有关系统性风险的研究模型近年来层出不穷，而基于复杂网络模型的金融系统性风险的测度也开始出现。复杂网络模型的本质是以探究金融关键节点间的香菇关系以及相关地位来间接研究金融系统性风险的演化机制等金融难题。和其他系统性风险研究方法相比（如定性分析、经济指标分析等），复杂网络模型是针对金融网络内部的复杂关联程度而构建的一种社会化模型，研究的重心在于解剖金融网络的复杂性，因此在研究途径上复杂网络模型具有一定前瞻性，而并不仅仅是通过对经济相关指标作出有限的定性分析。与系统性风险度量方法（如 CoVaR、MES、CCA 等）相比较时，并不仅仅针对单个金融机构与金融整体的风险溢出来评价系统性风险程度，而是基于金融网络整体关联的视角出发，通过对拓扑网络的构建、可视化分析、拓扑指标分析等步骤，达到深入剖析金融系统性风险传染渠道及其相应演变过程的研究目的，对金融现象的解释也更为充分。

（1）复杂网络模型与系统性风险传染渠道的关系

复杂网络模型与系统性风险传染渠道之间最大的共同点就是二者都具有数量极大、分布极为复杂的结构特征。如何透过金融市场庞杂的大数据系统来获取关键性的系统性风险传染渠道特征，这是传统金融风险度量模型迟迟未解决的问题。与此同时，复杂网络模型的最大优势就在于体现所研究问题的"复杂程度"，往往越复杂的关系网络通过复杂网络模型可以解释地更为清晰，而在金融系统性风险这一金融监管难题上，刻画风险传染渠道的"复杂性"才是重中之重，而不是简单地刻画一个节点如何影响整个金融网络，或者一对金融机构之间的相关联作用。因此，在复杂网络视角下，从金融子行业全局的角度出发，基于不同体系不同机构间的关联业务对系统性风险传染渠道进行刻画，将金融网络系统性风险关联程度通过一系列拓扑指标加以描述，这样才能够最有效地分析防范金融系统性风险传染的难点——复杂性，而不仅仅是基于单个金融机构对整个金融系统的风险溢出。

（2）复杂网络模型与金融机构影响力的关系

从一个金融机构在整个金融体系中的重要程度上来看，复杂网络的另一大优势在于可以体现出一个金融机构除了系统性风险溢出效应之外的其他风险影响因素，而这些影响因素往往与该节点的真实"重要程度"或是"网络地位"紧密相关，而不仅仅表现在风险溢出上。在金融复杂网络中，不同节点间的地位差别很大，部分节点处于较为核心的位置，可以对整个金融网络产生重大影响，而对于一些边缘性节点，其对于网络的影响微乎其微。不少学者已经通过复杂网络法得出有关金融机构影响力"太关联而不能倒"的结论，而并非"太大而不能倒"。基于此，我们可以通过挖掘金融网络中核心节点，分析得出这些关键节点的网络拓扑指标大小，进而量化它们在整个金融网络中影响力的差异程度，为整个金融网络系统性风险渠道的强弱划分提供理论基础。

（3）复杂网络模型与网络小群体效应的关系

从对复杂网络内部节点间关联密集程度进行划分的角度来看，将金融机构看成复杂网络中的不同节点，网络节点之间通过关联系数等标准来确定关联程度大小，以此来构成网络的边。另外，通过对复杂网络拓扑性质的进一步定义，可以在金融网络内部进行强弱区域划分，即所谓的"核心-边缘"区域划分，根据这些复杂网络的核心与边缘节点，从而可以区分不同的关联密集程度。这也是复杂网络模型的一个分析角度。在金融市场中，也存在着如同复杂网络模型关联程度不同的网络群体。这一特征在我国金融业尤为明显：以银行业为首的金融网络大群体占据着我国金融行业核心资源，同时在市场影响程度上处于最为重要的位置。而围绕银行业的其他金融子行业可以看作其他存在"弱关联效应"的网络小群体，也就是"网络中的网络"。通过强弱关联的分层次研究，可以更深层次地挖掘我国金融体系的内在关联特征，从而对金融网络的刻画更为真实。

三、系统性风险的审慎监管

1. 关于系统性风险的两个观点

(1) 银行微观稳定是防范系统性风险的关键

历次金融危机的经验和教训提高了学者们对系统性风险的认识,系统性风险的根本原因是银行微观基础遭到破坏,产生金融风险,进而传染到其他银行,给整个银行体系造成巨大的溢出成本。

1) 金融危机中个别银行倒闭成为普遍的经济现象,危机像瘟疫一样四面传染,使更多银行倒闭。银行体系的脆弱性在危急时刻表露无遗,银行间通过资产负债表,表内和表外各种投资渠道加强了相互关联。一家银行倒闭的消息会迅速在银行体系传播,成为银行集体倒闭现象的导火索。

2) 对于整个银行体系而言,系统性风险是内生风险,单个银行风险在银行体系内会蔓延放大。但是相对于初始冲击事件,被传染的银行可认为风险是外生的。

3) 金融不稳定会跨国传染,一次突然的冲击事件,由市场参与者通过放大机制迅速放大并传染到全球金融市场。

毫无疑问,银行微观稳定是防范系统性风险的关键。这种观点已经得到共识,最早可以追溯到1983年由戴梦德和戴伯维格开发的银行挤兑模型(DD模型),它解释了羊群行为产生的原因,验证了夯实银行自身的微观基础是解决银行挤兑的根本途径。系统性风险也引起金融学家对监管政策的研究,由于个别银行经营管理不善,其倒闭产生溢出效应,牵连到其他银行,支付结算系统和银行间市场是系统性风险暴露和传染的主要渠道。换句话说,金融交易使全球银行体系连为一体,这种情况下系统性风险容易积聚,但是也善于隐藏,即在危机全面爆发前无法探知风险因素及其演化路径。原联邦德国的赫斯特银行、美国富兰克林银行、英国巴林银行,在其倒闭前,政府部门并没有给市场任何警示信息,因此对金融市场造成巨大的冲击影响。鉴于单个银行引发系统性风险的教训,巴塞尔委员会制定了一系列银行有效监管标准,把管制理论运用到银行领域,重点防范单个银行过度冒险行为,强化其审慎经营思想,限制系统性风险的集聚。

巴塞尔协议反映出监管思想的根本转变。首先,监管视角从银行体系外转向银行体系内。以往注重为银行的稳定经营创造良好的国内、国际环境,强调政府的督促作用以及政府间的分工协作,对银行体系本身尤其是对银行防范风险屏障的资本没有做出任何有实际意义和可行标准的要求。巴塞尔协议直指主要矛盾和矛盾的主要方面,从资本标准及资产风险两个方面对银行提出明确要求。其次,监管重心从母国与东道国监管责权的分配转移到对银行资本充足性的监控。巴塞尔协议规定银行必须同时满足总资本和核心资本两个比例要求,总资本和核心资本都必须按明确给定的标准计量和补充。这既是对以往经验教训的深刻总结,也表明真正抓住了风险的本质。第三,注重资本监管机制的建设。巴塞尔协议的生命力在于它突破了单纯追求资本金数量规模的限制，建立了资本与风险两位一体的资本充足率监管机制。这表明协议的制定者真正认识到资本是防范风险、弥补风险损失的防线，因而必须将其与风险的载体（即资产）有机相连。而资产的风险程度又与资产的性质相关。对不同的资产赋予不同的风险权重，体现出动态监管的思想，针对银行利用金融创新方式扩大表外业务以逃避资本监管的现象，协议也提出了相应的监管对策。第四，过渡期及各国当局自由度的安排。巴塞尔协议认识到国际银行体系健全和稳定的重要，各国银行的监管标准必须统一。而这种安排则充分考虑到了银行的国别差异，以防止国际银行间的不公平竞争。

（2）银行宏观稳定是防范系统性风险的关键

系统性风险引发的金融危机有很多表现特征，主要包括私人或公共部门借款人违约风险，国内和跨境传染风险，银行资金来源与信贷期限不匹配，以及监管漏洞等。不难发现自20世纪80年代，许多工业国家和新兴市场国家爆发的危机背后有许多相似之处，如80年代和90年代初拉丁美洲金融危机主要原因是拉美国家盲目实行金融自由化，导致本国遭受跨境流动性冲击；1997年亚洲金融危机主要原因是放大金融自由化程度，提供了国际金融炒家的可乘之机，热钱大量涌入推高了房地产价格，催生了经济泡沫。当经济泡沫破裂，外资突然撤资，迫使经济崩溃；2008年美国金融危机主要原因是美联储放任华尔街金融家的贪婪冒险行为，放纵金融衍生品泛滥，从而导致次贷危机演变为金融危机，并从虚拟经济领域传染到实体经济领域。

仔细分析美国金融危机起因及其他风险事件，背后必然存在一个相当普遍的发生机制，可以检测出系统性风险。在经济上行周期，银行放松信贷条件，致使信贷快速扩张和资产价格大幅升高，越来越多的投资人涌入金融市场，似乎经济有永续发展的动力。殊不知虚拟经济的发展速度远远快于实体经济的发展速度，金融泡沫滋生并膨胀，银行系统变得越来越脆弱。在经济下行周期，经济状况发生逆转，资产价格大幅调整或投资泡沫破裂，将对银行系统产生巨大的冲击影响。假如银行系统没有足够的资本来吸收损失，必然导致金融危机的爆发。战后金融周期越来越与商业周期紧密联系是最好的佐证。

学者们还发现典型的风险预警模型无法预测宏观环境逆转引发的系统性风险：

1）系统性风险是内生风险，学者不能准确预警危机的发生，除非能提前获知随时间推移，银行体系的脆弱性是如何集聚的。这就需要以动态角度，加强对金融和实体经济的互动关系的理解，而不是处于危机时才关注两者之间的关系，当风险产生时就必须时刻关注。

2）个别银行的倒闭也许不会传染到很多银行，但是银行间共同风险的爆发却是极具传染性的，面临共同风险因素是解释系统性危机的最好理由。

3）风险发生在资产负债表上的资产方，而非负债方。资产方的风险，建立在对资产潜在变化的估值。但是负债方也可以发挥的作用，在正常经济状况下，银行能够利用外部融资来满足流动性需求，但是如果过度依赖外部融资，则有可能侵蚀自身资产质量，从而推动系统性风险生成和积累，并在危机爆发时刻，对资产方违约，传播有毒资产。

2. 强化宏观审慎监管的理由

解决金融动荡、维护银行稳定，是每次金融危机爆发后，各国监管当局讨论的重要议题。金融学家和监管当局形成共识，仅靠微观审慎监管不足以提供一个安全稳健的金融体系，需要进一步加强宏观审慎监管。

（1）溢出成本非常大

银行倒闭溢出成本非常大，并可能波及到其他经济领域，导致经济衰退、增长缓慢。尽管很难度量银行不稳定的损失，但是有研究表明，银行危机的损失可能是GDP损失的两倍。微观审慎监管在保护单个银行方面是有效的，但是却不能防止其他银行失败的溢出效应，也不能防止宏观经济环境不利变化造成的冲击效应。与微观审慎监管关注点不同，宏观审慎监管关注整体经济损失和宏观稳定，而非单个银行是否会倒闭。

（2）市场调节失效

微观审慎监管通过市场力量分散单个机构的风险，旨在限制每个机构倒闭，而无论其系统性后果，这可能增大宏观稳定的难度。因为单个银行的风险分散，看似解决了银行危机隐患，却让整个银行体系承担风险，一旦出现任何银行的失败行为，则风险损失将迅速在整个体系蔓延。总之微观审慎监管可能破坏保持宏观稳定的目标，破坏金融安全网的功效，最终酿成系统性风险。

（3）金融动荡加剧

尽管微观审慎监管有助于维护银行微观稳定，但无法防范系统性风险，无法保证银行宏观稳定。分析几次大规模金融危机的爆发原因，发现适时宏观经济分析，揭示某些风险隐患，并做出相应的政策调整，对识别跨机构、跨时间、跨境的系统性风险尤为重要。此外宏观审慎监管有利于解决银行监管指标固有的顺周期性和风险承担的激励机制。

3. 微观审慎监管与宏观审慎监管

现行银行监管主要关注于单个银行稳健运行，在维护整个金融体系方面存在重大不足。为弥补这一缺陷，加强宏观审慎监管成为危机后主要国际金融组织和发达经济体金融监管改革的共同主张。首先我们需要打破两个传统观念：①打破"市场有效性假说"信条，因为个人逐利动机很难使市场理性和有效。监管宽容只会纵容人性贪婪之一面，催生和助长系统性风险。②放弃个体"独善其身"的信条。单个银行在"和平"时期（如举债、扩大放贷、使用相似的风险管理模型、支付高薪等）和危机时期（如出售抵押资产来换取流动性的做法会加剧同类资产价格的下跌）的"独善其身"政策不一定保证系统最优，反而会导致系统性风险的传染和放大。因此关注个体的微观监管难以保证金融稳定，必须从全局和宏观角度强化监管。

既然我们能享受到由复杂、发达的银行体系所带来的系统性收益（如低成本融资和高利润），也要承担由一个链条断裂（小概率事件）而造成具有极大传染和放大效应的系统性风险（其他小概率事件的连环爆发）。问题是如何减少此类小概率事件爆发的频度和冲击力。实际上宏观审慎监管和微观审慎监管是紧密联系的，共存于金融监管安排中，关键是弄清楚微观审慎和宏观审慎的监管边界，加强政策引导。

第三章 商业银行资产负债管理概述

第一节 商业银行资产负债管理的定义

一、资产负债管理概述

1. 资产负债管理的概念

资产负债管理也叫资产负债综合管理。最初的含义是协调资产负债的各个项目，以取得最大的利润。美国的约翰·A·休斯莱姆在《银行资金管理》一书中认为："资产负债管理的实质是在短期金融计划和决策中协调好资金来源与资金运用的内在联系，以实现最大的盈利。"完整的含义是，资产负债管理是指商业银行在业务经营过程中，对各类资产和负债进行预测、组织、调节和监督的一种经营管理方式，以实现资产负债总量上平衡、结构上合理，从而达到最大盈利的目的。

2. 商业银行资产负债的历史分析

在20世纪40、50年代，商业银行的负债中有大量的支票存款和储蓄存款，这两种存款都是低成本的。因此，此时商业银行的管理者的主要工作是决定如何使用这些负债，从而商业银行的管理重点自然是资产的管理，即如何使商业银行资产产生最大的收益。在60年代，随着资本市场的放开，直接融资的比例加大，商业银行的资金变得不那么丰富了，原因是公司的财务管理者，已经考虑资金的占用成本，因此支票存款的数量下降了，而此时的经济由于税收减免，和由于越战引起需求的增加而繁荣。因此企业对贷款的需求是很旺盛的。为了满足旺盛的贷款需求，银行管理者转向了负债管理。这样，在60和70年代，负债管理是商业银行资产负债管理的主要方面。负债管理可以简单表现为商业银行用发行CD存单、购买联邦资金、发行商业票据的方法来筹集所需要的资金。由于当时的银行是根据筹集的资金的成本，然后再加上一定的利差将资金贷放出去，因此利差管理在当时是很盛行的。到了70年代中期，由于通货膨胀，浮动利率以及经济的不景气，使得商业银行的管理的重点转向了资产负债表中的资产和负债两个方面，这种方法也就成了资产负债管理。因此资产负债管理本质是对过去商业银行管理的各种方法的总结和综合运用。

在80年代，资产负债管理的重要性有所增加，但管理的难度也越来越大。尽管资产负债管理是一种适应期限较短的管理方法，但这种管理方法，已经从简单的使资产和负债的期限相搭配的方法，发展成为包括各种期限在内的管理策略，也包括了各种复杂的概念和方法。如持续期配对、浮动利率定价、利率期货、利率期权以及利率调换等。尽管有多种复杂方法的出现，但资产负债管理仍然是一门艺术，而不是一门科学。因为没有关于资产负债管理的简单但放之四海而皆准的方法，商业银行必须根据其自身的状况，去开发自己的资产负债管理的方法。因此每一家银行的资产负债管理的策略和方法也许都不一样。

3. 资产负债管理的基本原理

资产负债管理的基本原理包括五个方面：

（1）规模对称原理

规模对称原理，即资产规模与负债规模在总量上要对称平衡。由于资产和负债是相互联系、相互依赖和相互制约的辩证统一关系。资产规模过大，会造成头寸不足，虽然可以暂时增加盈利，但却失去了流动性和安全性。相反，资产规模过小，就会造成资金闲置，虽然流动性强，比较安全，但却降低了盈利性。因此，资产负债管理要求两者规模对称，既要保持较高的资金运用率，又要防止过度运用资金。（"三性"基础上的规模对称）

（2）偿还期对称原理（速度对称原理）

它是指银行资金的分配应根据资金来源的流动速度来决定，资产和负债的偿还期应保持高度的对称关系。如活期存款偿还期短，流转速度快，要求与之对应的是流动性高、偿还期短的资产，如现金资产等；而定期存款偿还期长，流转速度慢，与其对应的应为偿还期长的贷款或投资。偿还期对称原理实际上是要求保持资产和负债的合理的期限结构，其目的是保证资金流动性和安全性。但是期限对称也不是要求负债期限和资产期限要一一对称。

（3）结构对称原理

它是指银行资金的分配不仅要考虑静态期限结构，而且要考虑负债的动态期限结构、成本结构等，以保证资产负债结构的对称平衡。资产和负债各项目的期限、利率、用途等方面都客观存在一定的内在联系，表现为一定的对称关系，按照这种对称关系，不同的负债应用于不同的资产。例如在银行的资产负债表的负债方，有资本和负债，负债中又有存款和其他负债，他们在性质上是不同的，银行对其的支配权和控制度也不一样，因此将其用于资产的占用形态和内容也不一样。资产方的固定资产是银行经营不可缺少的条件，但不能用存款负债来购置固定资产。再如利率高的负债一般应与利率高的资产项目的对称，这就是效益结构对称平衡的内容；负债的同业拆入只能用于头寸的平衡，而不能用于其他的资产项目，这就是资产和负债项目在性质上和用途上对称的内容。

（4）目标互补原理

商业银行的"三性"目标是难以同时达到最优的，因此，"三性"的均衡是一种相互补充的平衡,是一种可以相互替代的均衡。只要银行能够实现某一段时间的经营目标,就是实现了"三性"均衡的目标。所以,商业银行要在考虑不同时期经济发展状况和银行具体经营情况的前提下,通过提高流动性、安全性的措施,或者是提高盈利性的措施来实现"三性"的要求。

（5）分散资产原理

分散资产原理在负债结构一定的情况下,银行可以通过将资金分散于不同区域、不同行业、不同币种和不同种类的资产来分散风险,同时实现安全性、流动性和盈利性的目标。这一原理是运用了经济活动的相关性,实现风险损失的互相抵消或风险损失与风险收入的互补,具体体现在资产负债管理中对贷款集中度的控制等方面。

二、资产负债管理的目标

商业银行的战略管理,是要让商业银行在未来 2~5 年内有一个可行而又积极的奋斗目标,而商业银行的资产负债管理是要让商业银行在未来 12 个月内,在不同的利率环境下有可供选择的方法。因此,资产负债管理是商业银行战略管理的第一步。

表 3-1　商业银行资产负债管理步骤

第一步综合管理	
资产管理	负债管理
	资本管理
第二步具体管理	
准备头寸管理	准备头寸的负债管理
流动性管理	综合的负债管理
投资管理	长期债务管理
贷款管理	资本管理
固定资产管理	
第三步资产负债表生成损益表	
利润＝收入－利息成本－管理成本－税金	
实现目标的策略	
1. 利差管理	
2. 费用的控制	
3. 流动性管理	
4. 资本管理	
5. 税的管理	
6. 表外业务的管理	

从上表中我们可以看出,资产负债管理包括综合管理、具体管理和策略目标三个内容.综合管理由个别管理的相互配合而实现的,而最终是要完成商业银行既定的目标。

1. 总量平衡的目标

总量平衡的目标就是要求银行资产总量和负债总量实现动态平衡或实质平衡,防止超负荷运转。从账面上看,任何一家银行的资产和负债始终是平衡的,但表面上的平衡常常掩盖实际上的不平衡，如采用占用联行汇差、欠缴法定存款准备金、限制客户提取存款等手段扩大资金来源，增加贷款发放，造成资产负债总量的实际失衡。因此资产负债管理所要求的总量平衡是指资产的运用和负债的来源之间要保持合理的比例关系，实现动态上的平衡或实质上的平衡。

2. 结构合理的目标

就是要求银行资产和负债之间在期限和时序上相互制约、相互协调，其实质应该是一种动态的平衡或动态的调节过程，而不是银行资产与负债在偿还期和数量上的机械而缺乏弹性的对称配置。因为，结构合理目标要求保持资产和负债恰当的比例关系，形成资金配置的优化组合，这种组合又随着融资环境、经济周期和产业政策的变化而适时调节。总量平衡与结构合理的目标既相互联系，又相互制约、互为条件。资产负债总量平衡是资产负债结构合理配置的基础和前提，结构合理配置又可以促进总量平衡的实现。因为如果在结构上资产负债流动性不足，安全性差，配置不合理，必然影响总量的平衡。

三、资产负债管理的内容

资产负债管理是银行以全部的资产负债为管理对象，使其在流动性、安全性和效益性相互协调的基础上，实现资产负债总量平衡、结构合理，以获得最大的利润。其管理内容具体包括四个方面，即资产负债总量管理、资产负债结构管理、资产负债效益管理和资产负债风险管理）。

1. 资产负债总量管理

这是指商业银行对资产总量和负债总量及其两者之间的平衡关系的组织、协调和控制。它包括资产总量平衡管理、负债总量平衡管理和两者之间的总量平衡管理。

（1）负债的总量管理

银行的负债总量是指一定时期内各项负债余额的总和，是其资金供应实力的反映。它包括存款、向中央银行借款、同业拆入、结算资金、发负债总量的管理就是要调控负债总量的平衡，包括：负债结构的平衡、负债可用程度的平衡、负债成本效益的平衡。

（2）资产总量的管理

银行的资产总量是指银行在一定时期内各项资产余额的总和，是银行资金占用规模和营运的综合反映。银行资产总量平衡地管理是指商业银行的各类资产（如贷款、拆出资金、证券投资及其他资产）应该均衡、合理地分布，并与负债相适应。其管理重点是保持各类资产项目之间的合理比例关系，如长期资产与短期资产之间、贷款资产与其他资产之间、拆出资金的比例、备付金比例等。资产总量平衡管理必须根据负债总量平衡来进行，单纯进行资产总量的平衡，虽然可以保持资产的总量和结构的合理性，但容易脱离资产负债平衡的原则和对应关系，而片面追求资产效益的最大化。

（3）资产总量与负债总量的平衡管理

这是整个资产负债管理的关键。其实质就是根据可用负债总量安排资产规模，坚持负债量制约资产量，绝不可超负荷地运用资金，而无视资金来源的最大潜力和可能。同时在结构安排上，坚持长期负债与长期资产相对应，短期负债与短期资产相对应，专项负债与专项资产相对应的原则，以实现资产负债总量的动态平衡。

2. 资产负债结构管理

资产负债结构管理是指商业银行对流动性不同的资产之间、负债之间以及资产负债之间的相互比例关系进行组织、协调和控制。

（1）负债结构管理

负债结构是指商业银行负债来源的构成及相互联系、相互制约的比例关系。而负债结构的管理，就是指银行对各项负债能够以较低的成本随时获得所需负债的流动性管理，即对流动性不同的负债进行管理，它要求在负债种类、期限、数量和价格等方面的搭配，保持合理的比例关系。

（2）资产结构管理

资产结构是指商业银行资产运用的构成及相互联系、相互制约的比例关系。而资产结构管理是银行对各种资产在不发生损失的情况下能迅速变现的流动性管理，即相对于负债结构而言，要保持合理的资产内部结构，要求通过优化资产投向结构、期限结构、种类和价格结构，增强资产的流动性。

（3）资产负债对应结构管理

即商业银行对资产负债不同流动性的对应管理，它包括负债对资产的使用配置和期限结构的对应平衡。如三年以上定期存款主要用于长期资产。资产负债对应结构管理一般是通过编制资产负债期限结构对应平衡表来预测资产负债流动性现状，从而对存在的问题采取相应的结构调整对策和措施，优化资产负债的结构。

3. 资产负债效益管理

资产负债效益管理就是在保证资产与负债的流动性和安全性的前提下，有效而又节约地筹措资金和供应资金，提高资金的利用率和周转速度，以最小的投资获得最大的盈利。从资金管理的角度看，资产负债效益管理包括资金的筹集、使用、营业成本的耗费和资金的收回与分配；从经营管理的角度来看，资产负债效益管理主要包括银行收入管理、银行成本管理、银行利润管理等内容。

（1）银行收入管理

商业银行作为金融企业，其收入由营业收入、营业外收入和金融机构往来收入组成。银行收入管理就是要对各项收入项目按照有关规定准确归类、及时核算入账，确保收入的真实性和完整性。

（2）银行成本管理

银行成本管理就是要求对成本进行预测、计划、核算、分析、考核、检查和监督。银行成本预测就是对未来银行业务经营成本的变动趋势和计划期的银行成本费用水平进行预先地推断和分析，主要运用定性与定量相结合的方法进行预测。银行成本计划可以根据盈利水平和市场竞争要求来确定，本着既要保证业务经营的合理需要，又要节约费用开支，降低成本的要求进行编制，从而作为控制成本的依据。通过分析资产负债规模、结构和利率的变动等主要因素对银行成本的影响，找出降低成本费用的途径。

（3）银行利润管理

银行利润是银行在业务经营过程中所获得的总收入扣除各种成本、税金后的剩余，才是银行的纯利润即净收益。加强银行利润管理最根本是要扩大银行的盈利性资产的规模，提高资金利用率和盈利资产的收益率，同时降低成本、减少资产风险损失、提高工作效率，达到增加利润的目的。

第二节 资产负债管理的基本理论

一、资产管理理论

从商业银行产生到20世纪50年代，由于负债来源稳定，经营范围狭小，金融市场不够发达等因素，西方商业银行经营管理的重点一直放在资产管理上，先后产生了商业贷款、资产转换、预期收入等理论。20世纪60年代以后，随着金融理论的创新和完善，又产生了超货币供给理论等。

1. 商业性贷款理论

商业性贷款理论是早期资产管理理论，是美国银行制度下对英国商业银行"真实票据学说"的翻版。其基本观点是，存款是银行贷款资金的主要来源，而银行的大多数存款又是活期存款，为了满足不可预见的提存所需要的流动性，就需要只发放具有自偿性的短期商业性贷款。这类贷款用于生产和流通过程中的短期资金融通，一般以三个月为限，由于是投入到生产和流通过程，就可以通过生产出来的商品和出售商品的价款来偿还贷款（即具有自偿性）。因此，该理论认为，商业银行不宜发放长期性贷款，融通长期资本投资的贷款须来源于留成利润、新发股本，或（和）长期负债等一类的永久性的来源。

尽管这种理论在相当长的历史时期内受到重视，但由于其形成于银行经营的初期，随着商品经济和现代银行业务的发展而暴露出许多不足。①没有考虑贷款需求的多样化。随着经济的发展，企业对长期借如资金需求越来越大，消费贷款需求也不断增加，这些贷款有的不是短期性的，也不是自偿性的。如果固守这一理论，不仅不能满足社会对银行的要求，也使银行自身的发展受到限制。②没有明确认识银行存款的相对稳定性。尽管活期存款随存随取，但一般总会形成一个稳定余额，这颇类于公共汽车不断上下乘客而车上总有乘客的特点。并且随着经济发展和银行业务扩大，这个稳定余额会不断增加。根据稳定余额而发放一部分长期贷款，一般不会影响银行的流动性，反而会因此而增加一部分收益。③该理论要求贷款安全做到自偿是很困难的，特别是在经济衰退时期，即使是短期性贷款，也有可能因商品找不到买主而不能做到自偿，不能偿的贷款也就无法再提供流动性的问题了。④可能助长经济波动，与中央银行反循环政策相悖。按照该理论，在经济景气时，信贷会因贷款的扩大而膨胀，加剧物价上涨，而在经济衰退时银行信贷又会因为贷款需求减少而自动收缩，加剧物价下跌，这就对经济波动起了推波助澜、雪上加霜的作用。

2. 资产转移理论

第一次世界大战后，随着金融市场的进一步发展和完善，金融资产流动性增强，商业银行持有的短期国库券和其他证券增加，人们对保持银行流动性有了新的认识，资产转移理论因此应运而生。资产转移理论最早由美国的莫尔顿于1918年在《政治经济学杂志》上发表的一篇论文《商业银行及资本形成》中提出，其基本观点是：为了保持足够的流动性以应付提存的需要，商业银行最好是将资金购买那些在需要款项时可立即出售的资产，只要银行持有这类资产，它的流动性就有了较大的保证。这类资产一般具有以下条件：①信誉高，如国债或政府担保债券以及大公司发行的债券；②期限短，流动能力强；②易于出售。政府发行的短期债券就是符合这些要求的理想资产。持有这类资产，在需要现金时就可以立即将它们转移出去，从而保证银行流动性。

资产转移理论产生时正值一次世界大战之后，美国因军费需要开支甚巨，导致公债大量发行。同时，经济危机的爆发和加深及随后的第二次世界大战的爆发，导致企业和个人对银行的借款需求急剧减少，而政府的借款需求激增，使商业银行把大量短期资金投入国债，这既消除了贷款保持流动性的压力，可腾出一部分资金用于长期贷款，也因一部分现金转换为有价证券，而使商业银行既保持了一定的流动性，又增加了一部分盈利。资产转移理论为商业银行保持流动性提供了全新而积极的方法，使商业银行资产业务范围迅速扩大，贷款的对象也进一步广泛。这一方面促进了银行自身的发展，另一方面也加速了证券市场的发展。

但该理论有其致命的弱点，那就是其运用依赖于发达的证券市场和充足的短期证券。没有充足的短期证券可供挑选和投资，就难以保证投资资产价值和必要投资规模；没有发达的证券市场，就难以保证流动性资产（短期证券）迅速变现的初衷。而这两方面因素都超出商业银行可控制范围。同时，还要看市场特点，在发生经济危机时，证券抛售量往往大大超过证券购买量，就难以保证流动性的预期目的。

3. 预期收入理论

预期收入理论是一种关于银行资产投向选择的理论，其基本思想是：银行的流动性应着眼于贷款地按期偿还或资产的顺利变现。而无论是短期商业性贷款还是可转让的资产，其偿还或变现能力，都以未来的收入为基础。如果一项投资的未来收入有保证，哪怕是长期放款，仍然可以保持流动性；反之，如果一项投资的未来收入没有保证，即使是短期放款，也难以保持流动性。因此，银行应根据借款人的预期收入来安排贷款的期限、方式，或根据可转换资产的变现能力来选择购买相应的资产。如果借款人的预期收入明显，银行则可发放长期贷款；反之，如果一项贷款的预期收入不可靠，即使期限较短也不宜发放。

预期收入理论最早是由美国的普鲁克诺于1949年在《定期放款与银行流动性理论》一书中提出的，其背景是第二次世界大战后美国高速发展的经济。美国战后经济已由战时经济转变为平时经济，经济的恢复与发展导致了对各种资金的需求：企业机器设备等生产资料急需更新改造，对贷款特别是中期贷款的需求猛增，同时，凯恩斯理论的影响扩大，举债消费的意识和需求加强。面对这样的形势，商业银行迅速调整了资产结构，减少了各种证券投资，转向增加各种贷款。除了发放短期贷款、经营短期证券作为银行资产流动的第二准备外，还发放了许多以贷款后的投资项目收入来分期偿还的中、长期设备贷款，分期付款的住宅抵押贷款，并开办设备租赁等项目。

预期收入理论指出了银行资产流动的经济原因，为银行业务经营范围的进一步扩大提供了理论依据，其科学之处在于深化了对资产流动性的认识和理解，指出了银行资产流动性的大小同借款人的预期收入大小成正向关系，从而对商业性贷款理论强调贷款的用途的观点和资产转移理论强调资产的期限和变现性的观点进行了扬弃和发展。同时，这种理论也为银行调整资产结构提供了科学依据，把传统的资产结构和贷款主要为短期性贷款调整为短、中、长期贷款并重，把证券投资过分偏重于短期性证券转化为其他有预期收入的中长期投资。这既有利于增强商业银行对整个经济生活的渗透能力，也进一步增强了自身在金融业务方面的竞争能力。此外，该理论使商业银行的资产业务从传统的商业性、生产性领域扩大到消费领域，刺激了消费者的消费结构和消费量，从而刺激了消费品生产和消费品市场的发展。

预期收入理论的主要缺陷在于：把预期收入作为资产经营的标准，而预期收入状况由银行自己预测，不可能完全精确；在资产期限较长的情况下，债务人的经营情况可能发生变化，届时并不一定具备偿还能力。因此，按照这一理论，并不能完全保证银行资产的流动性，可能因此增加了商业银行经营风险。

二、负债管理理论

负债管理理论能够较好地解决流动性和盈利性之间的矛盾，但这种盈利性与流动性之间均衡的实现，更多地依赖外部条件，往往给银行带来很大的经营风险。因此，负债管理理论在保持商业银行安性、流动性和盈利性的均衡性方面，带有一定的偏向。

1. 存款理论

存款理论曾是商业银行负债的主要正统理论，其基本思想是：存款是银行最重要的资金来源，是银行资产经营活动的基础，而银行在取得存款的过程中处于被动地位，因此，为了银行经营的稳定性和安全性，银行资金的运用必须限制在存款的稳定的沉淀额度之内。

存款理论的最主要特征是它的稳健性或保守性倾向。它强调存款是存款者放弃货币流动性的。一种选择，无论出于保值还是盈利的动机，存款者的意向总是决定存款能否形成的主动因素。存款者和银行共同关心的焦点是存款的安全性问题，存款者最为担心的是存款能否如期兑现，或者兑现时是否贬值，银行则最为担心的问题是存款者是否会同时来挤兑，以致引起毁誉或破产事件。鉴于此，存款理论的逻辑结论就强调按客户的意愿组织存款，遵循安全性原则管理存款，根据存款的状况安排贷款；参考贷款的收益来支付存款的利息，因而不赞成盲目发展存款和贷款，不赞成冒险谋取利润和支付代价。这种理论的基石来自于一种传统的经济学观点：商品是第一性的，货币是第二性的，信贷规模取决于经济活动的客观需要，金融只具有适应性的支持功能，银行活动不能逾越一定的限制范围。

存款理论盛行于银行经营战略重点被置于资产管理方面的时期。传统的银行家总是认为，银行的盈利来源是资产，因而资产的安全性和流动性对于确保盈利至关重要。为此，商业银行应在既定的存款圈内做文章。因此，存款理论的缺陷在于它没有认识到银行在扩大存款或其他负债资金来源方面的能动性，也没能认识到负债结构、资产结构以及资产负债综合关系的改善对于保证银行流动性，提高银行盈利性的作用。

2. 购买理论

购买理论是继存款理论之后而出现的一种理论。它对存款理论作了很大的否定，其核心内容包括以下几个方面：

（1）银行对负债并非消极被动、无能为力，而是完全可以主动出击，购买外界资金。

（2）银行购买资金的基本目的是增强银行流动性。

（3）银行在负债方面的购买行为比资产方面的管理行为要主动而灵活得多。银行有十分广泛的购买对象，有众多的购买手段可以利用。除了一般公众可以既作存款者又作金融债券持有者之外，同业金融机构、中央银行、国际货币市场金融机构以及财政机构等都可视作商业银行资金购买对象。在传统的存款管理法规间隙，用明的或暗的各种方式，支付较高利息、变相利息、隐蔽补贴、免费服务等高于一般存款利息的价格，以吸引资金供应者。通过有效地购买负债，银行摆脱了存款数额的牵制，适应资产规模扩张和日益增大的贷款需求。

（4）商业银行购买资金的适宜气候是通货膨胀下的实际利率低甚至为负数，是实物资产投资的不景气和金融资产投资的繁荣,是通过刺激信贷规模以弥补低利差下的银行利润量。

购买理论产生于西方发达国家(美国)60、70年代先通货膨胀继而滞胀迸发的年代,代表着更富进取心和冒险精神的新一代银行家的经营思想和战略,与过去保守作风和谨慎传统形成鲜明对照。这种理论对于促使商业银行更加积极主动地吸收资金,推进信用扩张与经济增长以及增强商业银行竞争能力都具有积极的意义。但另一方面,购买理论容易过度助长商业银行片面扩大负债、盲目竞争、加重债务危机和通货膨胀,因而通常不为宏观金融管理机构所倡导。

3. 销售理论

销售理论的基本思想是:银行是金融产品的制造企业,银行负债管理的中心任务就是迎合客户的需要,努力推销这些产品,以扩大银行资金来源和收益水平。具体讲来,银行应做好以下几方面工作。

(1)围绕着客户的需要来设计服务

银行在形式上是资金的汇集融筹中心,而实质上则是利益调节配置的中心,资金的融筹涉及到资金供应者、资金需求音和银行三者的利益,银行利益的实现又仰赖于银行服务的出发点和归宿是否真正是前二者的利益和需要。因此,为了银行自身利益,银行必须千方百计扩大相加深同各方面客户的相互联系和理解,竭诚在力所能及的限度内为某一部分客户提供其特殊需要的金融服务。客户的多种多样决定了其需求的多种多样,因而满足这些需求的金融产品也必须多种多样。为此,银行需要做好需求分析和归类,根据不同收入、职业、年龄、地区、文化程度、习惯偏好、局部环境等条件区分不同层次或不同集合的需求,预测市场的广度与深度,设计开发新的金融产品。

(2)改进销售方式来完善服务

商业银行要使金融产品销售良好则必须在销售方式上做文章。金融产品的推销主要依靠信息的沟通、加工与传播。虽然金融产品本身就是信息的载体,但还有更多间接的、背后的、无形的信息需要处理,它们贯穿于金融产品售前售后全过程。服务态度、广告宣传、公共关系等诸多方面,都是传递信息、推销产品至关紧要的领域。同时,在金融商品销售中,要做好配套服务。

(3)销售观念要贯穿负债和资产两个方面

金融产品需要将两方面联系起来设计塑造。例如,应考虑适当利用贷款或投资手段的配合来达成吸收资金的目的;同时,金融产品的销售和服务也需要将两方面联系起来进行。

销售理论是在80年代崭露头角的一种银行负债管理理论,是此阶段金融改革和金融创新风起云涌、金融竞争与金融危机日益加深条件下的产物,给银行负债管理注入了现代企业行销思想,反映了金融业和非金融业之间的彼此竞争和相互渗透,标志着金融机构正朝功能多样化和复合化的方向发展。

三、资产负债全面管理理论

资产负债全面管理产生于 20 世纪 70 年代中期，到 80 年代初逐渐形成了一套完善的理论。随着金融活动的发展，经济学家和银行家们认为单纯的资产管理或负债管理都不能很好地实现银行经营管理的目标，而要将资产和负债结合起来，统一在一个系统内，旨在最大化股东收益，实现安全性、流动性和营利性的协调。

从理论基础来看，资产负债全面管理理论主要是基于以下几条原理：

1. 偿还期对称原理

偿还期对称是指银行资产和负债的偿还期应在一定程度上保持对称，来避免流动性风险，保证银行的正常盈利，但并不要求偿还期绝对对称。

2. 目标替代原理

目标替代原理认为银行三性原则中存在一个共同的东西——效用。因此可以在总效用不变的前提下对这三个目标相互替代。

3. 分散化原理

即银行资产要在种类和客户两方面适当分散，以避免信用风险，减少坏账损失。

四、商业银行资产负债比例管理以及相应风险分析

1. 商业银行资产负债比例管理

所谓资产负债比例管理，就是指商业银行在业务运营中按照市场规律，通过科学化管理，建立一系列比例指标体系，以控制银行资金流动，使之在总量上均衡，结构上优化，从而保证银行资金的"三性"相统一，在保证安全的前提下，追求盈利的最大化。中国人民银行早在 1994 年，根据我国实际情况，制定了适合我国商业银行发展的资产负债比例管理指标和规定。

2. 商业银行资产负债结构与流动性风险

西方商业银行大都从资产和负债两个方面对流动性进行衡量。其中，规模较大银行更重视与负债有关的流动性比例，规模较小银行则重视与资产有关的流动性比例。资产方流动性比例主要有：流动性资产比例和存贷款比例、临时投资/资产比例、贷款/租赁/资产比例、风险资产/总资产比例等。负债方流动性比例主要有：总股本/总资产比例、各项存款的结构百分比、总存款/总负债比例、核心存款/总资产比例等。

上述比例侧重于银行在过去某一时点的流动性状况，是静态分析法。下面主要是动态分析法。

（1）流动性缺口（Liquidity Gap）

所谓流动性缺口是指银行在一段时间内将要到期的资产和负债之间的差额。流动性

缺口产生有两个原因：①资产和负债之间的不匹配，②资产和负债的不断变化。为了更有效地反映资产和负债对流动性的影响，又引入了"边际缺口"的概念。边际缺口是指银行资产和负债变化值之间的差异。边际缺口为正，表明资产的变化值大于负债的变化值，正缺口反映了流动性过剩。如果流动性缺口产生于目前的缺口，成为"静态缺口"（Static Gap），它反映了银行当前的流动性状态。如果资产和负债随着时间的推移而增加，新资产和新负债之间的缺口被称为"动态缺口"（Dynamic Gap）。用流动性缺口衡量银行的流动性风险也存在一定缺陷：对于某些资产和负债进行期限划分时常根据主观判断，没有对银行的融资能力进行评估，因此，不能单纯从流动性缺口来衡量商业银行的流动性风险，需引入其他方法。

（2）净流动性资产模型

它将银行资产分为流动性和非流动性两类，将负债分为不稳定性和稳定性两类，净流动性资产被定义为流动性资产和非稳定性负债之差。

表 3-2 净流动性资产模型

资产		负债
流动性	净流动性资产	不稳定性
非流动性		稳定性

如果流动性资产大于流动性负债，则为正缺口；反之为负缺口。通过正负缺口的现实，银行可以清楚目前是否有足够的流动资产可以变现。此外，在算出银行目前的流动性缺口后，可以将未来的贷款增量和存款增量加入上述结构中，使得静态的结构转变为更接近现实的动态结构。

（3）现金流量法（Cash Flow Approach）

这也是美国银行使用较多的一种模型，它不仅强调了现金流量的概念，更强调了"实际和潜在的现金流量"，使这一模型有较强的实用性。具体的实际和潜在现金流量的划分如表3-3：

表 3-3 现金流量法

现金流入量	现金流出量
实际的现金流量	
即将到期资产 尚未到期资产产生的利息	即将到期的批发性负债及固定贷款承诺 尚未到期负债支付的利息 零售存款的季节性变动
潜在的现金流量	
可变现的未到期资产 已建立的信贷额度	无固定期限的零售存款 不固定的贷款承诺和其他表外活动

由于潜在的现金流量很难预测，故一般用估算值表示。为了弥补可测性较差的现金流

入量，银行可以变卖资产和使用其他银行开立的信贷额度。与静态指标衡量相比，上述动态衡量方法立足于宏观角度考察银行的流动性状况，且将潜在的流动性纳入考察范围，具有一定的前瞻性。但由于所取数据涉及到银行很多机密的交易活动，所以仅适用于银行内部自我评价。

第三节　商业银行资产负债管理的方法

伴随着商业银行资产负债管理理论的发展，出现了多种银行资产负债的管理方法．各种管理方法都有其产生的历史背景与一定的适应性，当然也都存在一定的缺陷。

一、资金汇集法

资金汇集法又称资金总库法或资金水池法．这种方法的指导思想是把银行各种负债集合成为一个资金总库，然后按照流动性需要分配到各种资产中去，如图 3-1 所示，这种方法的起源可以追溯到商业银行的创建初期，大量运用于 20 世纪的经济大萧条时期。基本内容是：不考虑银行各种资金来源的性质，不论是活期存款、定期存款、借入资金或是银行资本金，均把它们汇集起来，按照银行的需要进行分配。分配时，依照先确定资产的流动性与盈利性状况，再按银行对资金的需求的轻重缓急进行分配的基本程序进行，而没有固定各项资产分配的比例。

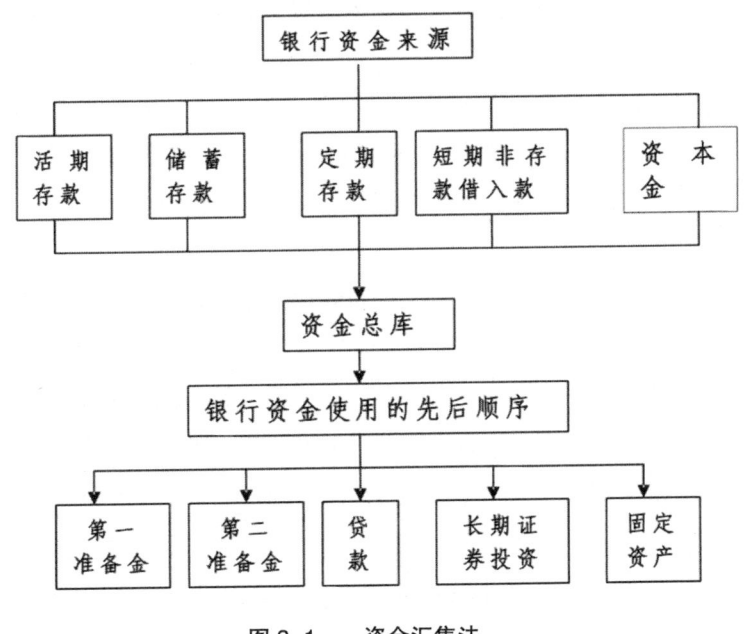

图 3-1　资金汇集法

图 3-1 资金汇集法为商业银行进行资金的分配提供了一些有用的规则，如应该建立商

业银行的第一与第二准备金，以使银行的流动性得到保证；应该按照资金来源的规模安排银行的资金运用规模等。这种方法简单易行，操作成本低。但是它没有为商业银行提供评价资金流动性的标准，没有考虑到银行资产负债各个项目之间应有的相互联系，易使银行由于过于看重流动性而忽视盈利性。

二、资金分配法

资金分配办法也称资金转换法．它是针对资金集中法的缺陷提出来的．出现在 20 世纪 40 年代，主要是根据资产管理思想，提出商业银行应如何安排资金组合的运作策略．基本内容是：商业银行在把现有的各项资金分配到各类资产上时，应使各种资金来源的流通速度或周转率与相应的资产期限相适应，也即银行资产与负债的偿还期应保持高度的对称关系．那些具有较低周转率或相对稳定的资金来源应分配到相对长期、收益较高的资产上；而周转率较高的不稳定性存款则主要应分配到短期的、流动性较高的资产项目上。如活期存款有较高的周转率和准备金比率，其偿还期可以视为零，从对称原则出发，应主要分配到作为一级准备的现金资产和作为二级准备的短期证券资产上，少部分用于贷款。定期存款稳定性较高，则主要运用于贷款和中长期证券投资的盈利性资产。资本金特别是股本一般不要求法定准备金，且不存在到期偿付的要求这部分资金主要用来购置建筑物和设施。如图 3-2 所示：

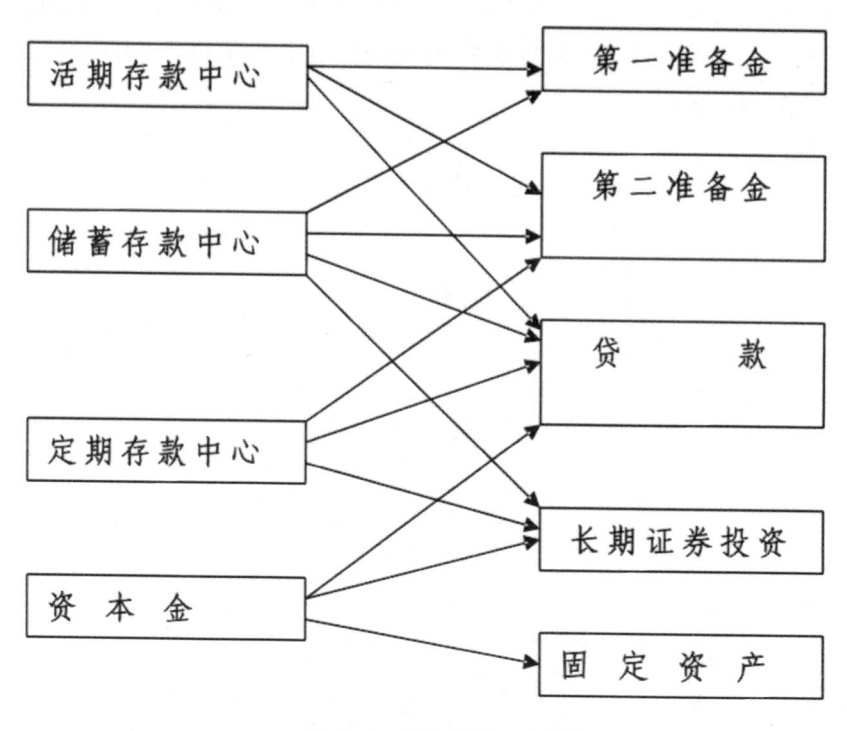

图 3-2 资金分配法示意图

1. 这种方法的优点

它承认银行不同的资金来源有着不同的流动性要求,并且根据资金来源的性质来确定其在银行资金运用中的分配数量,有利于商业银行减少投放于流动性资产的数量,有利于银行增加盈利,并使银行能够兼顾流动性和盈利性的双重要求。

2. 不足之处

(1)以资金来源的流转速度作为安排资产结构的依据,忽视了银行资金来源的实际变动情况,可能会由于高估银行的流动性要求而减少银行的盈利。

(2)认为银行的资金来源与资金运用是相互独立的。而事实上,银行的资金来源与资金运用均有随着经济的增长而增长的趋势,并且在通常情况下,银行的资金运用比资金来源的增长速度更快,两者难以作严格的对应关系。(信用扩张倍数,派生存款)

(3)与资金汇集法一样,只重视存款支付对资金流动性的要求,而忽视了银行为满足贷款的增长需求也应该保持相应的流动性。

三、差额管理法

从20世纪70年代起,商业银行的资产负债管理越来越倾向于从强调资产与负债之间的内在联系着手,抓住某些具有决定性作用的因素从事业务经营,力争在确保安全的前提下实现高盈利的目标。差额管理法认为,资产与负债内在联系的关键因素是利率和期限,通过缩小或扩大利率匹配和期限匹配所形成的差额的幅度,来合理调整资产和负债的组合和规模。因此,差额管理法有两种类型:

1. 按利率匹配形成的差额管理法

该方法按照利率变化的特点,把所持有的资产和负债分为三大类(见图3-3):

(1)相匹配利率的资产与负债:是指那部分具有相同的预期期限和有一定的利率差幅度,且在数量上相等的特定的资产和负债。

(2)变动利率的资产和负债:是指其利率随着一般货币市场供求状况的变化而波动的资产和负债。主要有优惠利率贷款、短期投资、大额定期存款单、短期借入资金等。

(3)固定利率的资产和负债:主要有不动产抵押、长期投资、固定利率贷款、资本金和准备金、长期债务等。

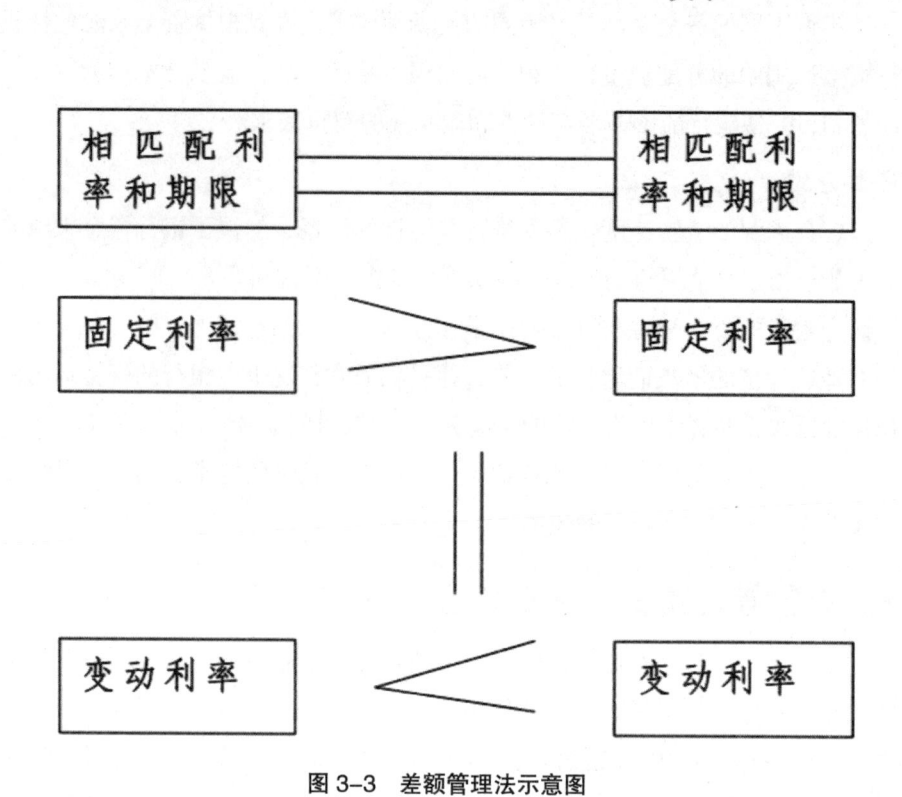

```
负债                              资产

┌──────────┐                    ┌──────────┐
│相匹配利  │────────────────────│相匹配利  │
│率和期限  │                    │率和期限  │
└──────────┘                    └──────────┘

┌──────────┐                    ┌──────────┐
│ 固定利率 │         >          │ 固定利率 │
└──────────┘                    └──────────┘

                    =

┌──────────┐                    ┌──────────┐
│ 变动利率 │         <          │ 变动利率 │
└──────────┘                    └──────────┘
```

图 3-3 差额管理法示意图

在不同的市场利率条件下，上述差额的扩大和缩小对银行的盈利水平及流动性和安全性具有重大影响。因为固定利率的负债成本是不变的，而贷款利率是变动的，如果可变利率的资产的利率大大高于固定利率的负债，就可给银行带来一笔可观的收入，反之如果两者的差额过小，或出现存贷款倒挂的现象，银行就只能获得微利甚至亏损。商业银行应该选择固定利率负债的规模大于固定利率资产规模的经营方针，以防止出现的负差额。

2. 按期限匹配形成的差额管理法

它是建立在"梯次投资"理论基础上的资金流动性管理方法，即在任何给定的时期以内，强调按资产与负债到期日的长短和资金数额的由少到多，呈梯形排列（如图3-4），以便对到期需要清偿的负债都能顺利地由到期资产所满足。在具体管理过程中，要选择一定的权数，加权计算资产的平均到期日和负债平均到期日。资产加权平均到期日减去负债加权平均到期日的差额，叫做期限匹配形成的"差额"，如果缺口值为正值，则表明资金运用过多，应设法寻求新的资金来源，或调整负债结构，在利率上升时期，解决缺口时，会加大负债成本，减少盈利；在利率下降时期，则有利于增加盈利。相反，如果缺口值为负值，则表明资金运用不足，可以扩大资产规模或调整资产结构，以增加银行盈利。任何一家银行没有上述"缺口"是不现实的，但在一定时期内，应实现基本平衡。

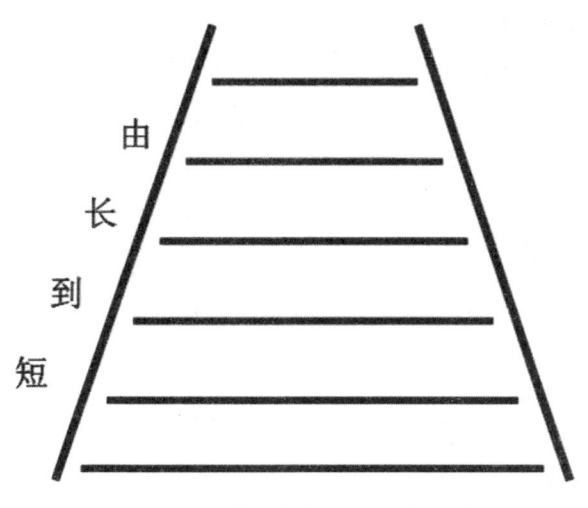

图 3-4　限匹配形成的差额管理法

四、线性规划法

资金汇集法与资金分配法都体现了一种银行资金管理的策略思想，但银行在运用中需要可供操作的方法，需要计算出银行进行资金分配的各种具体数量。随着计算机在银行业务中的广泛运用，银行有可能并开始将计算多种变量的数学方法引入到银行资金配置的决策中，寻求最优配置方案，这就是线性规划方法。线性规划模型也称管理科学方法，是一种较为有效的定量分析方法，它被银行用来解决在一些变量受到约束时，线性函数值如何取得最优的问题。线性规划模型在银行资金管理中的运用主要包括四个步骤，即建立模型函数目标，选择模型中的变量，确定约束条件，最后求出先行规划模型的解。

1. 建立模型目标函数

由于在确定目标函数中运用"财富最大化"概念极为困难，这个目标函数通常使用更为常用的术语定义。一般来说，银行企图最大化的目标函数包括各类资产的收益率、银行净收益等指标，因为这些指标是银行股东财富最大化的近似反映。

2. 选择模型中的变量

主要考虑决策和预测这两类变量。决策变量是指那些银行可以进行控制、并且企图优化其组合数额的资产和负债项目，如同业拆借、国库券、CD、贷款和资本型债券等。预测变量是银行不能进行控制、并主要由银行外部事件决定的因素，如利率、现金流量、存款放款种类等。

3. 确定约束条件

在银行业务经营中，存在着许多限制性因素，如法律限制、流动性要求、资本要求等。因为在线性规划模型中，银行应当确定各种限制性因素的范围。

4. 求出线性规划模型的解

建立模型后,把各项数值输入计算机进行运算,求出银行以何种比例分配资金,可以使银行利润或股东财富达到最大化目标。

第四章 商业银行资产负债管理的意义和作用

第一节 商业银行在国民经济中所扮演的角色

最久远、业务范围最广泛的金融机构,是金融市场上影响最大、数量最多、涉及面最广的金融机构,也是居民个人、企业团体、政府机关等最常用的银行,它伴随着商品货币经济和信用制度的发展而产生和发展起来,由最初的货币经营业逐渐发展演变为现代商业银行。那么什么是商业银行?概括地说,商业银行的经营对象是多种金融资产和金融负债业务,其经营目标为运用社会公众资金以获得利润,是具有综合性服务功能的并在经济生活中起多方面作用的金融服务企业。

一、商业银行的产生

早期银行业的产生与国际贸易的发展有着密切的联系,各国商人为了适应贸易发展的需要,必须对各自所携带的不同形状、成色、重量的铸币进行货币兑换,因此,从事货币兑换业务并从中赚取手续费的专业货币商就应运而生了。随着异地交易和国际贸易的不断发展,各地商人越来越觉得随身携带货币的不便和风险,因此,为了避免不便和风险,这些商人便选择了专业货币商管理自己的货币。随着不断的演变,代理商开始为商人办理货币收付、结算以及汇兑等业务,这便是早期银行产生的基础。

货币经营者随着业务的不断扩大,接收存款的数量也在不断地增加。商人们存款人不会同时提取存款,于是他们将这些暂时的闲置资金贷给社会上的资金需求者赚取利息,这样,在货币经营业务基础上生成的货币存贷业务,标志着银行本质特征已经出现。

发展到今天的商业银行已经被赋予更加广泛、更深刻的内涵,这与当时因发放自偿性贷款而获得"商业银行"的称谓已经相差甚远。银行业的竞争越来越激烈,尤其是第二次世界大战以来表现得更为突出,随着商业银行业务范围的不断扩大,已经逐步形成了具有多功能、综合性的"金融百货公司"。

二、商业银行的性质

1. 商业银行是企业

商业银行和一般工商企业一样是依法设立的企业法人并具有现代企业的基本特征：具备业务经营所需的自由资本并达到法定的最低资本要求；按章纳税、自主经营、自负盈亏、自担风险以及自我约束，以利润最大化为经营目的和发展动力。

2. 商业银行是金融

企业商业银行又不同于一般的企业，其经营对象、活动范围、社会责任及对整个经济的影响程度均不相同，它是金融企业，以货币收付、资金借贷、金融资产和金融负债为业务对象，业务活动范围是货币信用领域，也不从事商品生产和流通，而是为从事商品生产和流通的企业提供金融服务，其对整个经济发展的影响程度远较一般工商企业大，正因为此，各国对商业银行的监管更为严格。

3. 商业银行是特殊的金融企业

商业银行与专业银行相比，业务更具有综合性且功能更加全面，通过经营一切金融业务为客户提供所有的金融服务。专业银行仅经营指定范围内的业务和提供专门服务，如：央行作为一国金融业务的监管机构，所从事的业务与商业银行存在根本性的区别；保险、证券以及信托投资等金融机构只能从事某些方面的金融服务，相对而言，业务范围较窄，虽然专业银行的业务经营范围随着西方各国金融管制的放松而不断扩大，但与商业银行相比仍旧相差甚远。商业银行作为"金融百货公司"，其业务经营范围更广，提供的服务更全面。

三、商业银行的作用

随着国际经济环境的不断变化，受经济全球化浪潮的不断推进、现代高科技迅猛发展的影响，现代商业银行作为"金融百货公司"和"万能银行"的重要作用越发凸显，主要表现在以下几个方面。

1. 信用中介

信用中介能够直接反映商业银行的经营特征，是其最基本的职能。通过办理负债业务，商业银行将社会上各种暂时闲置的资金集中起来，再通过办理资产业务把这些资金投放到国民经济各部门中，即在信用活动中充当中介人，在不改变货币资本所有权的前提下，克服资金闲置者和资金短缺者间直接融资的局限性，将闲散货币转化为资本从而得到充分利用，将小额资本变成大额资本，把短期资本变成长期资本，将闲置资本变成流动资本以为社会的再生产提供金融支持，提高社会总资本的使用效率，最终实现对经济过程的多层次调节。因此，信用中介职能不仅是商业银行最基本的职能，更能反映其经营活动的特征。

2. 支付中介

在经营货币过程中，商业银行通过利用活期存款账户为客户办理各种货币结算、支付、兑换以及转移存款等多种业务活动。各经济主体在商品交易、对外投资、国际贸易等各项经济活动中所产生的债权债务关系，最终都需要通过货币的支付清偿加以结算，商业银行借助支付中介的功能，成为工商企业、政府以及居民个人的货币保管者、出纳人员以及支付代理人，并通过为收付款双方提供资金转账服务而大大减少了先进使用从而达到了节约社会流通费用、缩短结算过程、加速货币周转以及促进经济发展的目的。支付中介作为商业银行的传统职能，与其信用中介职能密切相连，通过二者之间的相互依赖、相互推进以促进商业银行基本业务的发展。

3. 信用创造

信用创造作为商业银行的一个特殊职能，为了达到增加银行资金来源并扩大社会货币供应量的目的，主要靠吸收活期存款的优势通过发放贷款而从事投资业务并衍生出新的存款。商业银行的信用创造职能是在信用中介和支付中介的基础上产生的，这一职能创造的货币是存款货币，不是现金货币，是一种账面上的流通工具和支付手段。因此，信用创造职能是商业银行区别于其他金融机构的一个重要特点，通过这一特性，可以节约现金使用，节约流通费用，满足社会经济发展对流通手段和支付手段的需要。

4. 金融服务

金融服务是商业银行发展到现代银行阶段的产物，是利用在国民经济中的特殊地位和优势以及在业务运作中发挥的职能时获得的大量信息，通过电子计算机等先进手段和工具进行加工提炼后为客户提供财务咨询、信托租赁、融资代理以及计算机等服务。通过这些金融服务，商业银行一方面扩大了与社会各界的联系和服务市场的份额，另一方面也为银行取得不少佣金收入，同时也加快了信息传播，提高了信息技术的利用价值，促进了信息技术的发展，商业银行积极探索面向城乡居民个人的服务项目，使金融能够真正为经济和社会乃至公众提供优质服务，并向"电子银行"、"网上银行"的方向发展，使银行服务更趋全面、优质。

5. 调节经济

通过中介活动，商业银行能够对社会各部门之间资金短缺进行有效的调整，同时在央行货币政策和国家宏观经济政策的影响下，为了最终实现对经济结构、产业结构以及投资消费比例的调整，可以通过实施信贷政策调节利率、规模以及资金投向来实现。此外，通过商业银行在国际商场上的融资活动，还能够有效地对本国的国际收支状况进行调节。总之，商业银行作为金融机构体系的中坚力量，在整个金融体系乃至国民经济中有着重要而特殊的地位，与中央银行和政策性银行不同，因其职能的广泛性，使它对整个社会经济活动的影响十分显著。

四、商业银行经营绩效

商业银行经营绩效到目前为止，还没有一个统一的定义。随着经济环境变化日益复杂，商业银行的经营绩效的考察从只关注利润到综合考虑盈利、流动和安全等多个方面，对其评价也越来越完善。因此，根据商业银行的特殊性，本文将商业银行经营绩效作出如下的定义，商业银行在保证自身资产流动性和安全性的前提下，通过合法、合规经营获取利润和创造价值的能力。

（1）商业银行经营绩效的方法

商业银行经营绩效的评价方法大都是从企业引入的。经过多年的深入研究，现在国际上关于其绩效评价的方法有很多，总体来说有以下几种，①单一的财务指标法；②以实现股东价值最大化为核心的经济增加值（EVA）法；③将非财务指标纳入考评体系的平衡积分卡法；四是在衡量银行效率的前沿分析法。

1）单一财务指标法

单一财务指标法是指以商业银行相关的会计报表、财务报告等统计数据为研究依据，利用专门的会计方法，计算相关的能够反映其经营成果的财务指标，并将这些财务指标进行纵向和横向对比，以此评价商业银行的经营绩效。1972年，David Cole将杜邦分析模型应用于商业银行经营绩效评价，并得到商业管理者的认可，杜邦分析法得到广泛应用。杜邦分析法根据商业银行资本结构和经营特征，将净资产收益率分解为资产净利率和权益乘数，即ROE=ROA EM。杜邦分析法优点在于不仅能对商业银行盈利能力进行较为细致完整的分析，而且也能反映衡量商业银行经营状况，有助于管理者分析经营中出现的问题。但杜邦分析法也存在局限性，主要表现在：①过分重视银行短期财务状况，忽略了银行长期的价值创造；②没有考虑非财务因素对商业银行绩效的影响；③不能解决无形资产的估值问题。

随着经济的发展，商业银行经营目标由利润最大化向价值最大化转变，单一地财务指标法因为没有考虑资本成本，无法真正反应银行的经营状况。而且随着股东成为商业银行经营中的重要力量，它也无法反映股东的价值。正因为这些原因，注重股东价值的商业银行绩效评价方法逐渐受到人们欢迎。"经济增加值"成为目前使用最多的绩效评价方法。虽然现在关于商业银行绩效评价的方法越来越多，也越来越细致全面，但单一财务指标法由于其财务数据易得，可操作性强，财务指标通用，含义明确，且计算简单，便于不同商业银行的绩效水平的比较等优势，至今仍是评价商业银行经营绩效不可或缺的常用的方法。

2）经济增加值法

20世纪90年代以来，国际市场经营环境发生巨大变化，企业并购重组的案件越来越多。为克服传统财务指标的缺陷，准确反映股东价值，以经济增加值理念为基础的财务绩效评价方法应运而生。经过不断地完善和发展，经济增加值法被越来越多企业所接受。中国证监会也热烈支持在中国资本市场引入经济增加值法，认为这将有利于价值投资理念的广泛传播。

经济增加值扣除了经营过程中所有的资本成本，这样得到的净利润才能真正代表股东价值。经济增加值反映了企业为股东创造价值能力，被认为是对真正经济利润的评价。它的核心思想是任何资本投入都是有成本的，股东价值的增加只有在净利润大于资本成本时才能实现，经济增加值为正说明企业为股东创造了价值，经济增加值为负说明股东蒙受了损失。

经济增加值有两大优点：①扣除了经营过程中所有的成本。②尽可能使会计失真的影响降到最低。传统评价指标由于存在不同程度地会计失真，财务指标会掩盖企业真实经营绩效。经济增加值对企业的财务报表数据进行调整，消除了一些不合理的会计信息，使其更能代表企业的真实绩效。但经济增加值不是简单地追求数值越大越好，而是在资本质量约束下越大越好。商业银行经营绩效评价的经济增加值法虽然对传统财务指标法进行改进，但其仍然是以银行的财务数据为基础计算的，从本质上来说还是属于财务指标法的一种，也就无法真正避免财务指标法带来的缺陷。现在对商业银行进行绩效评价时，不仅重视财务因素，也越来越重视非财务因素的影响。只有兼顾银行短期和长期发展状况，才能更全面地评价商业银行经营绩效。

3）平衡计分卡

平衡计分卡出现在 20 世纪 90 年代，是适应企业的发展战略的一种绩效管理的工具。平衡计分卡法同时注重企业的财务和非财务因素，在实现企业战略目标的同时，追求企业内部环境和外部环境的相互平衡，对企业的实际经营情况进行实时的动态追踪管理。平衡计分卡认为传统的财务指标法只能代表企业过去经营成果，无法预测企业未来的经营绩效。在新的企业经营环境下，仅仅依靠传统的财务指标衡量企业绩效的方法并不完全有效，只有从顾客、员工、技术和产品等多个角度进行考察，才能制定合适的企业发展战略。平衡计分卡选取四个角度评价来企业绩效：财务、顾客、内部运营和学习与成长。

①财务

财务指标通常用来衡量企业的获利能力，是显示企业战略实施和执行对企业盈利贡献的重要依据。财务是平衡计分卡绩效评价体系的根本，如果企业战略的实施效果没有在财务上得到有效反馈，那么这一战略就是无效的。一般用于衡量财务的指标有营业收入的结构和增长、资本报酬率、资产利用率、经济增加值等。

②顾客

平衡计分卡要求企业的一切战略都应以顾客的需求为中心，企业应当满足核心顾客需求而不是所有顾客的需求。对于顾客最关心的五个方面：质量，性能，时间，服务和成本，企业首先要树立明确的目标，并将总目标划分为具体的小目标，并对小目标制定具体详细的实施步骤。平衡计分卡给出的衡量指标有：市场份额、顾客保持率、顾客新增率、顾客流失率、顾客评价制度等。

③内部运营

在制定财务和顾客层面的目标与指标后，企业要专注于与股东和客户目标息息相关的内部流程，积极调整以顾客需求为中心的业务流程。调整内部流程不应该是一时的，而应该实时地对调整效果进行追踪评价，不断地革新，始终是企业的产品和服务满足顾客需求。内部运营的指标有企业产品创新过程、经营能力和资本运营效率，售后服务过程等。

④学习与成长

学习与成长平衡计分卡设计的基础，同时也是企业提高绩效驱动力，是企业未来成功的关键因素。在激烈的市场竞争环境下，企业靠削减对员工学习和成长的投资虽然能暂时提高企业盈利，但也会企业未来发展造成的不利影响。为了弥补差距，企业必须对员工进行培训，提升员工的素质的学习能力，激发员工的积极性和创造性，提高企业的人力资源优势。学习和成长的指标有员工技能、员工保持率、员工获得感、员工发展前景和进一步学习愿望等。

平衡计分卡法带来了企业经营管理思想的巨大变革，其对企业进行全方位考核和关注企业长远发展的理念，一经推出受到学术界与企业界的充分重视，一些企业尝试引入其作为绩效管理工具。但是，平衡计分卡在实践中也暴露出一些问题，首先平衡计分卡设定的一些目标很难用具体数字进行衡量，尤其是在选取和建立非财务指标时比较麻烦。其次平衡计分卡需要考虑四个方面，就涉及到权重分配问题。由于没有科学的权重分配方法，企业在制定权重时有很大的主观性，会导致不同的评价结果。最后在实际中平衡计分卡很难去执行。平衡计分卡从制定到实行至少需要半年，此外还需花费时间不断地对平衡计分卡进行优化，调整，使其更加合理，最终，平衡计分卡的实施要想得到实施效果，至少需要一年的时间。平衡计分卡的这些缺陷限制了其在企业绩效管理中的推广。

4) 前沿分析法

前沿分析法是一种相对效率的绩效评价方法，其所选取的样本都是行业中最优机构或者组合构成。在商业银行绩效评价中，目标银行的效率是通过测量其与前沿效率银行的差距来表示的，其中前沿效率银行是指在相同的经营环境下实现绩效最佳的银行。

前沿分析法又可分为参数法和非参数法，将介绍在实际中使用最多的两种：随机前沿法和数据包络法。

1) 随机前沿法

随机前沿法是一种典型的参数估计法，在对银行进行效率测度时，运用的较多。它需要提前设定具体的函数形式，然后对参数进行估计。1977 年随机前沿生产函数被首次提出应用，但它只能在技术有效率的情况下使用。后来经过不断地发展，在技术无效率的情况下，随机前沿生产函数也能使用。为了使生产函数更接近于生产和经济增长的实际情况，随机前沿生产函数将影响效率的全要素生产率进行分解，将其变化解释为两种情形，一种是生产可能性边界的移动,另一种是技术进步导致效率提升。

2)数据包络法

数据包络法是非参数估计法中最常用的一种,它运用数学工具评价企业组织生产前沿面的有效性,不需要提前设定具体的函数形式和估计参数。该方法在1978年被首次提出,用于评价企业内部经营的有效性。后来被应用于对金融机构效率的测度,目前是国内测量银行效率时使用最多的方法。数据包络法简单来说是一个线性规划模型,以产出作为被解释变量,投入作为解释变量,然后计算投入产出比。有效前沿面是投入一定产出最大或者产出一定投入最小的样本点的集合,是最有效率的。通过测算目标银行实际产出与有效前沿面上点最小产出的差距,便能得到该银行的效率。

数据包络法与其他多变量分析模型的区别在于,数据包络法不需要人为地提前设定变量之间的权重,只需将样本数据导入计算机,系统会自动生成变量间的相对权重。数据包络法在实际应用中也存在一些缺陷。首先,它设定的有效前沿面边界是确定的,没有考虑随机因素和误差的问题,影响了测量的准确性;其次,数据包络法的绩效效率评价容易受到样本数据极值的影响,引起有效前沿面的移动;最后,由于数据包络法的计算方法,不能有效地对结果进行显著性检验,可能会导致估计值偏低,离散度变大等问题。

第二节 商业银行的社会责任

一、公司及商业银行社会责任的界定

为了准确表达商业银行社会责任界定,可以先研究一般意义上公司社会责任的界定,然后再对商业银行社会责任进行推敲。

商业银行作为企业,肯定也具有一般企业的社会责任,但商业银行又是特殊的企业,其应承担的社会责任也就会具有一定的特殊性。我们应当从商业银行的职能和影响来看待商业银行社会责任的一般性与特殊性。

商业银行是经营货币信贷的特殊企业。在现代经济社会中,商业银行发挥着越来越重要的作用,甚至可以说,离开了商业银行,经济社会一天都不能很好地运转。又由于商业银行联系着社会经济生活的方方面面,其影响力不但深远而且广泛。现代商业银行形态各异,有的是世界巨无霸,全球排名靠前的商业银行资产动辄上万亿美元,有的却很小,如有些商业银行,服务对象有限,资产也不是很大,但发挥的作用却是不可或缺的。因此,人们对商业银行履行社会责任的期望也会比一般企业更高一些。

我们对商业银行的社会责任作出这样的界定:商业银行的社会责任,是指商业银行在其经营区域内在谋求股东利润最大化之外所负有的维护和增进社会利益的义务。商业银行的社会责任与一般企业责任形态相比，具有以下显著特征：

1. 商业银行社会责任的社会约束性更严

责任意味着义务，商业银行作为社会经济媒介，不但有履行自身社会责任的义务，而且还有通过信贷杠杆、间接影响贷款人履行企业社会责任的义务。由于商业银行社会责任相对利益涉及社会的方方面面，所以，其对商业银行是否履行企业社会责任以及履行的程度会比一般企业要求更加严格。

2. 商业银行社会责任的范围更加广泛

商业银行的非股东利益相关者是银行利益相关者的构成部分，指在股东之外，受商业银行决策与行为现实的和潜在的、直接地和间接的影响的社会成员。具体包括商业银行的雇员，金融产品的消费者，银行的债权人，资源和环境，社会保障和福利事业的受益者等方面的群体。商业银行与其所在的社区有着密不可分的联系，银行对社区成员的利益负有维护和保障之责，此种责任即企业社会责任；商业银行所在社区的成员也便成为商业银行社会责任的相对方。

3. 商业银行社会责任的影响力更大

商业银行一般规模巨大，实力雄厚，机构众多，营业网点遍布全国各地，其社会行为具有很大的示范性。

随着商业银行现代公司治理机制的建立和完善，不良资产剥离和中央汇金注入资本金的完成，其盈利能力进一步加强。尤其是商业银行上市公开发行股票以后，需要公开披露经营信息，其社会形象更为重要，影响力更加扩大。而且商业银行还会通过信贷手段左右借贷企业的社会责任履行，如对贷款项目的环保评审、对贷款社会效益的评估、对信贷资金合法经营使用的监督等等。

4. 商业银行社会责任履行的自律性更强

社会责任是法律义务与道德义务的统一体。法律义务是法定化的、国家强制其履行或保障履行的义务。而道德义务是未经法定化的、由义务人自愿履行且以国家强制力以外的其他手段作为履行保障的义务。商业银行社会责任作为银行对社会负有的一种义务，并非单纯的法律义务或者道德义务，而是二者的统一体。是一种综合性义务，包括了商业银行在法律义务和道德义务两方面的义务。这就要求，商业银行不能等待外来动力和压力，而是先从内部建立自觉履行社会责任的促进机制。

5. 商业银行社会责任履行的示范效应更大

坚持科学发展观，就是以人为本，促进经济社会全面协调可持续发展；建设和谐社会，就是要实现民主法治、公平正义、诚信友爱、充满活力、安定有序、人与自然和谐相处的社会。落实金融企业社会责任是构建和谐社会的重要内容，商业银行应当在追求利润最大化与履行社会责任之间取得平衡，做合格的"企业公民"，在不断创新服务满足社会日益增长的金融需求的同时，积极关注民生、关心社会公益。

二、商业银行社会责任的范围与层次

1. 商业银行社会责任的范围

商业银行履行社会责任应当有一个合理的限度。

（1）要处理好经营发展与履行社会责任的关系

商业银行参与到改善社会环境的活动中，常会有难以明确划分的责任。社会对银行的期望越来越高，但是企业的社会责任不是可以无限扩展的，而是有限度的，或者说是有其合理上限的。商业银行忽略了自身职责的限制并承担了它在经济上无力支持的社会责任，就会很快陷入困境，反而失去了履行社会责任的前提。

（2）正确处理银行与政府的职责划分

企业的社会责任不能无限扩张，政府是处理社会事务的主体。商业银行与政府的关系不能错位，不能把本该属于政府的责任转到商业银行身上。

（3）要处理好财务支持性社会责任和非财务支持性社会责任的关系

企业的社会责任承担的多少不能仅从财务付出的角度衡量。商业银行作为企业应当进行公益事业捐赠，但这只是企业的社会责任之一，而且不是最重要的社会责任项目。商业银行毕竟是积聚公众资金的企业，财富不是"唐僧肉"，给谁都可以。如果是股份公司，更要经过董事会的授权，股东的许可。不能像个人和私营企业那样，自主进行慈善捐赠。商业银行更应当关注非财务支出性社会责任的履行。如对员工的社会志愿活动给以鼓励，对信贷活动实行更严格的环保评价，关注并参与社区发展规划，为客户提供安全和充分的金融服务等等。

2. 商业银行社会责任层次

按照卡罗尔的企业社会责任金字塔理论，商业银行社会责任可以分为经济、法律、伦理、慈善四个依次递进的层次。经济责任是企业的基本责任，企业几乎所有的活动都建立在盈利的基础上，经济责任对所有者和雇员的影响作用最大；法律责任是社会关于可接受与不可接受的法规集成；关于伦理责任，则是企业有义务去做正义公平的事，避免和尽量减少对社会有害的事；慈善责任则是更高一层的企业社会责任，是期望企业成为好的企业公民，自愿为社区生活质量改善作出财力和人力贡献。企业社会责任总是带有鲜明的时代特征，不同时代、不同时期、不同地区的人们对企业社会责任理解不同，社会要求也会不一样。

作为当今时代的商业银行，在走向现代公司治理进程中，其应当承担的社会责任也不外乎如下四个层次：

（1）基础层次责任

既然是企业，就要不断赢利，给股东更多回报，给员工更好利益，给社会更多财富，而且这些财富、赢利是建立在合规守法基础上的。商业银行作为一个企业主体，特别是作为一个股份制上市公司，应该给股东提供最大的回报。尤其是对小股东，更应当善待股民。

（2）法律责任

就是依法合规经营，遵守国际惯例和国内法规，稳健经营和审慎管理，避免和减少各类风险。作为高风险行业，商业银行有责任最大限度地保证公众资产安全，并且给作为公众的存款人以信心。环保责任，也是商业银行重要的法律责任。

（3）伦理责任

对内坚持以人为本，尊重关爱员工。对外讲究诚信，关爱客户，公平竞争。商业银行作为服务性行业，应该为社会提供良好的金融服务，尤其是建立为普通客户和弱势群体服务的观念，摒弃穷人客户贡献小的心理障碍，创造关爱社会的和谐氛围。

（4）公益责任

作为一个企业公民，商业银行离不开社会各界支持，在经营发展中，应当回馈社会。正如当年孟子所说：穷则独善其身，达则兼济天下。尽其所能，贡献社会。为社会公益事业捐款，为社区发展尽力。尽自己的责任为和谐社会建设作出贡献是每个商业银行都应该负有的责任。

三、从利益相关者角度看商业银行社会责任的内容

商业银行的社会责任是商业银行在谋求股东利润最大化之外所负有的维护和增进社会利益的义务。商业银行的利益相关者极为广泛，因而对商业银行所承担的社会责任的具体内容难以做出全面的界定。一般说来，以商业银行社会责任相对方的性质为标准，商业银行的社会责任包括对雇员、顾客、社区、环保、社会公益事业、政府委托责任、小股东利益保护等几个方面的内容。

1. 对雇员的责任

雇员的利益和命运与企业的生存发展休戚相关，雇员是商业银行的重要利益相关者。商业银行对其雇员的责任是多方面的，既包括在劳动法意义上保证雇员实现其就业和择业权、劳动报酬获取权、休息休假权、职业技能培训享受权、社会保险和社会福利待遇取得权等劳动权利的法律义务，也包括商业银行按照高于法律规定的标准对雇员承担的道德义务。对雇员的责任主要有：

（1）提供卫生和安全的工作环境和场所

商业银行是经营货币的特殊企业，员工工作环境往往被封闭在一个狭小的工作区域内，通风透气性差。尤其是前台员工，天天和现金打交道，给他们提供健康卫生的工作条

件十分重要。商业银行又是抢劫案件多发领域,如果没有妥善的防护措施,一旦被犯罪分子攻击,员工的人身安全很难得到保障。

(2) 给员工休息休假的权利

商业银行员工劳动强度高,工作节奏快,压力感觉重,前台人员服务压力大,生怕出差错和被投诉;营销决策人员出现"本领恐慌"和"能力危机"。若无疏导和缓解,势必影响员工身心健康和工作效率。

(3) 平等被录用的权利

要求员工在谋取被录用时,被公平对待,不得有性别、身高、种族等歧视性条款和做法。

(4) 经营决策的知情权和参与权

按照法律权利,民主参与商业银行经营管理。

(5) 发展权

员工在商业银行得到职业生涯的合理设计与发展,按创造绩效得到报酬和任用。

2. 对客户的责任

即对服务对象的责任。商业银行的服务对象主要是企业和个人。由于其分散性、求偿能力的局限性以及现代科技所带来的信息不对称,使企业和个人在接受金融服务时处于社会弱者的地位。因此,商业银行对其服务对象的责任理应作为其社会责任的一部分。此项责任的主旨,在于促使银行充分尊重消费者的权益和需求,真正承担起增加金融产品品种、确保并不断提高金融服务质量、保障客户的合法权益等方面的法律义务和道德义务。

商业银行对服务对象的社会责任主要体现为以下几个方面:

(1) 对债权人的责任。

债权人是商业银行的重要利益相关者,商业银行对其债权人负有债务责任。这一责任能否被认真履行,关系到债权人的经济利益能否得到实现。商业银行对债权人的债务责任具有法定关系,履行这种责任,既是商业银行的民事义务,又是商业银行应承担的社会责任。

(2) 对客户提供资金和交易安全保障的责任。

如在电子银行支付系统中,推广使用安全"U盾"措施,避免客户使用网上银行进行电子支付款项时发生个人信息泄露、信用卡密码被盗用而产生账款损失。

(3) 对社会普及货币和金融知识的责任。

如向群众进行反假币知识讲座和宣传,代理基金业务中对投资信息的告知,教会客户和潜在客户正确及安全使用电子银行、信用卡等。四是对弱势群体提供金融支持和扶助的责任。如提供助学贷款、小额农贷、下岗工人再就业贷款,提供农民工信用卡专项服务等。

3. 对所在社区的责任

商业银行不是生活在真空中，它要天天与社区打交道，要在一方地区取得良好业绩，就必须先履行对社区发展的责任。商业银行与所在的社区密不可分，社区为商业银行提供治安、基础设施等方面的必要保障，从而使商业银行的经营活动得以顺利展开。这就意味着商业银行应对社区的整体经济发展承担一些社会责任。它要求商业银行积极参与社区的公益事业和公共工程项目建设，协调好自身与社区内各方面的关系。建立和谐的银行与社区关系对企业的生存发展和社区的进步繁荣具有重要意义。银行必须同其所在的社会环境进行联系，对社会环境的变化做出及时反应，成为社区活动的积极参加者。银行对社区的责任就是回馈社区，比如为社区提供就业机会，为社区的公益事业提供慈善捐助，向社区公开企业经营的有关信息等等。银行为社区建设所作出的努力会变成无形的资本，并对银行的经营发展起到不可估量的作用。例如，银行积极支持社区的文化教育体育事业，提高未来员工的素质；服务的宣传活动，拉近银行与客户的距离；银行热心于环保和公益事业，可以塑造良好的银行形象。

4. 对自然资源和生态环境保护的责任

对自然资源和生态环境保护的责任主要体现在两个方面：

（1）商业银行本身的保护责任。

（2）通过信贷支持与拒绝，间接对信贷关系企业施加自然资源和生态环境保护影响的责任。

前者主要是指商业银行在经营运行过程中，注意节约能源和资源，减少废水、废气和废物排放。如节水节电，纸张重复利用，防止采暖制冷锅炉过度使用和排放等。这些是商业银行环境保护责任的一个方面。而更为有积极意义的是，商业银行通过信贷杠杆，促进贷款企业执行环保政策，履行环保义务，从而承担起保护环境资源、建设资源节约型和环境友好型社会的责任。商业银行按照国家产业政策调整信贷结构，通过引导金融资源合理流动，把过度消耗资源能源、影响经济社会和谐发展的超常增长速度降下来，加快经济结构和增长方式的转变，淘汰落后生产力，减少环境污染，实现经济与社会、人与自然地协调发展。

5. 对社会福利和社会公共事业的责任

商业银行的此项责任包含的内容相当广泛，诸如向灾害防控机构、病残救治基金等进行慈善捐赠，对缺乏劳动技能者或其他就业困难者提供援助，向教育机构提供奖学金或贷款，提供捐赠资金支持等，参与预防犯罪或为预防犯罪提供资金等。

发挥银行业的资源配置功能，可以引导社会资源按照科学发展观的要求合理流动。金融资源是现代经济社会中最重要的资源之一，其分配是否合理，将直接影响一些产业、地区和群体的发展。在不发达的金融体系中，发展的机会多属于有一定资本积累的少数地区、少数产业和群体。那些缺乏资本积累的地区、产业和群体往往发展缓慢，分享经济发展成果的比例也相对较低。而在较为发达的金融体系中，那些原本缺乏资本积累却拥有某种经济资源、生产技能的地区、产业和群体，则可以借助适合的金融工具来获得发展的机会。

6. 对政府委托的维护

金融稳定及监控资金交易的社会责任商业银行还承担着政府委托的若干社会责任。无论是计划经济社会还是市场经济社会，都离不开政府这只"有形的手"来调节，主要原因是市场失灵的存在。例如解决外部性问题、避免破坏性竞争、保护消费者利益等等，企业与政府之间具有必然的外部联系。商业银行作为社会经济的枢纽，更成为传导政府政策意图、实现调控目标的重要手段。在建设和谐社会的宏伟事业中，政府对商业银行会委以重任。

7. 对小股东利益保护的责任

商业银行的大股东是重要的商业银行利益相关者，银行对他们负有直接的责任，也就是实现利润最大化的责任。不过，此种责任是商业银行的经济责任而不是商业银行的社会责任，故大股东应是商业银行经济责任的相对方，而不是社会责任的相对方。但是，对于已是上市公司的商业银行，数量庞大的小股票持有者，他们往往信息不对称，与大股东相比，他们处于弱势。需要得到利益保护。

四、商业银行履行社会责任的必要性与可行性

1. 商业银行履行社会责任的必要性

通过企业公民建设积极履行社会责任，已经成为国外许多知名商业银行的普遍战略选择。但是，我国商业银行的社会责任观念还相当薄弱，仍然存在着诸多需要解决的问题。随着金融深化的不断加强和人民财富的不断增加，商业银行的社会属性愈加明显，在促进社会和谐中更应有所作为。商业银行是特殊企业，是社会资源再分配的重要渠道，增强社会责任意识，具有深刻的改革意义和更强的紧迫性。商业银行的经营行为具有外部性，履行好其社会责任，才能在经营中增加正外部性，减少甚至避免负外部性。

（1）承担社会责任

1）由商业银行特殊地位决定的

商业银行是经营货币业务的金融企业，首先作为一般意义上的企业，商业银行必须承担直接的社会责任，如遵循市场交易规则，坚持诚实守信，依法合规经营，参加社会公益事业等。

2）作为金融企业，它又有承担间接社会责任的义务，因为商业银行是社会资金供应者，目前商业银行融资仍占企业融资的80%以上，对社会其他组织行为有引导、鼓励、约

束其履行社会责任的特殊功能,如商业银行可以利用信贷杠杆约束有污染企业进行治污工程;通过窗口示范效应,引导社会风气好转和带动人们共同遵守道德规范等等。

(2) 商业银行的垄断性决定了其应当承担更多社会责任

在现行体制下,商业银行设立有严格的市场准入门槛,且在法人数量、经营范围等方面进行了严格的法律规定,正是这种严格的准入规定,使商业银行一直处于高度垄断的经营地位。从责、权、利对等的角度,商业银行也必须通过承担社会责任,将部分垄断利润反哺社会。这也是维护市场经济公平性的基本原则。而且我国的大商业银行都是国家控股,有的是国有企业作为其大股东,在经营中还得到了注资、剥离不良资产等政策优惠,因此说,我国商业银行尤其是大商业银行,更应当带头多承担一些社会责任。

(3) 增强商业银行社会责任是市场竞争的必然结果

社会责任不仅是商业银行的使命,而且是商业银行实现可持续发展必须面对的现实。不仅受到道德和制度的约束,更是逐步为法律所规范;不仅是一种理念、文化,更是商业银行自愿作出的承诺。面对越来越激烈的市场竞争和可持续发展的挑战,商业银行的社会形象、声誉成为诚信、品牌的重要组成部分。取得社会公信的商业银行更会被市场青睐。在客户越来越注重以公信、道德标准选择合作银行的市场环境下,商业银行的社会责任如果缺失,最终就会被客户和市场所抛弃。商业银行要获得成功,管理者在作出决策的时候,必须像对待经济问题一样,把承担社会责任作为商业银行战略的重要组成部分。

(4) 商业银行是社会经济生活的一个重要组成部分,应当为社会环境的改善尽义务

社会是一个有机整体,各个组成部分不可能独立如世外桃源。作为社会经济枢纽的商业银行,更是与社会各方面有着千丝万缕的联系。从商业银行的起源就可以看出,商业银行与社会生活具有天然的共生性,二者相互作用、相互影响。尤其是在现代社会生活中,社会发展不可离开商业银行,商业银行也离不开社会环境。金融科技突飞猛进,网上银行、自助银行等正在一步一步地取代劳动密集型的营业网点或众多的银行职员参与的部分服务功能,资本有机构成的改变可能导致银行内部结构性的社会责任问题。与此同时,新技术的应用安全与否也随时考验着银行对客户资金的社会责任。解决社会问题需要社会创新。这种社会创新可以直接和间接使企业得到利益,使得善于履行社会责任的商业银行取得社会认可,获得商业成功。

(5) 商业银行承担社会责任是经济全球化、金融国际化的必然要求

从国际金融市场情况来看,随着跨国经营步伐的日益加速,我国商业银行将面临国际社会如潮涌的社会责任运动的强烈冲击,迫切需要制定适应全球化发展要求的多层次的社会责任战略,严格按照国际惯例和国际社会责任标准进行业务管理和提供金融服务。需要遵守经营所在国家或地区的法规,保护当地环境,保护当地劳工权益,尊重员工文化多样性,改进当地就业水平,参与当地社区服务项目,支持当地慈善事业等,以便不断改善自身形象和信誉,增强利润水平和国际竞争力,并实现与当地国家和社会的和谐和共赢发

展。同时，国外银行的进入也给国内的商业银行带来激烈的竞争，社会责任的履行成为重要的社会选择评判标准。

（6）商业银行承担社会责任是遵守商业道德的需要

加强道德建设和履行社会责任，不仅有利于商业银行自身的可持续发展，而且对促进国民经济又好又快地发展，维护广大人民群众根本利益，对建设社会主义和谐社会意义重大。越来越多的企业和企业家已经认识到以良好的公司道德为基础的企业价值观的重要性，企业社会责任评价机制正在逐步建立，企业的责任标准也突破了股东利益最大化的传统思维。

（7）商业银行承担社会责任是控制风险的需要

巴塞尔委员会协议中，合规风险被定义为"银行因没有遵循适用于银行经营活动的法律、监管规定、规则、相关自律性组织制定的标准和行为准则可能导致法律制裁、监管处罚、重大财务损失、声誉损失的风险。"合规一般包括遵守市场行为准则，管理利益冲突以及公平对待消费者，合规还包括反洗钱、反违法资金交易。商业银行的道德伦理和社会责任不再是一个可有可无的选项，而是能否有效控制风险，取得长远发展的重大问题。否则，社会责任履行不力的责任危机会演变为经营危机，关系到能否取得公司利益相关人信任的根本性生存问题。

2. 商业银行履行社会责任的可行性

商业银行是面向公众的企业，承担社会责任、创造良好的经营环境，对企业自身、对金融业和整个社会的发展都是十分有利的。积极承担社会责任与企业的长远发展以及股东的长期利益最大化是一致的。商业银行积极树立社会责任价值观意义十分重大。

（1）有利于获得或保持良好声誉，保护或增加市场份额

商业银行在向项目融资时要考虑自身的公众形象。其接受和执行环境、社会与人权高标准的能力决定了银行自身的声誉保护能力。银行可以通过履行社会责任来提高他们在社会责任型投资指数中的排名。人们常用"企业品行"来评价一个企业的社会责任表现。

企业品行包含三层意思：一则它是关于道德和伦理的共同原则的看法；二则它是使个人融进其工作所在群体的工具；三则它主张企业对自我利益的追求要恰当考虑到所有利益相关者的要求，并着眼于长远发展""。从经济人的角度来看企业的社会责任，企业承担社会责任可以增加企业的无形资产，这是有利于企业长期发展的。

（2）有利于塑造积极向上的企业文化，提升企业的凝聚力

银行的社会义工活动和捐赠可以提高员工的积极性和士气。人力资源是企业最重要的资源，企业承担社会责任可以建设健康积极的企业文化，让员工充满爱心，充满激情，可以树立企业团队精神，增强凝聚力，形成和谐的内部关系。

（3）承担更多的社会责任可以得到政府和监管部门的嘉许

商业银行认真执行社会责任，对当地经济社会健康发展具有积极促进作用。无论是社

会义工也好还是公益捐赠也好，无论是关心弱势群体信贷，还是促进环保项目进展，都会得到政府和监管部门的认同与好评，尤其是对关系可持续发展的信贷，将会惠及多方利益相关者。当地政府会在商业银行发展方面给以回报和支持。由于商业银行降低了风险，监管部门还会对这些"良好银行"实施宽松的监管，给商业银行的发展创造适宜的环境和条件。

（4）良好的社会关系会带来更多的优质客户

商业银行有意促进可持续发展和社会文明进步，关注利益相关者的利益，为企业所在的社区创造就业机会和为社区发展做贡献，为消费者提供可靠安全的产品，同商业合作伙伴建立良好的合作关系，关注环境和社会公益事业，就能够营造一个对自身有利的社会氛围，赢得客户信赖，带来更多更好的商业机会。

（5）良好的工作发展环境可以激发员工创业热情

员工需要公平的待遇和得到对贡献的正确评价，希望得到有市场竞争力的报酬。雇主应当考虑到他们的健康、安全及福利，学习、升迁和个人成长的机会。得到尊重和认可是产生正效动力的源泉，而商业银行的伦理责任会促进员工的忠诚和创造力。金融创新的主体和根本动力是高素质的人才和科学有效的激励机制，以及员工进行创新的主动性和积极性。推行人才兴行战略，努力实现公司价值与员工利益的有机结合，是商业银行健康可持续发展的内在根本保障。

（6）有利于促进企业竞争力的增强和效益的提高

金融离不开经济，商业银行的发展也离不开社会的发展。社会的高收益是银行快发展的根本基础。商业银行与外部环境的各个利益相关者之间建立一种良好的关系，可以达到一种双赢的结果。利益相关者代表了不同社会利益集团的利益。长期看，商业银行预期利益相关者之间的根本利益是一致的。

五、商业银行经济利益与社会责任的协调

商业银行的社会责任与经济利益是对立统一体。

商业银行履行社会责任要支付一定的成本，从直接效应来看，会影响其经济效益。但从更广泛和更深远地影响来看，正面的效应会更大。商业银行承担社会责任与实现经营目标有高度的一致性。承担社会责任的商业银行可以并且应当去从事既有较高的道德价值又能带来较高经济效益的经营。二者是相辅相成的关系，可以相互促进。国内外企业和商业银行的社会责任理论与实践也充分证明了这一点。

正确处理好二者的关系，是促进商业银行健康发展的重要问题。

1. 社会责任履行要与行内外的实际情况相结合

社会责任履行是一个动态的过程，在不同的时期和发展阶段，采取相应的措施。社会责任履行总会有一个合理的度。例如对公益事业的捐助，并不是越多越好。对社会公平事

业的推进也不是让商业银行包打天下。需要量力而行和因地制宜。商业银行需要做好社会责任履行预算，在财力许可的范围内，尽量对社会做出一些贡献。在有经营发展的领域和地区，谋划社会责任事业的开展。如果把太多的精力和财力用于社会事业，一方面不会得到银行股东的赞同和许可，另一方面也不符合商业银行的企业性质，反而会影响商业银行的经营和发展。商业银行要在社会责任方面有所为和有所不为。

2. 商业银行比一般企业更要重视处理好与利益相关者的利益冲突

由于商业银行是特殊的企业，利益相关者的要求也具有了更高的要求。商业银行的利益相关者具有三个特点：

（1）数量巨大，如一些大的商业银行员工数量多达几万，甚至几十万，客户更是数以千万计。

（2）具有不确定性，利益相关者变动性和流动性强，今天是明天可能不是了，今天不是明天可能就是。

（3）有些利益相关者往往居于弱势，面对巨型商业银行，一些利益相关者不管是在信息对称方面，还是借贷需求方面，都显然处于弱势。在此情况下，商业银行必须善于处理好与利益相关者的利益冲突，避免在企业社会责任履行方面变优势成劣势，成为社会反对的焦点，给生存与发展制造障碍。

3. 商业银行履行社会责任也要按经济规律运行。

商业银行不是慈善机构，而是市场主体，投入产出要符合市场规则。对社会事业的投入，不能完全不讲经济效果。实际上科学合理的社会责任履行可以带来多方面的利益，有的是有形的收益，有的可能是无形资产。商业银行银行是可以找到经济利益和社会效益的平衡点的。

4. 商业银行的社会责任底线

在社会责任的履行方面，商业银行具有一定的选择权。对特定的社会责任，是否履行，履行到什么程度，在什么条件下和哪个期间履行，商业银行具有自主确定的权利。但按照利益相关者底线观点，各利益相关者的利益并不是可有可无的顾及方面，一些社会责任是不可以折扣执行的。

除了自身会考虑的经济底线外，社会底线、环境底线都是包括商业银行在内的企业必须正视的约束标准。法律责任是企业必须遵守的最低标准。超越了法律限制，其行为会受到惩处。然而法律标准并不是商业银行履行社会责任的充分条件，而是必要条件。企业执行社会责任就是要求企业再向前进一步。社会伦理准则、环境保护准则也是企业社会责任底线，商业银行必须慎重考虑并执行这些责任。如果商业银行把承担社会责任与追求经济利润对立起来，把银行商业利益与社会利益对立起来，显然就与商业银行的社会属性相背离了。一般来讲，如果我们把慈善责任单独讨论，仅就经济责任、法律责任、伦理责任来说，最优的选择是，在三者的交集中进行决策。不同类别的责任可能是相互重叠的，经济、法律和伦理成为被考虑的期待中心，需要进行精心的平衡。次优的选择是三者的两两交集，在此情况下，需要谨慎决策，竭力向第三方靠近，并取得由无到有、由小到大的交集和良好的重叠效果。

第三节 商业银行的管理目标与资产负债管理

一、我国商业银行目标成本管理

目标成本管理是商业银行为保证目标利润的实现而确定的在一定时期内其营业成本应控制的限额，或者说事先确定的经过努力可以达到的成本奋斗目标。它以实现目标利润为目的，以目标成本为依据，以市场为导向，对商业银行经营活动过程中发生的各种支出进行全面的管理，从事前的成本预测到成本的形成及事后的成本分析实行全面的、全过程的管理，将全部经营活动中的一切耗费都置于成本控制之下，是一种适用于商业银行内部的约束性指标，具有先进性、科学性和群体性。

1. 商业银行实行目标成本管理中必须遵循的原则

（1）全面性原则

成本控制要对成本形成的全过程进行控制，而且有效的成本控制与管理要求所有人员都要参与成本控制与管理。

（2）成本效益分析原则

应根据成本的效益分析和本量利分析的原理，将成本与收益，以及成本、业务量与利润之间的关系结合起来，找出利润最大化的最佳成本和最佳业务量。

（3）责权利相结合的原则

根据各责任中心按其成本受控范围的大小以及成本责任目标承担相应的职责，赋予其一定的权力，并根据成本控制的实效进行业绩评价与考核，对成本控制责任单位及人员给予奖惩，从而调动全员加强成本控制的积极性。

（4）按目标管理的原则

成本控制是目标管理中的一项重要内容，目标成本通常是在现有的条件下能够达到的比较先进的成本限额。以目标成本为依据进行管理，将各项费用、成本的开支范围限制在目标成本范围内，就会做到以较少的成本费用开支，获得最佳的经济效益。

（5）按例外管理的原则

在管理会计中对那些不正常、不符合常规的关键性差异，叫做"例外"。由于成本差异产生的原因是多方面，要求各成本责任中心不要将精力和时间分散在全部的成本差异上，应突出重点，将注意力集中在那些属于不正常的不符合常规的关键性差异上。对于关键性的差异要查明原因，及时反馈给有关责任中心，采取相应对策加强管理，对其他的差异则可放弃。

2. 商业银行实行目标成本管理的重要性

（1）有效地控制和降低成本

为保证目标成本的实现，成本控制是最关键的一环，它也是管理会计中"控制与业绩"评价会计的中心内容。成本控制的实质是施控主体对受控对象实施控制的过程，其目的就是要对受控系统的输入进行调节、干预，使受控系统的输出限制在施控系统所规定的范围内。成本控制是成本施控系统对成本受控系统的输入进行调节、干预，使成本受控系统的输出限制在施控系统预定的目标成本和成本预算范围内，并最终保证成本目标的实现。成本指标作为一项综合性指标，为保证成本目标与成本责任预算的实现，需要商业银行各层次的成本施控网络系统管理人员的共同努力。在成本施控过程中，应充分调动各级成本管理责任单位及人员降低成本，增加经济效益的积极性，以保持经营目标的一致性。

（2）增强商业银行在市场中的竞争能力

我国商业银行在未来的竞争中，必须以最低的资金成本、最优的产品质量参与角逐，才能取得竞争优势和较好的收益；必须不断提高产品创新能力和盈利能力，树立良好的信誉，才能在与经验丰富、实力雄厚的国际银行业的竞争中立于不败之地。要达到这些要求，我国商业银行必须进行内部优化，掌握先进、成熟的管理技术，提高成本的管理水平，以加强内部控制来缓和成本对价格的张力，争取价格优势，同时还须加大创新力度，开发高收益产品，达到成本和利润的优化组合，增强自身的竞争能力。

（3）提高了经营效益

完善银行内控机制，加强管理，改进经营，提高服务水平，并在此基础上实行股份制改造，建立现代金融企业的法人治理结构。在证券业、保险业的改革方面，要发挥资本市场在促进产业结构调整、推进国有企业改革、引导和鼓励社会投资、建立强有力的社会商业保障系统和优化金融资源配置上有所作为。从当前我国民经济发展的需要和金融业自身发展的需求上看，提高经营效益仍然是银行、证券、保险业重要任务。金融业发展的前提除了要有好的宏观经济环境外，关键是金融业自身的各项实力，实力的来源，归根结底只能通过经营效益的不断积累。商业银行除了要加强信贷管理和监督。优化贷款结构，提高贷款质量，严格控制新的不良贷款外，还要通过金融创新、开拓中间业务市场、努力提高金融服务水平等来增加收益。证券业和保险业方面，也要不断加强诚信建设，提高执业规范程度和服务水平，努力在合乎法律法规的前提下创造效益。

二、商业银行负债

银行负债是指银行所获得的资金及欠下的债务,这些资金主要用来发放贷款和购买证券。这些银行负债包括各种形式的存款、借款和其他负债。你的银行存款,在你看来是资产,对于银行来说却是债务,也就是说是负债,你对银行拥有索取权,银行欠款等于你的存款数额。

银行存款可分为两大类:交易存款和非交易存款。我们将研究每一类中的各种存款类型,现在从交易存款开始。

1. 交易存款

交易存款,也被称为可开支票的存款,这是因为提款或进行转账都可以通过开出支票来实现。交易存款可以随时提取,通过开出支票你还可以把你的资金划拨给其他人。交易存款是银行成本最低的资金来源,交易存款包括活期存款,这种存款不支付利息,交易存款还包括可转让支付命令账户、自动转账服务账户及货币市场存款账户。

以上这几种存款账户可以开出支票,同时还支付利息。个人和非营利组织既可以持有活期存款也可以开设可转让支付命令账户、自动转账服务账户及货币市场存款账户。

有关法规明确规定银行不准向工商企业提供可转让支付命令账户、自动转账服务账户及货币市场存款账户。这也就是说,以营利为目的的工商企业不允许在银行持有这种生息的支票存款账户。

2. 非交易存款

非交易存款能够生息,但却不可以签发支票。非交易存款包括存折储蓄账户、小额消费定期存款或存单(CD)和最低面额为10万元美元的大额可转让存单,非交易存款当前是银行资金的基本来源,它约是交易存款的两倍多。

(1) 存折储蓄账户

多年来,它受到了属于中产阶级的美国人的欢迎。存折是一个蓝色或绿色的小本里面记录了交易及利息情况。存折储蓄账户是具有高流动性的储蓄方式,不受面额限制,没有固定的到期日,随时可以将资金存入该账户。尽管银行要求取款要提前30天通知银行,实际上却随时可以提取。这一账户曾经是银行资金的主要来源,然而现在其受欢迎的程度却下降了,这主要是因为金融创新为公众提供了更加有吸引力的新金融工具。

(2) 小额定期存款(存单)

定期存款有固定的到期日,如3个月、6个月、1年等等,在到期日之前提取存款将面临严厉的惩罚(以利息损失的形式)。因为与存折储蓄账户和货币市场存款账户相比,这一金融工具流动性较低且被提取的可能性较小,所以银行对这一存款形式支付较高的利息。因此,定期存款与存折储蓄账户和货币市场存款账户相比较而言,其获得资金的成本较高,存单的期限越长,银行支付的利息也越高。近些年来,存单作为银行获得资金的来源其重要性不断提高。

（3）可转让存单

大额可转让存单的最低面额为10万美元，它主要被公司和货币市场共同基金所购买作为短期政府证券的替代品，这种存单有固定的到期日，这为发行该种存单的著名大银行带来了稳定的资金来源。可转让存单在到期日之前不可被银行赎回，但却可以在二级市场上进行交易，因而具有很高的流动性，未到期的可转让存单数额随经济情况发生波动，在经济扩张期，信用需求上升，美联储对银行放款加以限制，可转让存单的数额就增加。

3. 非存款借款

除了从存款者那里获得资金以外，商业银行还从美联储，其他银行及公司等处借入资金。美联储向商业银行提供的贷款被称为贴现贷款，收取的利率称为贴现率，这种贷款的期限只有1天，不能被用于向公众增加额外贷款的目的。银行还可以隔夜在美国联邦资金市场上（以在美联储的存款形式）借入资金、支付的利率称为联邦市场利率。与从美联储借款不同，银行可以连续从联邦资金市场上借入资金，并用所获资金发放贷款或购买证券。联邦资金被视为立即可获得的资金，即银行从联邦资金市场上借入的资金可立即贷记于它们在美联储的账户中。

银行也可以利用母公司发行的商业票据向母公司（控股公司）借入资金，也可以通过回购协议（RP）向其他公司借款。在回购协议中，银行向其公司客户借入活期存款，通常是隔夜的，并支付竞争性的利率。最后，美国银行还可以借入欧洲美元，即外国银行或美国银行在外国的分支机构所持有的美元存款。非存款借款已成为银行资金的重要来源，借入资金占银行总资产的比率已从1960年的2%上升到今天的15%。

4. 其他负债

银行所持有的其他负债还包括银行发行的本票和债券、见票后付款票据及某些其他项目，这些负债数额相对较小。

三、商业银行资产

商业银行的资金主要是用于购买可以带来收入的资产。在汇总的商业银行资产负债表中（见表），银行资产分为4类：现金资产、贷款、证券和其他资产。注意85%以上的银行资产是有收益的，即贷款和证券。

商业银行这种生利资产的取得却受到了美联储法规的限制，法规要求银行以不生利的法定准备金（或简单称为准备金）保留一定比例的存款负债，准备金包括现金及银行在美联储的存款，该项法规被称为准备金规定或法定准备金比率。尽管储蓄、定期存款和其他一些银行负债曾经也被征收过准备金，但在目前、准备金规定只适用于活期存款、可转让支付命令账户和自动转账服务账户。

1. 现金资产

现金资产可以作为准备金，也可以预防提取存款，还可以用来满足新的贷款需求。现金资产包括通货和铸币（由于这笔资金在营业时间之外是存放于银行的现金库房之中的，所以也被称为库存现金）、在美联储银行的存款、在其他商业银行的存款及在途待收的现金项目。银行持有现金和铸币可以满足公众的提款要求，同时还可以使其达到一定的准备金要求。商业银行在美联储银行的存款除了可以使商业银行达到准备金要求外，还可以通过美联储的支票兑取系统便利支票结算。

总的来说，商业银行在其他银行存有大量的活期存款余额，这些存款源于代理银行业务。在代理银行业务比较发达的今天，在小城镇的银行为了获得一系列服务，往往在较大的银行存入一笔资金，获得的服务包括支票兑取、投资顾问和帮助进行证券和外汇交易。从根本上讲，代理银行业务使只有大银行才享有的专门技术和规模经济扩展到了许多小银行，作为报答，小银行在较大的代理行保持有一定数量的存款余额。

2. 贷款

贷款是银行收入的最主要来源，1995年占银行总收入的近50%。与证券不同，大部分银行贷款要求银行家与具体的借款人打交道。银行贷款有好几种，根据目前量的大小依次为：房地产贷款（民用建筑和非民用建筑抵押贷款和其他房地产贷款）、工商业贷款（商业和工业贷款）及消费贷款。

从银行的角度讲，贷款的流动性要低于其他资产。与证券不同，贷款在它到期之前，不能兑换成现金。与其他资产相比，贷款还面临很高的欺诈风险。作为高风险和低流动性的补偿，在所有银行资产中贷款的收益率是最高的。当经济情况好的时候，贷款占银行总资产中的比率上升，银行利润也增加。

（1）房地产贷款

房地产贷款包括以民用建筑、农场、工商业财产为抵押的长期贷款；向建筑商提供的短期贷款，这种贷款一般是在房屋建成并出售之后进行偿还；另外还有住房贷款。房地产贷款缺乏流动性并且伴有较高的利率风险和欺诈风险，银行发放固定利率的抵押贷款将面临在贷款发放后利率急剧上升的风险。房地产贷款存在欺诈风险的原因主要是大部分这类贷款是以房地产作为附属担保物的，而房地产价值的波动幅度又很大。

在1990年~1992年，很多美国银行在房地产贷款上遭受了严重的损失，结果使一些银行破产。鉴于这种情况、银行已经开始采取措施来降低与房地产贷款有关的风险，主要措施有：发放可变利率的抵押贷款，以及使抵押贷款证券化。这也就是说，把原来个体化的抵押贷款作为整体出售给养老基金和人寿保险公司这样大的投资者

（2）工商业贷款

与诸如人寿保险公司这样的金融中介机构相比，在发放工商业贷款方面，银行享有相当的优势。由于银行对于工商业贷款者非常熟悉，这使得银行可以对潜在的借款者进行

认真的评估和有效的监管。银行非常重视工商业贷款,由于大部分活期存款为工商企业所有,为了保住存款并建立良好的信誉,银行家们愿意满足来自于信誉卓著的工商企业的合理贷款要求,小规模地和中等规模的银行也大量向地方工商企业贷款。

很多银行提高了工商企业的贷款限额,这使得工商企业可以经常得到短期贷款。银行还作出贷款承诺,允许有关公司随时借款。作为回报,有关公司需要保留补偿性的存款余额,也就是不生利的活期存款,平均大约占贷款限额的10%。补偿性存款余额提高了工商企业的借款成本,并在一定程度上补偿了银行的风险。

工商业借款呈现出明显的周期性特征,在经济扩张期上升,在衰退期下降。在经济扩张期,银行通过出售短期美国政府证券、发行可转让存单及进行非存款借款来获得资金以满足不断上升的贷款需求。在经济处于下滑时期,贷款需求下降,银行使用收回的贷款购买政府证券、赎回到期的可转让存单、减少其他形式的银行借款。

(3)消费贷款

银行也向个人提供贷款,称之为消费贷款,其偿债安排是多种多样的。很多消费贷款是用于购买耐用消费品的,如汽车,其他贷款则是通用的,如信用卡贷款。从银行的角度,一般来讲消费贷款比其他类型的贷款具有更高的流动性,消费贷款多是短期,而且很多是分期付款形式的,这就是说,每一笔例行支付的部分都会被用来冲销本金。

信用卡贷款和透支有时被称为"立即信用特权"。由于引进了高效率的电子计算机,根本上讲,这些贷款对客户来讲是一种自动贷款限额。纽约的富兰克林银行1952年发行了第一张信用卡。包括VISA和万事达卡在内的信用卡发行公司都预先对信用卡的限额作了规定,信用卡的持有人可以在数千家接受该信用卡的银行当中的任何一家得到预付现金。透支可以使信用卡持有人在签发的支票超过其活期存款余额的情况下自动获得贷款,银行提供的贷款等于其透支额,其贷款方式不外乎两种,要么借记信用卡,要么发放自动直接贷款。

信用卡的盈利程度是很高的,发行信用卡的银行要付给代理行相当于所购商品价格2%~5%的代办费用。另外,对信用卡余额收取的利率也非常高,结果,银行从信用卡贷款上所获得的收益率要高于美国国库券10多个百分点。考虑到近年来消费贷款损失平均来讲接近3%这一事实,对于银行来说,信用卡业务是有利可图的。

(4)其他贷款

其他类型的贷款包括向金融机构、商人、经纪人及购买或持有股票的个人提供的贷款、向农场主提供的贷款和出售的联邦基金。最后这一项指的是商业银行在美联储的存款被贷给了其他银行(与此相对的是"购买的联邦基金",它被包括在负债的"借款"一项中)。

3. 证券

证券是银行资产负债表中的重要一项,几乎占了银行资产的1/4,其提供的收入大约占银行总收入的15%。由于银行不可以购买公司股票,所以这一项目完全由债务票据构成。银行所持有的证券或"投资"包括美国政府及其他政府机构的证券和州及地方政府的债券。

由于存在高度发达的交易市场,美国政府机构的证券具有很高的流动性,另外还由于这些证券是由联邦政府发行的,因此不存在欺诈风险。然而,这些证券却存在市场风险,利率上升,会引起这些证券价格下降。在70年代末和80年代初,一些银行就曾经因为利率大幅上升而债券价格下跌面临严重的财务困难。然而,当今美国银行所持有政府证券大部分是短期的,因而其价格不会发生大的波动,这些证券的市场风险是有限的。

银行购买州和地方政府证券享受税收优待,其州和地方政府证券上所获利息收入可以不向国内税收署纳税。银行购买这些证券的另外一条原因是州和地方政府更愿意和那些持有它们发行的证券的银行打交道。但是由于州和地方政府有时会拖欠债务,因此,这些证券与美国政府证券相比风险性要高。正是基于这条原因,州级地方政府债券的税后收益要高于美国政府证券。近些年来,州级地方政府债券在银行总资产的比重大大下降了。

4. 其他资产

实物资产,如银行的建筑、计算机、自动提款机和其他设备,另外还包括从有欺诈行为的借款人手中取得的附属担保物。

四、商业银行的资本项目

总资产和总负债的差额为银行的净值,即银行所有者所拥有的权益。银行资本来源于银行股票发行和未分配盈余。在大多数情况下,当管理当局关闭资不抵债的银行时,银行的净值已经变成负债,并且损失很大。由于联邦存款保险公司对存款提供保额最高为10万美元的保险,所以银行资本起到了缓冲的作用,它同联邦存款保险公司(和纳税人)一道保护了存款额在10万美元以上的储户利益。

五、商业银行管理

商业银行与其他公司一样也是要努力赚取利润,商业银行管理的目标是使利润最大化同时保持较低的风险,防止银行破产。为了保持偿付能力,商业银行必须采取预防措施以保证在任何时候其资产价值超过其负债价值。如果证券、拖欠的贷款和其他投资造成的损失使得银行的资产价值低于其负债价值,银行就会破产。

在某种意义上说,如果银行能够在几星期内出售其资产并获得足够的资金来清偿债务,就可以认为该银行具有清偿能力。清偿能力一定要与流动性区别开来,后者指的是银行在执行准备金规定的同时,银行立即满足提取现金、清算支票和增加新贷款的能力。为了保持银行的清偿能力,银行必须实行灵活的流动性管理和资本管理。

第四节　商业银行资产负债管理的意义和作用

一、我国商业银行资产负债管理

我国商业银行实行资产负债管理，始于 1988 年。在此之前，我国银行实行的是传统的资金计划管理。虽然资金计划管理的对象也是资产和负债，但其管理方法与资产负债管理方法截然不同，传统的资金计划管理是存贷两条线，存款有存款计划，贷款有贷款计划，存款和贷款是分离的。一个经营性的存款规模可以很大，但贷款规模却不一定大，而贷款规模大的银行，其存款规模也有可能很小，造成存款规模和贷款规模的不对称，不符合流动性、安全性、效益性协调管理的要求。而资产负债管理则把存款和贷款、资产和负债看作银行经营不可分割的整体，以负债制约资产，全面而综合地从资产负债双方结合的角度来制定经营方针和评价经营成果，对满足银行的流动性、安全性和盈利性要求能达到较理想的效果。因此，随着我国经济体制改革的深化，社会主义市场经济体制的建立，银行商业化改革进程的加快，我国的商业银行也开始引入并实施资产负债管理。

我国在引入资产负债管理方法时，也是有选择有改造地加以利用。由于我国的资产负债管理刚刚起步，只有一些探索性的实践方法，还没有形成规范化全方位的管理方法，也未形成成熟的具有中国特色的商业银行资产负债管理理论。本部分只介绍我国银行近几年来的一些稍具普遍性的具体做法。

1. 我国银行的资产负债总量管理

我国银行的资产负债管理实践，是从资产负债总量管理开始的。总量管理是资产负债管理的基础，在全部的资产负债管理体系中，总量管理居中心主导地位，并由它决定着其他各项管理的状况。总量管理是实现货币总量和信贷总量控制的基础，是我国宏观金融调控的一个中心内容。

我国目前的资产负债总量管理主要是按照"规模对称原理"来进行的，即以资金来源制约资金运用，以保持资金来源与资金运用在规模上的平衡与对称。具体内容分为负债的总量平衡、资产的总量平衡和资产负债的总量平衡。

（1）负债总量平衡

指负债方自身总量的平衡。负债总量平衡的目的是保持负债的稳定。负债总量平衡要注意使定期存款、长期储蓄存款等长期负债在负债总量中保持一个相当的份额，保持活期存款经常余额的相对稳定性。因为活期存款的沉淀部分和其他长期负债一样，具有最高的稳定性，是商业银行发放长期贷款获得利息收入的主要来源。同时也要注意把短期负债

（包括活期存款中的不稳定部分和短期借款）保持适当的比例，在保证流动性的同时，使银行获得稳定性较高，而成本又较低的资金，从而提高银行的资产收益率。在负债总量平衡管理中，金融债券等专项负债要相应的用途自求平衡，按需求确定专项负债量，并考虑好负债成本。另外，还要注意保持向中央银行借款；同业拆借等借入款在负债总量中的适当比例，在我国银行负债形式比较单调的情况下，采取向人民银行借款等主动性负债手段是负债总量乃至资产总量平衡的重要调节手段。

（2）资产总量平衡

资产总量平衡指资产方各类资产间在量的比例上的协调与平衡。我国银行的资产结构目前比较单一，主要为贷款，占总资产的75％左右。搞好资产总量平衡，主要根据银行长短期负债量的大小及流动性需求、银行备付能力，来决定长期资产与短期资产各自应保持的适当的比例。长期资产因流动性差，所以虽然它是银行收益的主要来源，也不能占有太高的比例，而且在我国，长期资产多属固定资产性质的贷款，也还要受我国固定资产投资计划的限制。短期资产是银行流动性的保证，一定要保持适度的份额，并作为资产管理的重点来抓。要适当增加有价证券等其他资产在银行资产中的比重，增加第二准备，保持资产流动性，同时也保持较多的盈利性。

（3）资产负债总量平衡

资产负债总量平衡是指在保持经济合理增长基础上的资产方与负债方在规模上的动态平衡，主要通过坚持以资金来源制约资金运用来保证银行自身的流动性需求和盈利性需求，努力扩大规模，提高资金使用率。资产负债总量平衡要求在资产与负债两个方面各自掌握好合理比例的基础上，使资产符合负债的量的限度。我国主要通过控制存贷款比率和拆借资金比率来实现资产负债总量平衡。一般情况下，商业银行贷款与存款的比率不能超过75％，拆入资金余额与各项存款余额之比不得超出4％，拆出资金余额与各项存款余额之比不能超过8％。

2. 我国银行的资产负债期限结构对应管理

我国的期限结构对应管理是根据结构对称原理进行的，主要侧重于流动性管理，而且由于期限对应管理难度很大，加上我国银行目前对资产业务的期限选择的自主权不够，我国银行的这种管理方法尚处于分析性应用阶段，而尚未进入实际控制阶段。资产负债期限结构对应管理的意义在于：第一，通过资产期限和种类的恰当安排，确保支付；第二，通过资产负债期限对应的安排，提高变现能力，减少支付准备，提高银行资产收益率；第三，资产负债期限对应也是满足信贷总规模控制要求的一个重要手段。进行资产负债期限结构对应管理，首先要对银行的资产和负债进行流动性分类。

（1）我国银行资产的流动性分类

由于多种原因，我国银行的资产业务与国外商业银行的资产业务有所不同，比如流动资金周转贷款，国外商业银行一般是一年以内要收回的短期资产，而我国的流动资产周转贷款名义上虽然是期限不超过一年的流动资金贷款，但实际上是一年办一次转期，只要企业不倒闭就难以收回，实际上至少是中期贷款。因此，我国银行资产的流动性与国外银行资产的流动性不尽相同。我国银行资产的流动性如图所示

（2）我国银行负债的流动性分类

我国银行负债结构与国外商业银行的负债结构也有所不同。最显著的一点是我国银行有一项基数借款，这是我国银行的一项长期负债，自1985年起已核批专业银行视同自有资金使用，而国外商业银行的自有资金一般为实收的股本金。我国银行负债的流动性构成可用图表示。

（3）我国银行资产负债对应关系

根据我国商业银行各项资产和各项负债的流动性构成，可以找出他们的对应关系。所谓对应关系，即指不同负债应用于不同资产。对应关系确定以后，可根据盈利性、安全性要求，确定资产负债对应配置序列。

资产负债间的流动性期限结构对应配置只是一种理论上的对应配置。在实际工作中，银行合理的资产负债对应配置是比较复杂的，必须从实际出发，按照商业银行客观规律的要求，避免人为的硬性化和单一化，防止不必要的资金浪费和资金呆滞，也防止因对应配置不当而造成资金短缺，影响资金周转。

1）实收资本的对应关系

实收资本是银行实际收到的投资者投入的资金，属于自有资金范围，包括国家投资、其他单位和个人投资等。我国银行的实收资本主要有以下几大块：

①固定基金，它一部分是国家财政拨款，一部分是银行多年经营用自有资金购买、租赁固定资产等形成的固定资产占款。

②专项基金，主要是自身积累的生产发展基金。

③信贷基金，是银行办理信贷业务的自有资金，主要由财政拨款形成。

④股东投入资本金。根据实收资本无息和稳定性高的特点，它依次对应于下列资产。

a. 库存现金和存放中央银行款项等。

b. 流动资金基金贷款等长期贷款。

c. 投资。

d. 固定资产。

每个银行的实收资本来源不同但基本项目大致相同。例如：华夏银行是由33家企业法人共同持股的全国性股份制商业银行，实收资本金25亿元，实行一级法人体制和董事会领导下的行长负责制。

2）借入款的对应关系

我国商业银行的借入款包括基数借款、年度借款和临时借款。人民银行基数借款已自1985年起核批原专业银行视同自有资金使用，属长期负债，因此，首先对应在中央银行存

款，超出部分可对应固定资产贷款；年度借款是可以跨年度使用的较长期限的借款，其对应关系首先是可用于流动资金周转贷款和临时贷款中的长用部分；临时借款主要用来解决头寸不足，其对应关系依次应该是存放中央银行款项、库存现金和短期临时贷款。

3）盈余公积、资本公积的对应关系

盈余公积是商业银行按税后利润（减弥补亏损）的10％提取的公积金，资本公积是商业银行在筹集资本活动过程中，投资者缴付的出资额超出资本金的差额，以及接受的各种捐赠财产等。该两类公积金，银行都拥有自主权，可对应固定资产贷款等中长期投资。

4）未分配利润的对应关系

未分配利润是商业银行在年度终了由本年利润转入的待分配利润，根据其无息特点，可对应库存现金或存放中央银行款项充实银行备付能力，也可用于短期临时性贷款。

5）累计折旧的对应关系

累计折旧是按固定资产原值及规定的折旧率，由营业成本中计提的折旧基金，计提的折旧是固定资产原值的备抵数，如果没有在建工程的转入或直接购买固定资产，原有所有者权益未动，它与在建工程对应，同时还可用于发放基本建设贷款。

6）呆账准备金的对应关系

商业银行呆账准备金是用来核销帐务的待用资金，因为每年都可能用来核销，所以首先只能用来对应库存现金、在中央银行存款等短期资产。

7）各项存款的对应关系

我国商业银行的存款分为三年以上的长期存款、三年以内一年以上的中期存款、一年以内的短期存款和活期存款等四类。各类存款的对应关系是：①三年以上的定期存款的第一用途，是本项存款应缴纳的存款准备金，第二用途为三年期重点债券的购买，以及三年期以上的固定资产贷款，最后可用于计划上存资金；②三年以内一年以上定期存款的第一用途为本项存款的准备金，第二用途为流动基金贷款，第三用途为流动资金周转贷款等中期资产；③一年以内短期存款和活期存款稳定部分扣除准备金和清算保付金外，可对应临时贷款中的长期占用部分，活期存款波动部分除缴付准备金外，主要对应于临时贷款中的流动部分等短期资产。

8）同业存放的对应关系

其中拆入资金可用来解决头寸不足，存放中央银行款项、充实库存资金；同业往来贷方余额只限用于临时清算资金；应付汇差资金只限用于临时清算资金。

9）专项负债的对应关系

金融债券对应特种贷款、中长期贷款；信托存款对应信托贷款；外汇资金来源对应外汇资金运用；应缴资金对应于实缴资金；再贴现资金对应于贴现；代理业务负债用于代理业务资产；固定基金用于固定资产。

10）其他负债的对应关系

其他负债在未使用前，可用于其他资产等短期性资产，如应付利息、应付工资、应付福利费、应付利润、应交税金、预提费用、应解汇款、保证金、本票、其他应付款等，应与银行存款或现金、递延资产、应收利息、其他应收款及其他资产相对应，这些资产负债，均属银行内部资金来源与内部资金运用，其对应关系也是非常重要的。

二、我国银行的资产负债比例管理

为了适应新的金融管理体制，加快专业银行向商业银行的转变，促进我国商业银行与国际现代化商业银行经营机制的接轨，增强我国商业银行自我约束和自我发展的能力，改进中国人民银行宏观调控方式，保证各银行的稳定发展，我国从1994年起，逐步对商业银行实行资产负债比例管理。

1. 我国资产负债比例管理的指导思想

我国资产负债比例管理的指导思想是强化经营的自我约束，提高资产的效益与质量，实现经营安全性、流动性、盈利性的优化组合，逐步形成自主经营、自负盈亏、自担风险、自我发展的现代商业银行经营机制，更好地服务于社会主义市场经济的发展。我国商业银行实行资产负债比例管理的主要原则是，以资金来源制约资金运用，防止超负荷经营，保持资产与负债的期限结构对应，提高资产的流动性，坚持安全性、流动性和盈利性的协调平衡，降低资产风险，提高经营效益，加强系统调控与发挥各经营层次积极性相结合，提高整体管理水平。

2. 我国各商业银行实行资产负债比例管理的方法

鉴于我国各商业银行的具体情况不同，我国在对各商业银行实行资产负债比例管理时也有所区别，采取区别对待、逐步过渡的办法。比如，对存贷款比例指标的考核方面，交通银行、中信实业银行、光大银行、华夏银行和区域性商业银行、中外合资商业银行均实行按余额考核；对中国工商银行、中国农业银行、中国银行、中国建设银行则实行增量考核；在资本充足率考核方面，对商业银行资本充足率指标短期内难以达到的，可采取逐步提高的办法，由各商业银行根据自身情况制定分步实施计划，逐步达到，但最后期限不能超过1996年底；对贷款资产质量指标达不到规定比例指标的，由各商业银行提出逐年提高的计划，由中国人民银行及商业银行监事会监督执行。对其余各项比例指标，则必须认真执行。

第五章 宏观审慎监管对商业银行经营影响

第一节 从微观监管到宏观监管的转变

微观审慎监管理念认为，每个银行监管好了，每家银行的风险控制住了，整个银行系统就不会有风险了，所以，基于微观审慎监管理念的巴塞尔协议，在资本监管、风险控制指标的设计上可谓几近完美。但是它忽视了银行业相互间的传染性与相互依存关系。即使在严格的微观审慎监管下，银行间的相互依存关系与相互感染性导致银行的监管资本套利行为，同时，银行经营行为对货币政策的正向反馈机制带来了顺周期性。

一、微观审慎监管对顺周期性的无能为力

1. 顺周期性与金融危机

（1）顺周期性的经济学解释

对顺周期性理论的经济学解释源自于对经济周期的理论探讨。经济周期的波动问题始终是现代经济学的主流问题之一，又主要分为真实经济周期理论和金融经济周期理论两个不同的探求视角，其主要区别在于是否考虑金融因素在其中的作用。对于顺周期性的探讨也正是基于经济周期存在的基本前提，分析在经济系统中存在的引起或加速经济周期波动的因素，从而更精确地把握金融经济周期和真实经济周期的规律。

1）信贷周期理论

信贷周期，是指在内外生的机制或条件下，银行的行为集合所导致的一种信贷紧缩和信贷扩张交替往复的现象。

信贷周期理论的核心观点是基于信息不对称和市场不完全作为前提假设的，该理论认为由于债权融资契约的不完全性，导致金融市场普遍存在着逆向选择和道德风险的问题，而金融冲击通过金融市场的内生机制而被放大，从而影响企业的融资条件和投资水平，导致了经济的剧烈波动。同时学者们从灾难近视、羊群行为、代理问题和记忆惯性等角度对

信贷周期的形成原因进行了探讨。正是这一系列对于信贷周期理论的探讨，将学者的思路引上了信息不对称和市场不完全的轨道，为后续的一系列金融经济周期理论的发展奠定了基础。

2）金融加速器理论

金融加速器理论不仅是金融经济周期理论的重要组成部分，也是顺周期性的理论基础和雏形。"金融加速器"理论完美地解释了真实经济周期理论无法解释的"小冲击大波动"之谜。大波动是因为企业资产净值的变化导致信贷市场的变化，继而进一步放大冲击的作用。同时金融加速器使得经济波动出现非对称性，使得"金融加速器"的作用在经济繁荣期并不明显，但在经济衰退期作用较强，将出现信贷"逃往质量"（flighttoquality）的现象。

基于信贷周期理论和"金融加速器"理论，发展起来的金融经济周期理论对金融机制的放大效应进行了全面的考察。核心观点在于由于"金融加速器"效应的存在，即使金融系统面临一个趋于零的外部冲击，但是由于金融摩擦的存在，这一冲击将被金融加速器无限放大，从而引起经济的剧烈波动，而且这种经济波动具有确定性。其中"银行信贷渠道"和"资产负债表渠道"可谓是金融经济周期的两个最重要的传导机制，是分别从银行角度和企业角度考察金融经济周期的两个方面，而发生作用的前提条件是借贷双方信息不对称和金融摩擦。在金融经济周期的理论体系中，除了信贷周期理论和金融加速器理论，金融中介理论也是其不可分割的一部分。

3）顺周期性与金融加速器

在已有的文献中寻找顺周期性的严格定义，并没有找到学术界达成一致的答案，多数的定义较为片面，而关于顺周期性的理论也并没有形成一派体系。比较前文对于顺周期性的定义和金融加速器的概念描述，不难发现金融加速器理论正是对于金融体系中某类顺周期性的一种理论描述，金融加速器的核心便可以理解为金融系统的顺周期行为放大了经济体的外生冲击，但是本文讨论的顺周期性又不仅仅是既有的金融加速器理论中讨论的部分。结合前述的银行顺周期性的定义，可以将其理解为与银行行为相关的广义上的金融加速器现象。银行的顺周期性主要表现在以下两个层面：一是由于银行的信贷行为而引起的实体经济与虚拟经济的相互循环繁荣，二是银行业与金融系统风险中所蕴含的顺周期性。

从定义中不难看出，虽然银行顺周期性的定义是基于经济周期理论的，但是我们在探讨顺周期性时与已有的经济周期波动理论所关注的重点有所不同，相比较经济周期是如何形成的，包括金融因素在其中起到何种作用，这些在已有的经济周期理论中被广泛关注的核心问题，我们并没有重点关注，而我们探讨的重点是引起经济波动增加的因素以及这些因素对现有的经济周期可能带来的影响。

4）金融经济周期理论与金融危机理论

以金融加速器理论为基础的金融经济周期理论是对金融危机理论的突破。金融经济周期理论是突出了金融因素在经济周期形成中的影响,而金融危机理论正是突出了金融因素对危机形成的影响,因此在金融经济周期理论中危机作为周期中的一个特殊阶段其形成也得到了合理的解释。与传统的金融危机理论相比,金融经济周期理论既解释了金融危机的起因和机制,也清晰地呈现了危机后的经济走向复苏的调整机制,而传统的金融危机理论对此显得无能为力。

根据主要经济指标的变化方向和波动特征,金融经济周期被划分为如下四个主要阶段:为以乐观预期为特征的复苏阶段、以资产价格上涨为特征的高涨阶段、以资产价格跳水为特征的衰退阶段和以资产价格泡沫崩溃为特征的萧条阶段。在一个金融周期内,四个阶段依次出现,进而形成经济周而复始的运动。如果在衰退和萧条之间转换速度过快、波动幅度过深,那么这一特定的金融周期阶段就形成金融危机。基于金融经济周期理论的危机理论认为,在信息不对称和理性预期的假设下,较小的负向冲击通过金融体系的传导渠道被放大和加速。该预期引导人们做出"射击过头(Over-shooting)"的理性抉择,同时金融市场将出现由于信息不对称性而产生的"羊群效应",当这两种效应太大时,金融危机就会出现。

因此从经济效率的角度来说,银行的顺周期性也在一定程度上导致了在经济衰退时期资本影子价格的上升,不利于鼓励银行向正净现值(NPV)的项目融资,影响了经济的效率和平稳增长。

(2)次贷危机暴露出银行资本的顺周期性

金融危机在形式上往往都呈现金融系统的顺周期性引致下的信用链断裂,次贷危机亦是如此。从时间点上来看,次贷危机的爆发与巴塞尔新资本协议的实施有着高度的一致性,而顺周期性的主要发力机构正是在金融体系中起到主导作用的银行机构,正是基于这样两个原因,次贷危机后关于顺周期性的讨论在很大程度上都是围绕着巴塞尔新资本协议进行的,而巴塞尔新资本协议作为国际银行业较为公认的监管准则也在次贷危机爆发之后接受了顺周期性的巨大考验。

造成银行经营中的顺周期性主要包含两方面因素:

1)由于银行资本的顺周期性变化,体现在盈利能力和外部筹集资本能力的顺周期性上。从银行的盈利能力来看,在经济繁荣期,企业的财务状况表现良好,客户信用评级较高,损失准备较少,银行的利润较高,交易活跃造成了中间业务上涨较快,也在一定程度上增加了银行的盈利水平。从银行外部筹措资本的能力上来看,在经济繁荣期,由于银行的财务状况和经营状况良好,加上外部的流动性充裕,宏观环境良好导致资本风险溢价不高,此时银行外部筹集资本的能力较高且成本较低;而在经济下行的阶段中,由于银行资产负债表的恶化,较多的风险逐渐暴露加之外部经济的流动性缺乏将导致资本筹集能力下降成本增加。

2)由于银行信贷行为的顺周期性,这是由于信贷双方信息不对称造成的,当然这也与银行资本的顺周期性有着密不可分的关系。顺周期性是资本充足管理与生俱来的特征之一，其与银行资本的顺周期性构成了银行经营中的双重顺周期性。在经济收缩阶段，由于风险暴露、违约率和损失率提高、虚拟资产的价格波动加大，银行的预期损失和非预期损失可能增加。按照协议要求，银行需要提高资本金准备，而与此同时，用于冲销损失的银行资本金却出现顺周期的下降。因此，在资本强约束和主动避险的双重作用下银行紧缩信贷，使实体经济进一步萎缩，加剧了经济衰弱的程度。反之在经济繁荣阶段，资本要求的放松会刺激经济繁荣。可以说，不论是次贷危机发生之前银行的过度杠杆化和贷款膨胀，还是危机发生之后银行去杠杆化中的借贷行为，都是此次金融危机中的重要特征之一。

2. 内部评级法的顺周期性

在新资本协议的监管框架下，商业银行将资本覆盖风险的范围从1988年资本协议的信用风险、市场风险扩大到操作风险，允许商业银行采用复杂程度不同的方法计提资本，其中信用风险包括标准法、初级内部评级法和高级内部评级法；市场风险包括标准法、内部模型法；操作风险包括基本指标法、标准法和高级计量法，并明确了商业银行采取各种方法的最低合规性要求。

信用风险内部评级法（IRB）是新资本协议的核心，也是新资本协议提高风险敏感性的主要体现。在内部评级法框架下，监管当局允许符合规定条件的商业银行使用内部计量的违约概率（PD）、违约损失率（LGD）、违约风险暴露（EAD）和期限（M）等风险参数并按照统一的风险权重函数计算资本要求。若实施初级内部评级法，商业银行只需计算PD，其他风险参数采取监管当局确定的统一值；若实施高级内部评级法，所有风险参数都由商业银行计量。然而，商业银行资产风险是随时间变化的（time-varying），随着经济繁荣与萧条的转换，商业银行信用风险发生周期性变化，反映信用风险的PD，LGD，EAD等风险参数会直接体现这些变化。实施内部评级法后，信用风险的监管资本要求将发生周期性波动，引起信贷供给的波动幅度扩大，导致实体经济的周期性波幅放大，从而形成顺经济周期效应。

顺周期性主要源于内部评级法下所涉及到的风险参数随经济周期的波动而发生的变动。风险参数作为风险权重函数的输入变量，其顺周期性很自然地就转化为风险权重的顺周期性，进而导致监管资本的顺周期性。在基础内部评级法下由于银行只需对PD进行估值，其他风险因素使用监管当局确定的数值，PD作为唯一输入变量，该法下顺周期性主要取决于PD的变化；而在高级内部评级法下，所有风险要素由银行内部估计，PD、LGD、EAD、M的变化以及它们的相关性都为输入变量，因此它们的变化都会产生顺周期性。高级内部评级法比基础内部评级法具有更强的顺周期性。

从风险权重函数的输入变量角度分析资本监管的顺周期性。

（1）PD的周期性

波动商业银行内部评级法下PD能否带来经济的波动主要取决于银行对借款人的评级

是采用时点评级法（Point-in-time，PIT）还是采用跨期评级法 through-the-cycle，TTC）。

在 PIT 评级法下，借款人当前股价和负债的信息都被用来计算违约概率，所使用的评级时间跨度大多不超过 1 年。因此随经济条件变化信用评级可能显示出更大的波动性，银行信贷组合的平均等级可能随经济周期的所处阶段而变化。例如，在经济条件向好时，考虑到明年的违约概率相对低，信用等级可能上调。PIT 评级法没有考虑到经济条件发生转变的情形，在经济扩张期估计的 PD 下降，反之，在经济衰退期估计的 PD 上升。因此，PIT 评级法下衡量的风险与经济负相关。

评级法要求至少要包含一个经济周期的信息，衡量的是经济处于最严重衰退时期（即压力测试情境下）的借款人的违约概率，并且将具有相近违约概率的借款人划为相同的等级。因此，由于时间跨度较长，信用等级在整个经济周期可能保持不变，这意味着随经济条件的变化评级结果很少发生波动。但是，如果经济衰退程度比预期（压力情景）严重，即使是使用 TTC 评级法也可能导致整个信用等级的下调，因此，我们不能排除银行信贷的顺周期性大幅增加的可能性。

新协议没有明确要求银行应采用何种评级方法，银行可以根据自身情况选择适当的评级方法。实际上，风险是在经济繁荣时增长，在经济衰退时成为不良贷款。如果银行在繁荣时没有低估风险，而在衰退时没有高估风险，那么就不存在经济过度波动的问题。

PIT 评级法，利用的信息时间跨度大多不超过 1 年，很容易高估或低估风险。该法下计算的 PD 虽然能很好地反映当前的经济状况，但是根据 PD 计算的资本具有很强的波动性。而当某一客户向银行借款，银行运用评级系统来决定是否向其提供贷款，或是为贷款定价时，PIT 评级法下的 PD 具有重要的作用。

根据 TTC 评级法下的 PD 计算的监管资本，较为稳定。在经济衰退时与实际需要的资本相符合，而在经济繁荣期，会导致资本的错误配置。该法下要求的监管资本比其他方法要高，特别是在经济良好的时候，通常会忽视实际风险而要求银行持有较高水平的资本，会使银行的成本增加。但是这种衡量方法会确保在经济低谷时资本能覆盖 99.9% 的损失。因此，应该权衡发生重大损失时能有很高概率的覆盖损失与保持超过实际需求的超额资本之间的利弊。

目前，大多数评级机构使用 TTC 评级法；而大多数银行的内部评级法倾向于使用 PIT 评级法。原因可能有以下几点：

1）银行作为追逐利润的企业，会从成本收益角度考虑采取何种方法。

TTC 评级法下要求的监管资本 80% 要高于 PIT 评级法的要求，成本较大。因此，银行具有更大的利润动机去采用 PIT 评级法。在经济繁荣时，PIT 评级法要求的监管资本较低，这个会导致银行信贷的增加，从而增加收益。虽然在经济衰退时资本需求会大幅增加，但是该部分可以由银行在繁荣时期的大量放贷弥补。PIT 评级法提高了资本的使用效率，有利于银行的利润最大化。因此，大多数银行倾向于 PIT 评级法。

2）与建立 PIT 评级体系相比，建立 TTC 评级体系要困难得多。

PIT 评级法要求的信息时间跨度很短，而 TTC 需要足够长时间的数据，这对部分银行来说很困难。除此之外，银行倾向于使用最近的违约数据，因为这些数据被认为与当前经济相关性更强。构建 TTC 评级法存在技术性挑战，因为用以区分借款人信用等级的结构性变量随经济周期而改变。且如果 TTC 评级法使用的时间跨度不能与经济周期完全相符，信用风险很容易被低估。

因此，有提议将 PIT 评级法用于资本配置，TTC 评级法用于资本计提。银行可以考虑构建 PIT — TTC 双重评级体系，通过设置转换因子实现二者的相互转换。

（2）LGD 的顺周期性

基础内部评级法只要求对 PD 进行估计，高级内部评级法还要评估 LGD。早期的研究简单地假设 LGD 保持不变或是未清偿贷款的一定比例，这是违反现实的。实际上，观察到的回收率（recovery rate，RR=1-LGD）是波动的，呈现出周期性特征。

相关研究表明，系统性因素不仅会影响 PD，也会影响 LGD。Dallanes（1999）通过实证研究表明 RR 随经济周期变化，并且与短期的无违约风险利率负相关。因为利率的提高（通常与经济下滑相对应）一般会降低资产价格，因此会减少 RR，增加 LGD。

银行给公司的贷款通常有财产担保。根据评估模型，商业财产价格下降 10%，会导致 LGD 增加 11%。LGD 通常会保持在 35%。大量的实证研究表明，LGD 受经济周期的影响，反过来，LGD 的变化也通过监管资本加剧经济的波动。

（3）EAD 的顺周期性

EAD 通常被定义为风险暴露的账面价值减去信用风险缓解因子形成的净扣要素。从概念上说，EAD 包括两部分：实际已提取贷款、目前可以使用但尚未使用的授信承诺未来提款量的估计值。EAD 一般取决于两方面的因素：

1）贷款特征

如利率（固定利率还是浮动利率）、授信方式（循环贷款或非循环贷款）、合同限制性条款（是否存在约束性条款，即当信用质量下降情况下限制债务人提款）、贷款期限以及贷款重组等。

2）债务人特征

包括债务人的信用级别、债务人资金来源的多元化、违约行为以及与银行交易历史等。该观点即表明，EAD 具有亲周期性特征。在经济衰退时，由于信贷紧缩，信贷限制而面临流动性危机的公司会使用贷款承诺，银行贷款承诺提取的可能性以及比例上升，从而引起 EDA 增加。但是银行对贷款标准的设定，如采用浮动利率的承诺，对贷款承诺使用的限制性条款会影响贷款承诺的使用。

3. 贷款损失准备计提的顺周期性

（1）贷款损失准备金的概念

贷款损失准备是商业银行从收入或利润中提取的，用来抵御借款人违约风险并补偿银行由此产生的到期不能收回的贷款损失的准备金。贷款损失准备金作为银行抵御风险的首道防线，反映了银行防范信用风险，吸收贷款潜在损失以及补充资本的能力。

贷款损失准备金一般分两类：专项准备金与一般准备金。专项准备金实银行针对实际已经发生损失或是已经识别到损失的某笔贷款（贷款组合）提取的准备金，专项准备金总是与特定的贷款（次级、可疑、损失）相关，根据贷款分类结果，按照各类问题贷款的一定比例提取的，反映了各类贷款的内在损失程度。在大多数国家，专项准备金的数量不是对产生于风险的预期损失的真正反映。一般准备金是银行按照全部贷款余额的一定比例计提的、用于弥补尚未识别但未来可能发生的损失的准备。其提取额与贷款的总量有关，题贷款内在的损失程度无关。在旧协议中，一般准备金被列为附属资本部分。在新协议中，按照信用风险标准法的要求，一般准备金可以包括级资本中，但是不能超过风险加权资产的1.25%。

（2）贷款损失准备金的顺周期性

银行因风险而造成的损失分为两种：预期损失、非预期损失。预期是在正常情况下，银行能够预期到的在一定时期内损失额，这类损失一旦经过调整业务定价（如贷款利息）和提取相应拨备（贷款损失准备金）来覆盖，可以作为成本从银行当期收益中扣除。非预期损失是指超出正常情况下的损失水平，如在经济不景气的条件下，贷款发生不能偿付的情况，超出一般通常情况下的损失水平，增多的问题贷款为非预期损失。与预期损失相比，非预期损失具有波动性，是一个变动的量，无法作为成本列支，银行必须以充足的资本来覆盖，以确保银行在遭受不利的冲击时也能正常经营。

新协议的内部评级法规定，如果银行的贷款损失准备与内部评级法算的预期损失相比存在正缺口，差额部分计入二级资本，但是最多不超用风险加权资产的0.6%，而如果是负缺口，银行必须从资本中扣除二者之分别从一级资本和二级资本中扣除50%。如果贷款损失准备随经济波动动，那么它的变化会通过资本作用于实体经济。

在经济衰退时，借款人财务状况恶化，实际贷款损失增加，预期损失（要求计提的准备金）也会增加，由于在经济上行时计提的贷款损失准备金较少，当拨备不足与覆盖预期损失时，银行会动用资本来核销损失，使资本受到侵蚀，强化了资本约束的效力，从而进一步降低银行放贷能力，加剧经济的恶化。

有关研究表明，缺乏对银行贷款损失准备的有效监管会降低最低资本监管的有效性。监管资本的顺周期性波动很大程度上是由不合理的贷款损失准备制度造成的。因此，审慎的资本监管必须建立在合理的贷款损失准备制度之上，资本监管制度必须要考虑到贷款损失准备的影响，以便正确评估银行抵御风险能力。

二、监管资本套利引致风险积聚

资本金在银行中起着至关重要的作用,用于抵御银行经营中的非预期损失。与此同时,银行资本的成本也很高昂的。根据莫迪里亚尼—米勒定理(Modigliani-Miller theorem),由于信息不对称、税收因素、机构成本和银行安全网的存在,资本融资成本一般要高于债务融资成本。而且,银行资本只能用于风险储备,不允许被贷放出去或进行投资赚取收益。因此,银行存在着绕过资本监管通过金融创新减少资本持有的内在动力。具体而言,以资产证券化为核心的金融创新,使银行能够"粉饰"其资本金实力,即在几乎不减少实际风险的前提下提高资本充足率,或者说在增加实际风险的同时却没有相应降低资本充足率,这就是"监管资本套利"。监管资本套利的核心在于利用资本监管的漏洞和缺陷,通过人为降低风险加权资产"充实"银行资本充足率,使部分风险游离于资本监管之外,从而为银行提供了以较低资本成本追求较高风险的套利机会。

1. 监管资本套利的操作模式

鉴于不同的银行利益相关者对资本有不同的使用要求,因而实践中衍生出许多不同种类的资本。银行资本类型的差别化为银行从事监管资本套利提供了良好的理论解释。其中,最重要的即是经济资本和监管资本。经济资本和监管资本源自于银行管理者和监管者对资本风险抵御功能的不同理解。银行在经营管理过程中可能产生市场风险、信用风险和操作风险等各类风险,它们性质各异,计量方法和计量技术也不尽相同。经济资本一般是由银行根据内部管理的需要自行确定,银行管理者可以自由选择各类风险的测量技术和模型;而监管资本则需要依据相对统一的监管要求进行测算,银行监管者基于稳健性要求制定监管资本的计量规定,以增强银行间资本实力的可比性。另外,由于各类风险测量技术不统一,发展水平也有所差别,将不同风险测量方法协调成各方均认可的监管标准会存在时滞问题,因此监管资本的发展通常滞后于经济资本的发展。基于上述原因,银行经济资本一般不等于监管资本。出于审慎监管的考虑,监管者常常会要求银行持有超出他们意愿的资本金水平,导致监管资本高于经济资本。

如果监管资本要求(比如按照巴塞尔协议 8% 的资本充足率要求而测算的资本要求)高于银行自行测算的经济资本,二者之间的差额就可被看作银行被迫缴纳的监管税收。当然,银行总希望规避监管税收,因为它被认为对防控风险无益,因此为了满足资本监管的要求,银行就趋向于持有较少的监管资本而"做大"资本充足率。由此,在追求利润最大化的前提下,为了满足资本监管的要求和规避监管税收,降低监管资本成本,就成为银行从事监管资本套利的主要动机。从资本充足率的构成来看,银行在减少持有监管资本的情况下,如果要保持资本充足率仍然达标,就要设法降低加权风险资产的规模,即设法总体上降低资产的风险权重。

2. 监管资本套利导致了无风险转移的资产证券化

监管资本套利的最初动机源于银行规避监管，但随着金融创新的不断发展，银行发现了"衍生"的套利模式，几乎能够在保持甚至增加实际风险的情况下，减少监管资本的占用。

（1）发起银行对资产证券化产品的持有：直接增信+"摘樱桃"

在资产证券化直接增信中，理论上基础资产的风险得到了分散。发起银行持有了风险等级最高的股权级债券，虽然承担了较高的风险但同时也能够获得较高的收益；市场投资者认购了"AAA"级的优先级债券，分担较低的风险同时也获得了相对较低的投资回报。由于发起银行提供了相当于追索权100%的监管资本，此时的资本充足率可以认为反映了其实际承担的风险。

但随着金融创新的发展，银行开始对面向市场发行的证券化产品产生了浓厚的兴趣，这是因为，他们发现面向市场发行的"AAA"级CDOs显示了比其他"AAA"级证券更高的收益率水平。例如，在美国房地产泡沫高涨的年月，AAA级的次级按揭的回报率是典型的公司信用违约掉期产品回报率的2倍。尽管这一现象在当今金融市场高度发达的情况下几乎不可能存在，但它不仅存在而且维持了相当长的时间。其中的奥妙在于发起银行或SPVs向评级机构付费购买证券化产品的评级服务，后者在趋利动机下往往认为调高评级结果作为回馈，"AAA"的评级结果并非名副其实。事实上，这些证券的市场收益率明显超出同等级其他证券，也说明市场预测这些抵押资产证券隐含着较高的风险水平。

银行当然不会放过这样绝妙的盈利机会，开始大量持有这些所谓的信用等级高、收益率也高的证券化产品，而这些证券原本是以银行自己资产为抵押发放并意在售向市场的。

与养老保险基金、固定收益基金以及主权财富基金等市场投资者相比，银行属于高杠杆率的金融机构，大量持有市场波动很大的资产抵押证券极具风险性，更何况这些证券还隐含着没有表现出来的风险。但银行为何愿意选择这一策略答案不言而喻监管资本套利，即银行希望在基本持有原有风险的前提下，绕过资本监管减少资本支出。

（2）发起银行对SPVs的流动性支持：间接增信的变体

一般看来，如果证券化资产是优良的，银行也没有必要对其进行流动性支持，为此巴塞尔协议没有对这种似乎是流于形式的增信提出资本金要求。

但在实践中，银行根据间接增信的条件对资产证券化进行了改良，使得间接增信也具有了几乎与直接增信同样强的效力。仍以流动性便利为例，证券化资产是否优良常常取决于评级结果，评级为投资级以下的资产才可被认为是不良资产。为了促进资产抵押证券的销售，发起银行当然会想方设法地提高证券化资产的信用等级，具体措施主要有：①采取在货币市场上滚动发行短期ABCPs的方式融资，证券期限越短，风险就越小，就越容易提高信用等级，这些票据的期限缩短至平均1~4天；②与评级机构保持更紧密的利益关系，以此为获得更为理想的评级结果。这些努力在实践中卓有成效，评级机构甚至在证券化资产风险已经显现的时候，仍然为其保持较高的信用评级。

正是这种隐性支持，确保了 SIVs 和管道能够顺利地面对投资者发行 ABCPs，保证了零监管资本要求套利模式的可持续性。银行既可以通过设立 SIVs 或管道间接获取收益，同时也可以免受资本监管约束，但另一方面，基础资产的风险却仍然保留在银行的数产负债表内。也正因为只有银行受监管资本约束，他们比非银行机构有更强的激励通过设立间接增信下的"管道"绕过资本监管。

第二节　宏观审慎监管工具

为了维护经济金融的稳定，防范系统性金融风险，各界普遍达成应引入宏观审慎监管的共识，宏观审慎监管工具作为宏观审慎监管机制的重要载体.

宏观审慎监管可从横向维度与纵向维度两个方面防范风险，纵向维度监管是指在时间维度上防范风险的累积，可以通过逆周期资本监管来缓释经济周期波动带来的风险。横向维度监管是指在空间维度上维护宏观金融稳定，重点是维护系统重要性金融机构的监管，并配合定性的制度措施。然后在此基础上提出可供选择的符合中国国情的宏观审慎监管工具。

一、纵向维度监管工具

由于风险在经济周期波动过程中，也会表现出周期性波动且具备顺周期性，化解顺周期性，特别是金融机构和金融行为的顺周期性，就成为宏观审慎监管框架的关注重点。为平滑经济周期波动对信贷和机构资本带来的冲击，宏观审慎监管工具具有逆风向而动的特点。逆周期表现在实际操作中，可在经济上升期，信贷规模扩张时，增加准备金计提作为缓冲，在经济下行期，降低准备金计提，扩大信贷投放，从而在整个周期中，在上升期控制风险积累，在下行期，为经济复苏提供资金支持，从而可降低金融系统顺周期性对经济周波动的冲击。在具体的监管工具的设置上，有以下几个方面。

1. 留存资本缓冲

留存资本缓冲是指银行为抵御经济下行可能产生的损失，在压力情形之外，持有高于最低资本要求的超额资本。此次"次贷危机"引起的国际金融危机，淋漓尽致地暴露出了银行损失会严重蚕食资本的严峻事实。当银行出现大面积的贷款损失时，银行难以从资本市场筹集到资金，面对数量有限的资金，银行就会出现惜贷的现象，资本实力弱而又急需资金的中小企业首当其冲被排除在贷款门槛之外，无疑进一步加剧了实体经济的恶化。而在经济向好的年份增加一定比例的缓冲资本，虽然起不到根本性的趋势作用，但是至少可以让银行在差的年份中，挺过最糟糕的时段，确保金融体系的稳健，防止出现"银行出现大面积损失紧缩信贷损失进一步加剧进一步紧缩信贷"的恶性循环，同时还可降低资本监管的顺周期性。由于增强单家机构的稳健性又是留存资本缓冲的首要目标，所以使留存资本缓冲成为兼具微观审慎和宏观审慎的政策工具。

当银行达到最低资本要求，而未达到留存资本缓冲时，可通过资本市场筹集资本，如果不行，就必须通过强制性利润分配弥补资本，银行可通过减少收益分配方式重建资本缓冲，当资本水平约接近最低资本要求，即银行留存资本越低，利润的留存比率越高，以补充资本。

2. 逆周期资本缓冲

为了确保银行宏观金融环境运行的稳健，银行部门的资本要求要结合宏观金融环境因素变化，据此巴塞尔协议Ⅲ还提出了逆周期资本缓冲要求。与留存资本缓冲一样，逆周期资本缓冲同样是为降低资本要求的顺周期性、熨平经济周期的过度波动而设立的；但是与留存资本缓冲不同的是，逆周期资本缓冲机制中的资本计提比例不是固定不变，而是可以根据信贷扩张而做出动态的调整。其核心思想是将信贷／GDP指标（即GAP）转化为逆周期资本计提比例：在整个经济信贷规模过度增长时，金融机构提高额外资本计提比例，确保经济下行期有足够的资本使用。根据西班牙使用逆周期资本缓冲的经验以及众多学者对世界主要金融大国的实证分析发现，信贷／GDP指标比纯粹的GDP增长率更有针对性，更能有效的预测金融危机。

关于逆周期缓冲资本的具体操作过程．巴塞尔委员会的建议如下：根据历史数据计算出信贷／GDP的长期趋势值的偏离度，并设定偏离度的最高值和最低值，大于最高值（10%），则取最高值，小于最低值（2%），则无需计提，介于最高值和最低值之间，则随偏离度线性变化。

巴塞尔委员只是建议引入逆周期资本缓冲，具体实施或者不实施可由各国的具体情况而定。但是逆周期资本缓冲的实施过程中需要遵循几个原则：

（1）逆周期资本缓冲的目的是防范系统性金融风险，监管者有必要保持目标的单纯性，并对公众阐释指标的真正含义。

（2）其实施机制应有较强的灵活性，把规则行事和相机行事有机结合起来。

（3）对于国际银行集团而言，该指标的设定应因国而异，根据东道国的周期差异，制定不同的逆周期资本要求。

3. 其他纵向维度监管工具

逆周期资本缓冲制度已通过各国实践检验成为重要的宏观审慎监管工具，除此之外．巴塞尔委员会及相关学者还提出了动态杠杆率、前瞻性拔备制度以及期限错配监管等监管工具。

(1) 逆周期的动态杠杆率限制

杠杆率是资本与总资产的比率或者一比率的倒数，它是兼具宏观审慎和微观审慎目标的监管工具。根据历史经验，在经济发热阶段，高资产价值伴随过高的杠杆率，在经济过冷阶段，则出现低资产价值下的低杠杆率，适度限制杠杆率，有利于防止金融机构资产负债表的过度膨胀或冷缩，防范系统性风险的扩散。对于杠杆率的限制。包含了两层含义：

1) 对杠杆率的计算法则，即分子分母的内容范畴，巴塞尔委员会建议在对总资本和有形普通股进行可行性研究之后，按照新的资本定义的一级资本作为杠杆率的分子，而将调整后的表内外资产总额作为杠杆率的分母计算。

2) 杠杆率本身的最低监管标准，结合新资本协议的净扣规则以及动态处理设定一个杠杆率的下限，从而缓解其顺周期性。

(2) 会计准则中的动态报备制度

为控制信贷业务风险，银行业的会计准则要求计提贷款损失准备，但该项制度却对金融系统的顺周期性有推波助澜的作用，即该项贷款损失准备的计提也存在顺周期性。而宏观审慎监管部分是基于此提出来的，拥有缓解这种顺周期性监管工具。

动态拨备制度，在经济上行期，要求银行多计提贷款损失拨备，增强风险抵御能力，在经济下行期，降低对贷款损失拨备的计提，释放更多的信贷资金，西班牙已经率先实行了此种拨备制度。该动态拨备制度贷款潜在损失的计算，历史数据是其基础，完善的信息披露制度是其支撑，获取及时、准确和全面的信息是动态拨备制度的关键。从目前各国金融监管的理论发展和实践来看，建立标准化的动态拨备制度还需较长时间。

(3) 资产负债表期限错配监管

从时间维度的角度来看，银行资产负债表的期限错配不仅存在流动性风险、利率风险隐患，期限错配集中到一个时点时，还会增加系统性风险产生的发生概率，同时这种错配本身也具有一定程度的顺周期性。在经济好的阶段，错配的风险被弱化和掩盖了，一旦经济下行，期限错配的风险就会集中爆发出来。缓解顺周期性的方法可从资本流动性和融资估计两个角度分析，在资本流动性方面，可根据经济周期的不同阶段适当性地调整银行资本要求，在上行期提高流动性水平，在下行期可适当降低流动性水平。

二、横向维度监管工具

对于横向维度，系统性风险表现为空间分布与集聚，对系统性风险的分析，需要对金融机构进行风险测量和防范。而系统重要性金融机构的监管，已成为金融监管当局和学界公认的逆周期监管工具。除此之外，宏观审慎横线监管工具还有：金融机构保险制度、审慎性薪酬激励机制等都可以发挥一定的监管作用。

1. 系统重要性

金融机构的监管工具系统重要性金融机构对金融体系有重要的影响，而且不同系统重要性金融机构的影响也是存在差异的，金融行业经营信用的特殊性，金融机构之间存在系统相关性，对于一些系统重要性金融机构，对金融体系的系统性影响可能在经济周期的任何时候都会存在，应根据个体机构对系统性风险的贡献调整审慎工具。宏观审慎横线维度监管焦点是关于系统性风险在金融机构之间的分布，而关键问题是如何应对金融机构的系统性影响和共同风险敞口。系统重要金融机构对系统风险的贡献较大，应接受与其风险程度相匹配的监管要求，可从两个角度入手，①降低破产概率，②降低系统相关性。首先，根据系统重要金融机构对系统风险的贡献度。增加一项与其相应的附加资本要求。这样提高整个金融系统的抗风险能力的同时，也可降低了金融机构系统范围损失。其次，由于不同类型金融机构的系统相关性差异，可将金融机构的类型与宏观审慎监管种类相匹配，使其监管更具有针对性。一种思路是根据风险溢出效应，将系统重要性金融机构分为四类，然后结合相对应的监管方式实行宏观审慎监管。此外，通过增加 SIFIs 额外流动性资本要求，可为贷款人流动性提供保险，使银行间的关键贷款人对流动性冲击承受力增强，提高了流动性。

2. 其他横向维度监管措施

从机制上来看，金融机构还存在不稳定因素在监管体系之外，可以通过建立多层次保障性和审慎性的监管制度来完善监管体系，促使金融机构发挥其应有的作用。①金融机构审慎性薪酬激励机制。金融机构的薪酬激励机制加剧了金融部门的顺周期性，目前世界上大多金融机构的薪酬制度采取的是与利润挂钩，而未考虑中长期风险，导致效益好的时候大量支付奖金，不仅降低了金融机构抗风险资本，也是对金融机构冒险的鼓励，大型金融企业的这种薪酬机制被认为是此次金融危机的原因之一。所以金融机构应执行稳健的薪酬分红政策，短期利润分配和中长期风险相结合，将利润薪酬奖励与业绩和经营风险相挂钩，降低顺周期性，加强金融机构的自我资本累积能力，促进金融机构的薪酬管理规范化，以应对经济的周期性波动。同时推行薪酬管理的公开透明、内部监督和外部监管以及薪酬的延期支付制度。②金融机构保险制度。金融保险制度可以化解系统性风险压力，缓解危机深化，可以对资本损失和流动性购买保险。

三、中国宏观审慎监管政策工具的运用

相对于微观审慎监管，宏观审慎监管在化解系统性风险方面有较大优势，可以通过逆周期资本监管应对金融机构的顺周期性，逆周期监管要求资本监管标准要根据经济周期的变化而调整，从资本数量的标准来看，在经济上行期，金融机构需要多计提资本以储蓄实力应对可能的经济危机。在经济下行期，则采取放松监管标准，使金融机构释放更多资本刺激投资，加快经济复苏。从资本质量的标准来看，在经济上行期，提高核心资本充足率，在经济下行期，则降低核心资本充足率，并且适当扩大资本范畴，允许附属资本以弥补金融机构资本。我国对于宏观审慎监管政策工具的运用，还处于起步阶段，银监会公布

的《商业银行资本充足率监督检查指引》一定程度上反映了资本监管提前预防、最大限度覆盖银行所面临的风险资本的思想。

扩展宏观审慎监管政策，可将目前银行实行的动态拨备制度扩展到整个金融领域，对整个金融行业实行相应的资本监管要求，确保系统重要性金融机构可以获得有效监管。动态拨备计提拨备使用的统计模型是以长期预期贷款损失作为拨备计提的基础依据，可以约束信贷的盲目扩张，缓和经济周期波动冲击。

自"次贷危机"后，巴塞尔委员会及各国政府都对金融监管进行了相应改革，制定出了新的银行资本充足率，这些相应的监管思路值得中国监管部门学习，中国监管者们也可以在中国推行逆周期监管和动态拨备制度，完善中国的逆周期资本监管框架，并逐步推行到整个金融行业。金融监管的有效性有赖于数据质量的高低，建立中国的宏观经济和金融数据的搜集、处理与分析工作，准确、及时和全面汇总和分析宏观金融形势。以此为基础，不断开发出符合中国国情而且简便有效的宏观审慎监管工具。

第三节 监管工具对银行经营的影响

一、资本监管对商业银行经营绩效的影响

1. 资本监管对商业银行经营绩效的理论分析

（1）资本结构与企业价值

传统的资本结构理论认为，企业合理的负债水平并不会对财务状况产生明显影响。只要负债比率维持在一定的范围内，负债资本成本大体保持不变，财务风险会保持在相对稳定的水平上。只有当企业的负债比率超过一定范围时，才会增加企业的财务风险，导致负债资本成本增加。在适度的负债的范围内，企业负债经营会因财务杠杆作用而使每股的收益率上升，股价上升，企业价值提高，从而增强市场的投资信心，使股东加大投资，权益资本成本下降。当企业负债比率超出一定范围时，会增加企业的财务风险，从而降低市场信心，股东会提出更高的资本报酬率要求，使企业的权益资本成本增加。因此，最优的资本结构在负债比率为0-100%之间的某点上，在该点处，负债资本成本的边际成本曲线与权益资本的边际成本曲线相交，此时企业的总融资成本最低，企业价值实现最大。传统资本结构理论虽然易于理解，但由于缺乏严格数学推理过程，在统计计量学广泛应用的潮流下，企业很难根据财务状况去求解最优的资本结构点。

MM理论主要研究了在完美的市场条件下，企业资本结构与企业价值之间的关系。在不考虑企业所得税的情况下，两个企业只存在资本结构的不同，其他任何条件都相同时，

这两个企业价值是完全一样的,与他们的资本结构无任何关系。也就是说无论企业的负债比率是零,还是100%时,企业总资本成本不会有任何变化,企业总价值保持不变。MM定理从财务管理的角度,从根本上否定了企业通过改变其资本结构来提升价值的努力,同时也奠定了现代资本结构的基础。为了弥补MM定理的不足,Modigliani和Miller放宽了完美市场的假设条件,于1963年提出了修正的MM理论。修正的MM理论放宽了企业所得税的限制条件,即在考虑企业所得税地完善市场,企业价值与企业结构有关。由于企业支付的债务的利息,在企业计算利润之前已经扣除了,所以这部分支出是不需要缴税的。因此,企业可以通过增加负债比率,降低企业的总资本成本,从而使企业价值增加。而且企业的负债越多,总资本成本就越低,企业的价值也就越大。当企业的负债比率达到100%时,企业实现最大价值。MM理论颠覆性的结论使人们很难认同,学者们普遍认为MM理论是关于企业债务配置的极端看法,它们都是基于完善资本市场这一假设存在的:企业经营风险一样,利率一致,资金自由流动,没有交易成本,投资者可以同企业一样以相同的利率获得借款等,显然,这样的资本市场在现实中是不存在的。

后来学者对完善市场条件进一步放松,对MM理论加以完善。主要的代表有:斯蒂格利兹基于市场均衡理论视角,验证了在个人借款和风险债务受到一定限制的情况下,MM理论的结论仍然正确;考虑个人所得税的米勒模型。米勒模型认为由于个人所得税的存在,个人的投资收益会被抵消。个人所得税的损失与企业追求负债,取得的企业所得税的优惠大致相等。之后学者认为企业通过负债筹集资金不仅要支付利息等筹资成本,还要负担额外的代理成本和财务拮据成本。他们的研究结论是:随着企业的负债比率的上升,负债减税收益和资本成本是一个此消彼长的过程。在某一界限之前,负债的减税收益大于权益资本成本;随着负债比率的提高,负债的减税收益会逐渐减少,权益资本成本将逐渐增加,而且财务拮据成本和代理成本显现的作用会越来越大;在达到另一拐点时,负债减税的边际收益正好等于被负债资本的边际成本(包括权益资本成本、财务拮据成本、代理成本),超过此点后,负债提高的成本将超过负债的减税收益。因此,资本结构与企业价值有关,企业在决定债务资本与权益资本结构时,要权衡利弊,谨慎决策。

(2)最佳资本需求量理论

商业银行最佳资本需要量是指商业银行在保证经营风险最小的情况下,使得资本成本达到最小,从而使银行收益实现最大化时的资本需求量。商业银行的资本需求量与风险正相关,风险越大,资本需求量也越大。商业银行在选择资本需求量时有两种选择:①商业银行面临的风险越大,增加的资本越多;②在现有资本量一定的情况下,投资于低风险的资产组合。商业银行为了追求利益最大化,必然会不断扩大其经营规模,增加资本数量,为保持其风险水平不变,确定其最佳的资本规模就显得尤为重要。

最佳资本需求量理论正是基于上面的考量,认为商业银行的资本量过高或过低都会对经营绩效产生不利影响。当银行资本量过高时,财务杠杆比率会下降,进而增加银行的筹资成本，降低银行的经营绩效。当银行资本量过低，不仅会使商业银行的经营风险增加，而且会增加银行对负债资本的需求，商业银行获得这些资本要付出较高的成本，从而使商业银行的边际成本上升，影响银行的盈利水平。商业银行资本成本是指商业银行在筹集银行所需资本的活动中，支付直接或间接费用的总和，包括股利、利息和管理费用等。随着银行资本量的变化，资本成本也会相应地随之变化。资本成本的变化在坐标轴上呈"U形"。因此商业银行最佳的资本需求量，应处于资本成本曲线的最低点。

在解释资本成本曲线为什么呈"U形"时，最佳资本需求量理论认为，在银行资本量过小时，必然会导致银行筹资需求的增加，从而使得银行的筹资成本上升，边际负债成本也随着上升；反之，银行资本量过大，意味着银行保持较多的流动性资本，从而使银行可用于盈利的资本减少，导致银行的资本边际成本提高。

（3）信息不对称理论

20世纪50年代以来，非价格因素在市场经济中的作用越来越大，作为研究不同行为主体之间决策相互作用的博弈论，逐渐被引入到主流经济学中。学者们开始注重信息对经济影响的研究，形成了现代微观经济学的一个重要分支——信息经济学。信息经济学中的信息不对称理论认为，各类市场活动主体对信息的了解程度是不同的：掌握信息越多的主体，会占据的地位越有利，反之则会处于不利地位。信息不对称理论的典型模型是委托人—代理人问题，由于代理人在经济活动中掌握的信息较多，相对委托人来说，具有明显的信息优势。委托人并不清楚代理人正在从事的活动是对自己有利，还是不利。信息不对称导致的"逆向选择"和"道德风险"问题，使市场配置资源的效率的下降，影响社会的公平公正。

信息不对称理论弥补了传统经济学理论的缺陷。首先，该理论指出了信息对市场经济的重要影响。在新经济时代，信息所发挥的作用比以往任何时候都大，甚至超过了其他任何因素的影响，并且随着市场经济的不断发展，信息的作用也将越来越不可估量。其次，该理论认为并不存在完美市场经济，即使存在，市场经济也存在先天的固有缺陷，并不是完全有效的。因此，完全依靠市场机制并不能使资源配置达到最佳，尤其在一些公共服务领域。最后，该理论肯定了政府在市场经济中的作用，认为政府应加强对市场的干预和监管，使市场的信息尽量达到对称，以此来纠正市场运行中出现的失灵。

世界银行等国际组织大量的实证研究表明，信息不对称的确会恶化商业银行的资产质量恶化，增加经营风险，是商业银行经验绩效下降。国内学者的研究也表明，我国商业银行信息不对称现象是十分明显的，主要表现在：在信贷市场上，企业内部风险控制制度建设落后，外部缺乏权威的信用评价机构，使得商业银行很难获得企业生产经营的真实财务信息，导致商业银行不良贷款增多，资产质量恶化，商业银行的经营面临巨大的信用风险。就我国商业银行的自身体制而言，商业银行向储户提供的利率水平和理财产品收益率的差异很小，基本无法反映商业银行各自的经营状况与风险状况，不利于投资者选择适合自身的金融产品。因此,为了防范商业银行因信息不对称而导致经营风险上升,保护储户的利益,必将加强对商业银行资本监管,提高资产质量,增强盈利能力。

2. 资本监管对商业银行经营绩效的传导机制分析

资本监管的主要目的方法金融风险,它不会直接影响商业银行经营绩效,但是它会通过其他传导途径间接地影响商业银行经营绩效,主要的传导途径有资本结构、信贷行为和盈利模式。

(1) 资本结构途径当监管当局的资本监管要求提高时,各商业银行为了达到资本监管标准,可能会采取股权融资、追加资本等方式提高资本金,改变自身的资本结构。通过上一节的介绍可知,在不完美市场环境下,资本结构的改变会影响商业银行的经营绩效。但这种影响如何,取决于商业银行资本结构与最佳资本结构点的相对位置。因此,进行这方面的研究是有必要的。

(2) 信贷行为途径资本监管要求的改变会改变商业银行的信贷行为,进而影响其经营绩效。当资本监管要求提高时,商业银行为了满足资本监管标准,可能会削减贷款规模,降低投资组合的风险水平,从而降低商业银行的收入,进而影响银行的经营绩效。但是,由于银行所有权与经营权相分离,银行管理者为了在短期获利,可能投资于风险更高的资产组合,导致更大经营风险和道德风险,从而对商业经营绩效产生负面影响。因此,这一途径的影响效果也是难以确定的。

(3) 盈利模式途径资本监管会改变银行的盈利模式。资本监管要求的提高,会占用商业银行更多的银行资本,使商业银行传统的存贷业务受影响。商业银行为了获得更多利润,在贷款规模受限的情况下,会有更大的动力去发展中间业务、表外业务,使商业银行的业务经营多元化,盈利模式发生改变。商业银行盈利模式的改变不仅使银行盈利来源变得多样化,还会影响商业银行的经营管理能力,对银行经营绩效产生重大影响。

2. 资本监管对商业银行经营绩效的影响效果分析

(1) 正面影响

1) 资本监管可以缓解信息不对称

在商业银行经营过程中,信息不对称主要体现在银行股东追求利润最大化与银行债权人收取固定利息之间的矛盾。由于信息不对称,债权人处于信息劣势方,而股东处于信息优势方,为了防范银行股东追求更高利润而可能存在的道德风险,债权人会要求银行给予更高的收益,从而增加银行的筹资成本。银行资本具有维持市场信心的作用,银行资本越多,证明银行吸收损失抵御风险的能力就越强。因此,充裕的银行资本可以缓解银行股东与债权人之间的矛盾,增强债权人的信心,有利于银行经营成本的降低和银行经营绩效的提高。

2) 资本监管要求可以保证商业银行持续稳定经营

商业银行作为经营货币的特殊企业,具有高杠杆、高风险特征,持续稳定经营是商业银行能够获利的前提。为了维持日常经营，商业银行需要保持一定的流动性资金，以维持储户的日常提取需求。资本监管要求可以让商业银行将资本维持在一个较高的水平上，较高的资本水平意味着，商业银行在遭受风险时有足够的资金来弥补损失，即商业银行有较强的抵御风险能力。因此，金融监管机构严格的资本监管能够增强公众对商业银行的信心，避免银行出现挤兑危机，保证银行可以持续经营。

另外，在我国建立存款保险制度以后，充裕的银行资本使银行可以获得存款保险公司的信任，以较低的保险费率来获得存款保险。因此，资本监管越严格，商业银行经营的安全性也就越高，并能够通过一定的途径提高商业银行的经营绩效。

3）资本监管要求能够加强对商业银行管理层的制约

严格的资本监管要求提高了银行权益资本占银行资产中的比例，股东权益的增加使股东有更大动力参与银行的日常经营活动，增强其对银行管理层的制约，避免管理层盲目追求高回报而选择高风险投资项目，以使自己免遭更大的损失。银行股东加强对管理层的行为的限制，有利于维护自身利益和促进银行的长远发展。

（2）负面影响不少

国内外学者的实证结果显示，资本监管要求的提高并不会提升商业银行的经营绩效。这意味着一味地提高资本监管要求并不是完全合理的，其中原因有两点。一方面资本监管要求的提高使商业银行不得不保持比以往更多的银行资本，减少了银行可利用资本，降低了财务杠杆效应，从而降低了银行的利润和经营绩效。根据资本结构理论，商业银行存在一个最佳的资本结构，当监管部门的资本监管要超过商业银行最佳资本结构点时，商业银行盈利资产减少，资金的闲置成本增加，商业银行总资产收益下降，降低了商业银行的绩效。

另一方面，在激烈的市场竞争环境下，商业银行必须保持盈利才能维持其竞争力。为应对资本监管要求的提高，商业银行可能会铤而走险，将银行资产投资于风险性更高的项目上，反而使商业银行经营风险增加，不利于其提高经营绩效。

二、资本监管对商业银行信贷行为的影响机理

传统货币理论对银行资本作用的考虑较少。讨论货币政策如何通过银行影响、经济时往往是围绕存款和存款准备金进行的。货币政策传导经典的"信贷渠道"认为，货币政策主要通过调整存款准备金率影响银行的信贷行为。资本充足率水平不同的银行，其资产的风险程度不同，对相对货币政策的反应程度也不同。商业银行会由于资本监管而对其信贷行为产生一系列的调整。

1. 资本监管对资本不足银行信贷行为的影响

（1）短期影响

1）直接影响

不满足最低资本监管要求的银行受到资本约束，承担提高资本充足率的压力：通过内

部或外部融资增加资本以增大分子，或是通过缩减风险资产的规模减小分母。在资本难以增加或者短期内无法实现时，往往需要缩减贷款规模甚至被迫出售部分资产以达到资本监管要求。

2）间接影响

由于资本监管使银行需要负担"监管税收"的成本，从而对于银行自身而言风险权重高的信贷业务会占用更多的资本，从而其资金成本相对提高。此外，资本监管会影响银行的风险偏好。

（2）长期影响

足够长的时间内，银行补充资本金的方法和途径有很多，资本充足率水平也可达到资本监管要求，从而可以有充足的资本选择优良信贷项目，而不会使其信贷供给产生影响。此外，资本监管能够促进银行提高信贷风险识别、审查和管理能力，削弱由于信息不对称而减小信贷规模的概率，资本监管将通过银行长期化行为来降低预算软约束，从而增加其信贷供给。因此从长期来看，资本监管能够提高银行的风险管理和防控能力，并能够缓解信贷市场的不完善，有利于银行更好地发挥信用中介的功能，实现借贷双方的均衡。

（3）周期影响

巴塞尔协议增加了银行资本对风险的敏感性，导致"顺周期性效应"，加剧宏观经济的不稳定性。由于在经济衰退时期，银行坏账增大，资产损失增加，从而导致资本侵蚀；同时外部融资困难，为了保持资本充足率水平满足资本监管要求，银行被迫减少信贷增长规模，紧缩银根而加剧经济衰退；而在经济繁荣时期，银行较易筹得外部融资，银行资本增长从而信贷增长较快，促进经济愈加景气。这种顺周期效应可能会导致风险管理越严格，世界越不稳定的现象。为解决这一问题，巴塞尔协议Ⅲ提出了"逆周期资本缓冲"，要求银行应持有一定的超额资本。

2. 资本监管对资本充足银行信贷行为的影响

如果银行的经济资本低于监管资本，那么银行持有超额资本是被动行为，资本监管会通过资本标准水平影响其经营活动。为了提高资本充足率水平，银行将被迫减少风险资产总量，导致其减少资产规模，或减少风险权重大的信贷资产比例。

（1）银行持有超额资本的动机分析

同一般企业相同，银行持有超额资本主要出于风险管理的需要，在市场不完全且资本补充有难度时，银行会持有超额资本和流动性资产以应对收益波动风险和流动性风险。对银行管理者而言，资本不仅仅是一种资金来源，更是降低非预期风险的缓冲器，需要加强管理以保证在未来面临恶劣的经营环境时，仍然能满足最低资本监管要求，以规避违反监管标准可能造成的代价。

（2）资本监管对资本充足银行信贷行为的影响

如同一般非金融企业一样，增长机会和盈利机会对银行的风险承担具有约束作用。假设贷款是非流动的，银行会从贷款中获得租金，现在及将来租金收入流的总现值即特许权价值。盈利贷款机会并非是无限的，贷款收益会随贷款规模的增大而递减。若银行只投资贷款，银行决策会在特许权价值激励和利用政府存款保险制度（风险转移激励）之间权衡，因此银行往往不会选择监管规定的杠杆率和最大风险程度。然而这仅为银行利益最大化问题的局部次优解。

在所有盈利性贷款机会均用尽之后，银行会转而投资可交易资产或债券。尽管这些资产或债券的现金流现值为零，但可无限供给，因此通过投资这些债券或资产，银行可无限提高杠杆率，以最大限度地利用政府存款保险制度。从银行管理者的角度来看，最大化风险承担和杠杆率可以实现整体最优，且会优于之前的局部最优。但银行没有把其预期破产成本内部化，因此对银行而言的整体最优并非社会最优。因此在这种情况下，引入资本监管制度是合理和必要的，这样做可以限制银行将杠杆率过分扩大的行为，并能够给定银行内部风险承担和杠杆率的上限。在合理的资管制度下，银行会主动选择局部均衡点。

第六章　宏观审慎监管下商业银行的经营现状

第一节　我国系统性金融风险的现状分析

目前，我国经济发展中的不平衡、不协调、不持续的矛盾和问题仍然比较严重，经济增长下行压力加大，金融领域存在着潜在系统性风险。主要分析了在房地产信贷市场、地方政府债务市场、外汇市场以及国际金融风险四个方面存在的潜在系统性金融风险。

一、房地产信贷风险

房地产是人们生活和从事生产的重要场所，具有基础性作用。随着经济的快速发展，房地产行业已经成为我国经济发展的支柱产业，对国民经济发展的促进作用越来越明显。房地产行业是资金密集型的高风险行业，负债经营是房地产开发企业存在的普遍现象，也是该行业产生高风险的根源所在。在高额利润回报的驱动下，房地产开发企业经常为了追求经济效益，忽略财务风险和经营风险，不断地从银行贷款来维持企业资金运转。一旦银根收紧，企业不能及时地从银行获得资金支持，资金链出现紧张或断裂，商业银行面临着极大的危险。

1. 商业银行房地产开发贷款的风险

商业银行房地产开发贷款风险主要有内部风险和外部风险两种。内部风险主要包括贷款操作风险、银行制度风险和流动性风险。

在房地产开发贷款中，要对房地产开发商自有资金来源进行审查，第一还款来源问题和资金监管等问题对于商业银行都存在巨大挑战性。如果商业银行审查不力，将会为银行贷款带来操作风险；银行实行的是二级委托代理制。一级信贷人员了解房地产开发企业的具体情况但是没有贷款审批权，而拥有贷款审批权的审批官却不了解房地产开发企业的具体情况，只能靠房地产信贷人员提交的资料进行审批，这就给不诚信的房地产企业及信贷人员编造虚假资料骗取商业贷款提供了可乘之机；流动性风险是指金融机构缺乏足够的现金和随时能转化为现金的其他资产,以致不能清偿到期债务、满足客户提取存款要求的风险。

商业银行的外部风险主要包括信用风险、政策风险、市场风险、法律风险和其他诸如汇率、不可抗力、通货膨胀等风险,其中信用风险是房地产开发贷款中的主要风险。信用风险包括违约风险和欺诈风险两种。违约风险是指由于借款人违约,不能偿还、不愿偿还或延期偿还债务本息,从而给银行带来损失的可能性。欺诈风险是指借款人采取捏造事实、隐瞒真相或其他不正当手段,骗取超过偿还能力的贷款;或者采取隐瞒的手段将房地产多次重复抵押,累计贷款金额超过房地产的价值;或者共有的房地产未经其他共有人书面同意,抵押人采取欺诈手段将共有的房地产进行抵押而获得贷款。这些可能使贷款人受骗,从而可能出现风险。

2. 房地产开发贷款风险成因的理论分析

房地产开发企业知道自己的实力及公司经营状况,对是否会违约有明确把握;信贷经理人了解商业银行的各种规章制度及管理规定及房地产开发企业和项目的实际信息。在这种情况下,房地产开发商为了得到贷款会弄虚作假,提供虚假资料,再加上银行的短视行为和信贷经理人的寻租行为,造成商业银行对房地产开发商的过度贷款,这样便增加了银行贷款风险。

房地产开发贷款的主体为:商业银行、信贷经理人、借款人。

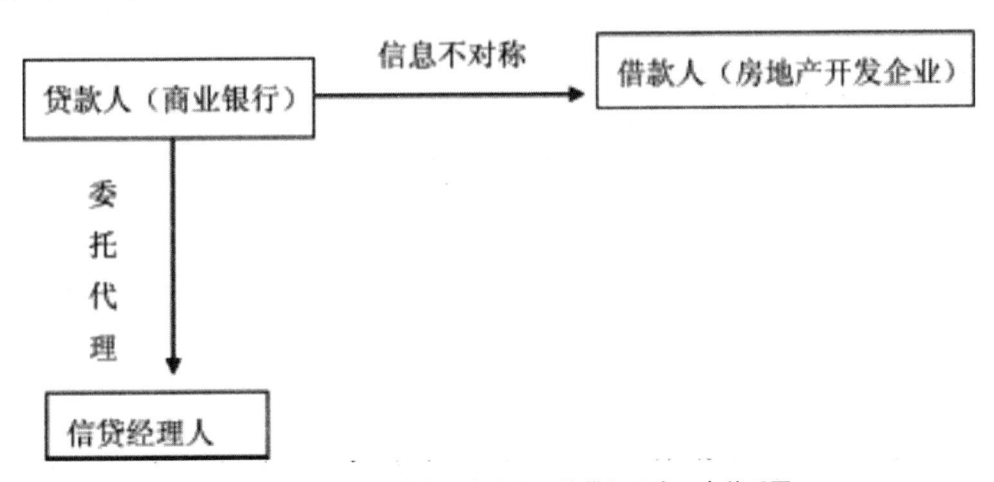

图 6-1 商业银行、房地产开发企业、信贷经理人三者关系图

从房地产开发贷款风险中可以看出,商业银行房地产开发贷款的主要风险是来自房地产开发企业的信用风险和银行信贷经理对所负责贷款审查不严带来的操作风险。房地产开发企业的信用风险是由信息不对称造成的,而操作风险是由于银行信贷经理对贷款审查不严或由于工作疏漏或由于与房地产开发企业勾结弄虚作假以骗取银行信贷而形成的。在实际贷款中,信贷经理与房地产开发企业勾结弄虚作假的情况较多,这给商业银行贷款增加了更多的不稳定因素。信贷经理之所以与房地产开发企业勾结是银行的二级委托代理制和

各相关利益人寻租的结果。

二、地方政府债务风险不断积聚

近几年,我国地方政府债务一直处于不断上升的趋势,积聚了大量的风险,对系统性金融风险的危害极大。从地方政府借款的来源看,地方政府债务以发行债券和地方融资平台公司向银行贷款为主,而在这两种融资方式中,以地方融资平台公司的银行贷款为主。

1. 我国地方政府债务概况

我国地方政府债务分为显性债务和隐性债务。显性债务是指由财政资金偿还、政府负有直接偿债责任的债务。隐性债务是指在法律上明确不由政府承担债务,但是政府出于公共利益或者道义等,将来可能变成的债务。最近中央和国务院下发《中共中央国务院关于防范化解地方政府隐性债务风险的意见》、《地方政府隐性债务问责办法》,更是说明中央对化解地方隐性债务已经开始具体部署。防范和化解地方隐性债务风险,将成为未来政府工作的重心。

(1) 显性债务

2015年以前,我国《预算法》并没有赋予地方政府举债权力。为了满足庞大的资本性支出,地方政府只能借道融资平台公司、事业单位等非正规渠道为地方基础设施建设融资,地方政府一直是以隐性债务形式存在的。

2014年9月以来,新《预算法》修订放开地方政府发行债券。随后,国务院发布《关于加强地方政府性债务管理的意见》(国发〔2014〕43号)以及随后财政部发布《地方政府存量债务纳入预算管理清理甄别办法》(财预〔2014〕351号)对地方政府债务新老划断,并对于2014年之前发生的债务进行甄别,从而我国地方政府举债融资机制得以确立,地方政府债券成为地方政府唯一的举债途径,自此地方政府债务从2015年开始进入了一个全新的规范阶段。

当前我国地方政府显性债务主要包括三部分:①43号文之后,财政部351号文对2014年12月31日之前政府性债务甄别后的债务,确认截至2014年末全国地方政府债务(政府负有偿还责任的债务)余额15.4万亿元。财政部对2015年之前政府债务甄别后的债务,通过过去3年时间发行地方政府债券形式来置换。这也是官方正式承认的地方政府债务。②2009年-2014年财政部代发的地方政府债券,规模为1.6万亿。③2015年新预算法实施后地方政府自主发行地方政府债券所形成的债务。2015年以来我国地方政府债券迅速发展,到2017年底,地方政府债券超过了政策性金融债,成为我国债券市场第一大债券品种。2015年到2018年前三季度,我国地方政府债券发行金额分别为38,350.62亿元、38,350.62亿元、60,458.40亿元、43,580.94亿元和37,993.83亿元,发行只数分别为1035只、1159只、1134只和794只。

根据财政部公布的数据,截至2017年底,地方债务余额164706亿,其中,以债券形式存在的地方债务为147448亿，以非政府债券形式存在的地方债务17258亿。截至2018年9月末，全国地方政府债务余额182592亿元，其中，以债券形式存在的地方债务为180027亿元，非政府债券形式存量政府债务2565亿元。总体来看，43号文的发布以及《预算法》的修订实施，使得地方政府直接债务得到了显著控制，总体规模也控制在全国人大批准的限额之内。无论从负债率还是债务率来看，整体都处于可控的范围内。据财政部1月26日消息，2020年12月，全国发行地方政府债券1836亿元，1-12月全国发行地方政府新增债券45525亿元。截至2020年12月末，全国地方政府债务余额256615亿元，控制在全国人大批准的限额之内。

（2）隐性债务

随着中央对地方政府直接债务风险的防范、化解，直接债务风险得到了控制。但是隐性债务这块，这几年却仍然在继续增长，中央对地方政府债务风险的防范重心，已经从直接债务转向隐性债务。最近传《中共中央国务院关于防范化解地方政府隐性债务风险的意见》已经成文落地。从财政部部长此前在媒体中透露的口径来看，坚决遏制隐性债务增量，积极稳妥化解存量隐性债务将是未来的重点任务。

地方隐性债务从法律层面上来讲不属于地方政府债务，但是考虑到我国特殊的国情和政治体制，一旦这些债务不能偿还将会转嫁给地方政府，最终也会由地方政府承担大部分支付责任。关于地方隐性债务，目前还没有一个明确的界定，也没有一个官方的数据。我国目前地方隐性债务形成来源主要包括融资平台因承担公益性项目举借的债务、通过不合规操作（如担保、出具承诺函）发生的或有债务、通过假PPP、包装成政府购买等变相举债而产生的债务，其中，地方隐性债务最大一块就是融资平台债务。从目前城投债的情况来看，城投债的余额大概是7.42万亿，根据我们的统计，债券融资占融资平台债务的比重大概为25%，这样的话，融资平台的债务余额大概在30万亿左右。如果再考虑没有发行债券的融资平台的债务，融资平台的债务规模就远不止30万亿了，与市场上一些专家、学者普遍认为我国地方隐性债务介于30~50万之间，基本吻合。如果将这些隐性债务纳入我国债务率的计算，将会极大地提升我国地方政府债务率水平。

2. 我国各省地方政府债务概况

（1）从债务余额来说，江苏、山东等东部沿海地区较大，西藏，宁夏、青海等西部地区债务余额较小。

截至2018年末，地方政府债务余额最高的省份为江苏，金额为12026.28亿元，其次为山东，金额为10196.85亿元，再者为浙江，金额为9239.09亿元。地方政府债务余额最小的省份为西藏，金额为98.64亿元，其次为宁夏，金额为1226.26亿元，再者为青海，金额为1512.57亿元。

（2）从债务增长速度来看，增长较快的省份为天津、甘肃等地区，北京、上海等地债务负增长。

从 2018 年末债务余额相对于 2014 年末债务余额增长幅度来看，增幅最高的省份为天津，增幅为 37.04%，其次为甘肃，增幅为 33.42%，再者为山西，增幅为 32.11%。而北京、上海、贵州、辽宁增幅为负，其中，北京负增长 39.22%，出现大幅下降，上海负增长 19.24%，贵州、辽宁分别负增长 1.59%、1.90%。

（3）从 2018 年债务余额与当年公共财政收入的比值来看，贵州、青海、内蒙古比值较高，西藏、北京、上海比值较低；从 2018 年债务余额与当年公共财政收入比值相较 2014 年债务余额与当年公共财政收入比值来看，青海、辽宁、内蒙古上升得比较快，贵州、北京、上海等地出现下降。

截至 2018 年末，2018 年债务余额与当年公共财政收入的比值最高的省份是青海，为 614.52%，其次为贵州，为 533.40%，内蒙古为 365.00%。最低的省份为西藏，为 53.08%，其次为北京，为 70.67%，再者为上海，为 71.39%。

相较 2014 年债务余额与当年公共财政收入的比值，2018 年债务余额与当年公共财政收入的比值上升幅度最大的省份为青海，上升幅度为 145.71%，其次为辽宁，上升幅度为 84.64%，再者为内蒙古，上升幅度为 68.07%。广西、江西、安徽等 14 个省份比值有所下降，其中，贵州下降 108.62 个百分点，下降幅度最大，其次为北京，下降 87 个百分点，再者为上海，下降 56 个百分点。

如果考虑到隐性债务，天津、北京、江苏、重庆、贵州、湖南较高。就已发债城投公司的有息债务与地方综合财力之比，这些省份已经达到或者超过 200%，隐性债务风险不容小视。

（4）天津、内蒙古、湖南等省份 2018 年举债空间十分有限，再融资弹性较小；相反，北京、上海、河南等省份融资空间较大，再融资空间弹性较大。

地方政府限额和实际债务余额之间差额反映的是地方政府的举债空间，也反映地方政府再融资弹性。对于那些资金紧张或者融资渠道有限的省份，对地方政府债券融资需求较大，就会充分利用政府债券进行融资，导致其债务余额接近国务院规定的地方政府限额。而对于资金压力较小，或者融资渠道丰富的省份，对地方政府债券融资需求较小，其未来融资空间较大。从 2018 年的情况来看，天津、西藏、海南、山西、宁夏等省份绝对融资空间较小，北京、上海、河南、广东、浙江等省份的绝对融资空间较大。从相对举债空间（举债空间/债务限额）来看，天津、内蒙古、湖南等省份 2017 年举债空间十分有限，再融资弹性较小，也在一定程度上反映其债务压力较大。而北京、上海、河南等省份未来的融资空间较大，再融资空间弹性较大，未来的债务压力也较轻。

3. 地方债务风险分析

（1）我国地方政府债务风险整体可控

整体上来看，我国地方政府债务处于可控的范围内，地方政府负债率与债务率离公认安全范围仍有一定距离。十九大、全国金融工作会议、中央经济工作会议频频将金融服务实体经济、防控金融风险、守住不发生系统性金融风险的底线划为重点。考虑到我国长期以来一直采取的稳定压倒一切政策，地方政府债务爆发系统性风险的概率较小。总体来说，我国经济增长速度较快，地方政府债务管理也日益完善，地方政府债务风险整体可控。

（2）不同省份地方政府债务风险出现分化，个别地区风险较高

需要注意的是，各个省份地方政府债务风险出现了分化，西部经济欠发达地区，以及中部融资比较激进地区，债务负担较高，风险还是需要特别关注的。青海、内蒙古、辽宁等地债务余额与公共财政收入之比过高，均超过了三倍以上，同时，这些地方2018年债务余额与公共财政收入之比仍然在不断上升，增幅超过了60%以上，反映这些地方偿债能力偏弱，且地方政府债务并没有得到较好的控制，地方债务风险偏高。而北京、上海、广东等地2018年债务余额均未超过当年公共财政收入，同时，2018年债务余额与公共财政收入的比值也较2014年有所下降，反映出这些地方偿债能力较强，且地方政府债务控制得当。

（3）我国地方政府债务投向主要是基础设施建设等领域，形成了大量与债务相对应的优质资产作为偿债保障

我国地方政府举借债务的用途方向主要是基础设施建设等领域，是用于资本性支出，这与很多国家的政府将举债资金用于消费性支出不一样，因而，这些基础设施建设有利于促进当地经济发展和提高企业竞争力，是与债务相对应的优质资产，因而，对地方政府债务形成了有力的偿债保障。

（4）我国地方政府隐性债务风险不容乐观，需要重点防控，以积极化解隐性债务风险

当前我国地方政府隐性债务规模巨大而且增长快速，一旦地方隐性债务风险暴露，可能会发生羊群效应，不仅给地方经济带来严重的负面影响，而且会危及到我国金融系统的稳健运行，产生系统性风险。因而，对于地方隐性债务，需要重点防控，以积极化解地方政府隐性债务风险。

（5）随着监管政策的边际放松，融资平台再融资能力会增强，债务压力将会减轻，从而缓解地方政府隐性债务风险

2016年以来监管机构推出一系列强监管政策，推动了金融体系内部加速降杠杆进程，导致信用债投资需求和风险偏好降低，债券发行、委托贷款、信托贷款、理财资金、基金、私募债都明显收紧，融资平台再融资难度空前加大。这也使得2020年融资平台风险事件明显增加，城投信仰受到进一步考验。未来融资平台的融资环境得到边际放松，再融资方面会较之前明显好转，有望减轻融资平台的债务压力，从而减缓地方政府隐性债务风险。

三、外汇风险不容忽视

我国加入 WTO 以来，越来越多的企业开始参与到国际市场的竞争当中，进行海外投资。毋庸置疑，国际市场的开辟为企业带来了新的发展机遇，然而，企业面临的外汇风险也与日俱增。随着人民币汇率改革的不断深入，汇率的波幅不断扩大，很多涉外企业已经切实体会到了外汇风险的不可小视。在某些出口依存度较大的企业，外汇风险甚至成为其生死攸关的决定因素。外汇风险管理已成为我国涉外企业财务管理中不容忽视的重要问题。

1. 涉外企业外汇风险的分类及其影响

（1）折算风险

折算风险是涉外企业将其境外附属公司或者投资项目经营业绩由外币折算成本币时，由于汇率的变动而产生的账面上的损益。尽管折算风险的结果不是实际交割的损益，而只是账面上的损益，折算风险会影响企业的对外报告。

（2）经济风险

经济风险也称经营风险，是指由于汇率的意外波动，使得涉外企业的生产数量、价格和成本发生改变，从而使得企业在未来一定时期内的现金流量发生变化的风险，而无论是否真正牵扯到外汇交易。经济风险是一种存在于未来的长期风险，通常会直接影响到涉外企业的经营成果和投资效益。

（3）交易风险

交易风险是指企业在运用外币进行交易的计价和收付时，从合同签订起到相关债权债务完成结算的过程中，由于汇率变动而使得相关债权债务以本位币表示的现金流量发生变动的风险。交易风险可能来源于尚未完成结算的、以外币标价的应收或者应付款项，也可能是起源于用外币计价的投资或借贷的债权债务等。与折算风险不同，交易风险会给企业带来实际的外汇损益。

2. 涉外企业常用的外汇风险管理技术

在上述 3 种外汇风险中，由于折算风险通常只导致折算时出现账面损益，而不反映实际的经营效果，也不真正影响企业未来的现金流量，所以大多数企业通常不会花费人力财力对这种风险进行专门的规避，一般只是在报表附注中做出相关的说明。由于经济风险具有长期性和难以确定的特点，并且会影响到企业未来的现金流量和企业价值，因而企业在制定长期发展战略计划时应予一定程度的重视，作出相关考虑。交易风险通常直接关系到企业的现金流量，对企业的影响最为重大，是企业整个外汇风险管理的重点所在，因而企业应当安排专门的人员予以管理和控制。涉外企业的外汇风险管理通常可以分为内部措施和外部措施两部分，其中内部措施通常是采用预防技术或者内部控制管理来应对外汇风险，而外部措施主要是利用金融工具进行套期保值。

（1）涉外企业应对外汇风险的内部管理措施。

涉外企业利用内部管理措施应对外汇风险主要表现在对外汇风险的预防和内部管理控制上。企业可以在相关涉外交易发生前就做好相关工作，以降低外汇风险带来的损失．例如，合理地选择计价货币，在合同中增加保值条款以锁定汇率或明确汇率损失的承担责任等。同时，企业还可以通过内部管理，对外汇风险进行平滑控制，例如：外币流入流出的配比管理，提前或延期收付外汇款项，交易的净额结算等。

（2）涉外企业利用套期保值方法应对外汇风险。

利用套期保值的方法来应对外汇风险是企业应对外汇风险时普遍采用的方法。套期保值方法是利用外汇衍生金融工具对外汇头寸进行套期保值，以达到外汇衍生产品的收益或损失与被套期项目的损失或收益相互抵销的目的，从而锁定企业的外汇风险。常用的套期保值金融工具包括：外汇远期、外汇期货、外汇期权。

1）外汇远期

外汇远期本质上是一种预约买卖外汇的交易。远期汇率协议是指按照约定的汇率，交易双方在约定的未来日期买卖约定数量的某种外币的远期协议。通常是企业与银行签订的合同，在合同中约定在未来特定日期以特定的价格（远期汇率）兑换特定数量的货币。远期合约作为一种非标准化的交易，灵活性强，是目前我国涉外企业采用的主要外汇套保工具。目前国内主要外汇银行均开设远期结售汇业务，同时，在新加坡、香港等地，还广泛存在着不交割的人民币远期交易（简称"人民币 NDFs"）。有些企业为了更好地规避汇率风险，将即期交易和远期交易相结合，形成外汇掉期，这同样是利用外汇远期来规避外汇风险的常用方法。外汇远期的合理运用为从事涉外交易的企业提供了规避汇率风险的有效手段。

2）外汇期货

外汇期货是金融期货中最早出现的期货品种，是一种以汇率为标的物的期货合约。作为管理汇率风险的有效工具，外汇期货一直是金融期货中的重要产品之一。外汇期货合约与外汇远期合约类似，也是交易双方订立的、约定在未来某一日期依据现在所约定的比例，完成两种特定货币的交换行为的合约。外汇期货是一种标准化交易，要求每日清算，结算盈亏，并可以提前平仓。而且，与远期合约相比较，期货合约的合约金额一般比较小，通常适合一些需要进行避险或者投机策略的个人以及小公司进行操作。

3）外汇期权

期权又被称为"选择权"，是以支付期权费为代价换取的一种选择的权利。外汇期权是指期权的购买方在支付了一定数额的期权费后，即获得了在未来某一时间能够以事先约定的汇率买入或者卖出特定数额某种外汇资产的权利。与外汇远期和外汇期货相比，外汇期权最大的优点在于，期权赋予了企业选择权，可以锁定风险，也可以使企业在汇率有利变动时享受收益。期权的买方风险是确定而且有限的，仅限于事先支付的期权费，可能获得的收益则是无限大的，对于某些尚未最终确定的进出口业务合同，外汇期权能够很好地实现保值的目的。但是期权的获取是以提前一次性付出一定数额的期权费为代价的，而且一经付出，不能收回，这是其他套期保值工具所不需要付出的。

四、国际金融风险不容小觑

全球金融危机使得全球经济放缓，随后发生的欧债危机又严重制约了经济的复苏，全球的经济形势十分严峻，欧债危机目前仍没有得以解决，主要发达国家经济复苏缓慢，新兴国家宏观调控难度加大。

1. 世界经济复苏动能减弱风险

2019年世界经济增长景气程度面临下滑，增长动能转弱，风险点增多。全球经济复苏并非是由技术革命支撑而来的内生性增长，而是由政策性推动带来的恢复性增长。

（1）美国经济仍面临诸多风险，值得高度警惕

2019年美国经济将在财政政策惯性作用下继续保持复苏，由于复苏的根基更多是建立在基建刺激、减税效应和股市泡沫膨胀之上，本质上是对以政府背书为基础的经济干预的效果。从中长期看，美国将在2020年逐步取消财政刺激，若美国经济在财政政策刺激下小幅复苏，并未带动内部经济健康运行，届时美联储货币加息周期持续，经济复苏将难以为继，并将随着政策作用力减弱而回归平庸常态。

1）美国挑起的中美贸易摩擦若升温，由此引发的不确定性将对美国经济增长造成伤害。另外，特朗普政府在监管、教育、基础设施等方面进展较慢，许多新政策实施力度也将不及预期。特朗普极力推行的贸易保护主义政策，已引发与多国的贸易摩擦和争端，并将招致其他国家的反制和报复措施，对美国经济增长产生冲击。

2）全球经济放缓可能导致美国股票和债券市场产生巨大损失。因为美国企业在海外的收入可能会大幅下降。这意味着对美国人财富和企业昂贵资本的冲击，甚至可能会引发企业资金链的断裂。

3）美联储加息步伐与长端利率的走势失衡，或将增加美国企业债务风险。当下美国企业资产负债表在低利率环境下整体风险较低，如果美联储加息节奏把握失衡，导致利率上升过快，不仅对实体经济融资成本产生冲击，也必将导致企业的偿债负担加重，在增长质量本身没有得以提高的背景下，会否触发债务危机犹未可知。并且，以减税为主的扩张性财政政策也推高了美国债务风险。

4）特朗普政府的财政刺激方案是否带来企业中长期投资，增强经济长期增长潜力，尚是个未知数。

（2）欧元区经济增长稳中趋缓，复苏面临"内忧外患"

2018年欧元区经济并未能够维持2017年平稳复苏的步伐，经济增速暂时下降，欧洲经济两大主要引擎德国、法国，经济增长也弱于预期，呈现下滑态势。主要原因或来自内

部和外部两方面：

1）从内部自身来看，其中如消费者信心强弱带来的国内需求下滑，重债国再次暴露欧洲经济增长的脆弱性，仍处于谈判中的英国脱欧进程等，给仍处于恢复中的欧元区经济平稳增长带来威胁。

2）从外部因素来看，全球贸易摩擦对外贸产生冲击，美联储货币政策正常化进程动摇欧央行维持低利率的信心，新兴市场金融波动对欧元区内部的传导等，成为影响欧元区经济复苏的风险源。

整体看，欧元区经济复苏势头开始减弱，经济增长或将难以维持2017年均衡态势，开始出现分化倾向，由于欧元区各成员国在资源禀赋、增长驱动力和金融风险高低等方面的不同，在增长降低的幅度上略有不同。更重要的是，欧元区一些限制经济增长的"顽疾"尚未真正解决，如经济减债压力、实体经济缺乏新的增长点、结构改革步伐缓慢等，限制经济长期增长潜能。

（3）日本经济深受外部因素影响，增长小幅下滑

在国际大环境呈现不确定性前提下，日本经济增长或将呈现小幅下滑态势，其中如中美贸易摩擦升温、国内消费和投资信心不足、日元因避险需求被动升值、发达国家货币政策正常化下政府高负债压力等，都将威胁稍有起色的经济增长。

一方面，从国际因素看，高度依赖出口的日本经济增长将因贸易保护主义加剧和贸易摩擦升温而回落。目前来看，截至2018年第三季度，日本国内生产总值现价当季同比降为 -0.3%，继二季度经济下滑以来进一步降为负数。从出口看，2018年9月日本出口金额同比降为 -1.34%，可见，外向型特征明显的日本经济正深受国际局势多变的影响。

另一方面，从国内经济表现来看，消费和投资信心都呈现下滑态势。投资和消费信心不足，将会对日本国内经济增长造成重要影响。其中日本人口老龄化严重的现状，也使得日本国内消费市场潜力大大降低；同时，收入增长速度跟不上消费支出也将导致理性消费倾向显著降低。从企业层面来看，国际贸易格局的不确定性，将导致企业面临的运营成本上升，减缓企业投资计划。

（4）新兴经济体增长继续放缓，不确定性和分化加剧

虽然新兴市场国家仍将是全球经济增长的重要引擎，但是，当下国际贸易、投资和金融环境的不确定性加剧，经济和政治风险总体偏高。经济基本面较弱和国内金融风险较高的新兴经济体极易受到威胁，新兴经济体在经济增长整体趋弱的前提下，各国经济走势也将明显分化。国际贸易摩擦的紧张局势和发达国家进入加息周期的金融风险相互叠加，也将对新兴经济体国家经济增长带来强大压力。

其中，依赖国际原油和大宗商品出口的新兴经济体，其经济增长将面临极大的不确定性；高负债且国内结构性改革尚未见效的新兴经济体，其经济增长或将面临货币危机，从而导致增长下滑；而如俄罗斯、伊朗、沙特、土耳其等深受国际政治危机影响的新兴经济

体,其经济增长放缓已是大概率事件;中国因追求高质量、更健康的经济增长方式,增长势头将有所减弱。对中国来说,2018年经济去杠杆等国内偏紧政策和追求高质量经济增长目标等成为经济增长放缓主因。

2. 非经济因素或将引发金融市场波动加剧风险

(1) 非经济因素或将引发金融市场波动,谨防新兴经济体资本流动趋势性逆转风险

1) 由美国主导的全球贸易摩擦的影响或将在2019年对经济产生影响。目前,这一影响已经开始在欧洲、日本以及新兴经济体显现。另外,由地缘政治、美国制裁等非经济因素引发的金融市场波动,也将成为明后两年金融市场波动的风险点。

2) 美国特朗普政府减税等财政刺激政策对2018年经济增长起到一定的正面效应,但是随着以基建为主的项目不断完工,这种提振经济的效果也将在2020年逐渐减弱,加上因财政刺激导致的通胀上行,货币政策必将不断收紧,美国经济增长的可持续性面临较大挑战,全球经济复苏面临较大不确定性,也会影响金融市场参与者信心,引发美股乃至全球资本市场的波动。

3) 明后两年需要重点关注跨境资本流动出现的趋势性逆转风险,尤其是新兴市场国家,尤其需要关注因贸易摩擦导致资本流向的变动,需要特别关注的是资本流动趋势。根据金融危机演变路径可知,货币危机与资本外逃常常互为因果。鉴于此,部分新兴经济体在增强自身竞争力的同时,降低对外部资金的过度依赖,转变片面追求外向型的高增长经济发展战略。值得注意的是,还需谨防汇率与短期国际资本流动的叠加效果给本国实体经济带来影响。

(2) 新兴市场高债务即将到期,或将引发"债务—通缩"风险

2019年和2020年将是新兴市场国家债务到期集中的年份,据相关数据显示,近2万亿美元债券和贷款即将到期,并且非银行部门的外币债务占GDP比重已高达14%。高负债到期后,对实体经济必将有所传导,或将引发"债务—通缩"风险。

1) 债务的长期累积意味着借款者还本付息的压力增大,随着美联储货币政策收紧,资本回报率的边际递减,企业投资和消费支出都势必减少。

2) 基于对借款者资产负债状况恶化及高债务不可持续地担心,银行等贷款者往往收紧放款条件从而抑制融资需求,通货紧缩油然而生。

3) 随着新兴经济体国内脆弱性的加剧,风险冲击将得以放大。

根据国际清算银行(BIS)最新数据显示,截至2018年第一季度,新兴市场国家的非金融企业部门杠杆率(即负债占GDP比重)已经升至历史峰值,高达107.70%。同时,不可忽视的是,政府部门和居民部门的杠杆率也在节节攀升。

从全球整体债务规模来看,国际金融协会分析结果显示,截至2018年第一季度,全球债务已达247万亿美元,比全球经济总量70多万亿美元高出近4倍。

相较2008年危机爆发前,全球债务规模增加了70万亿美元。高杠杆水平下的实体经

济将会对国际金融市场的波动变动更加灵敏。一旦风险偏好逆转导致金融市场的流动性风险，则可能触发实体经济的大规模违约风险，进而升级为系统性危机。其中，引发风险的源头是美联储货币政策恢复常态化进程，其中前瞻性风向标是美国联邦利率或长期国债收益率的变动。

（3）新兴经济体货币政策分化，美元短缺将引发全球流动性收缩

2019年，美联储持续加息为全球货币政策奠定了主基调。受美联储加息影响，部分发达经济体相继加息，政策利率逐步向长期中性水平靠拢，而新兴经济体在选择应对国内经济增速下滑还是缓解资本外流压力的目标之间，出现分化，采取了不同的货币政策措施。

2018年美联储已经连续加息3次，联邦基金目标利率已由2008年危机阶段最低0.25%升至当下的2.25%，上升了2个百分点。预计2019年美联储至少加息2~3次，加息态势不改。

从发达国家来看，欧元区和日本正考虑退出宽松的货币政策。例如英格兰银行的政策利率已经由0.5%升至0.75%，加拿大央行的政策利率也已经由1%升至1.75%。

另外，新兴经济体货币政策也呈现分化趋势。例如，在美联储不断"加息"的背景下，部分新兴经济体的经常账户盈余不断减少，本币贬值和资本流出压力与日俱增。这部分新兴经济体只能跟随美联储采取加息政策。其中如土耳其为了应对里拉危机，将国内政策利率由7.25%升至22.5%，印尼、印度和马来西亚等国也分别上调了国内政策利率。同时，还有部分新兴经济体为了适应本国改革转型的需要和缓解经济下滑的压力，采取了结构性宽松的货币政策。例如，巴西央行的基准利率已经由2015年的14.25%降至2018年的6.5%；中国央行保持稳健中性政策立场，利率中枢稳中趋降。

3. 全球贸易摩擦或将导致贸易失速风险

（1）全球制造业生产减缓将导致贸易扩张动力减弱

2019年全球贸易争端和需求走弱共振下，世界贸易增长将呈现降温趋势，尤其是制造业的放缓对贸易增长构成压力。根据国际货币基金组织（IMF）和世界银行预测数据显示，2019年和2020年全球贸易实际增长率将呈现缓慢下滑态势。其中，全球工业生产增速降低也是解释全球贸易增长放缓的重要原因之一。根据摩根大通全球制造业PMI指数可以看出（图6-2和6-3），自2018年以来，全球制造业PMI指数降幅明显，可能的原因是贸易摩擦带来的不确定性导致商业信心降低，贸易商品投资的回报已变得不那么确定，如果出口企业通过降低价格来补偿关税，则会影响利润率，这就导致部分企业减缓生产计划。

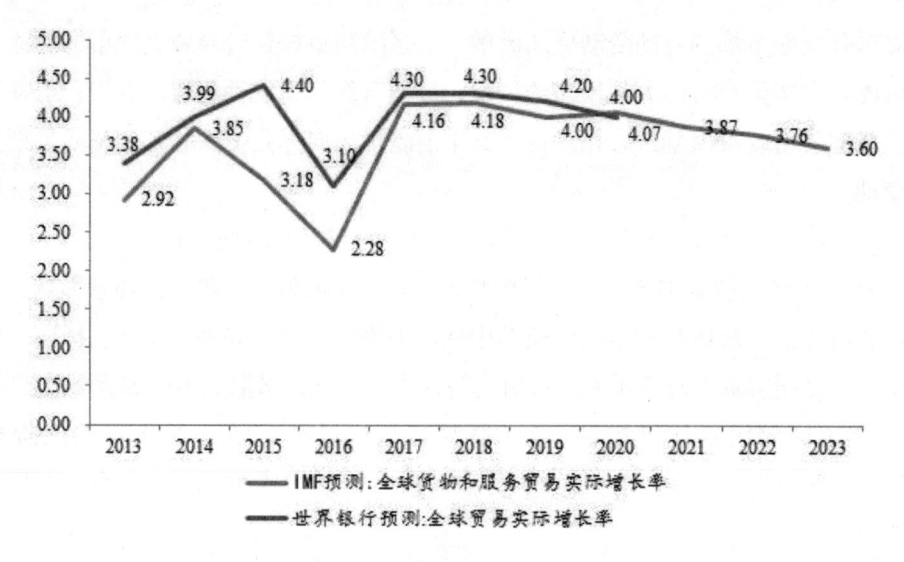

图 6-2　全球贸易增长情况预测

图 6-3　摩根大通全球制造业 PMI 指数

（2）全球贸易摩擦正导致由美元主导的贸易格局逐渐改变

在美国利益优先的前提下，2018 年美国与欧洲、加拿大和中国等多个国家都有不同程度的贸易摩擦，这种趋势肆意发展下去，不仅会扰乱正常的国际贸易秩序，还会打击缓慢复苏的贸易增长态势，成为全球经济增长的重要威胁之一，各国经济增长也将为此将付出巨大代价。

这种以美国为主导的国际贸易单边主义，也使得各国发现以美元为主导的国际贸易秩序越来越不具有可持续性，寻求建立非美元为主的贸易结算方式。

对新兴市场国家而言，由于贸易结算长期依赖美元，美元汇率波动成为影响这些国家产生贸易风险的重要因素之一，甚至传导至本国金融市场。2008 年全球金融危机爆发至今，美元、欧元和英镑等发达国家储备货币多次出现不同程度的动荡，尤其美国出台大规模量化宽松政策，导致美元贬值，冲击各国贸易。因此，寻求建立非美元结算方式成为新兴市场国家摆脱陷入美元结算"路径依赖"的重要且可行的方法。例如，中国目前已经与多国签订货币互换协议，在国际贸易中使用人民币计算的比例在提高。

在国际贸易中使用非美元的贸易结算，不仅能够加快各国之间双边贸易规模，还会尽量降低因汇率波动带来的负面冲击，扭转了美元主导国际贸易结算带来的不平衡。

（3）大宗商品价格或将出现下行压力阻碍贸易复苏

通常情况下，全球贸易政策、各国汇率变动以及资本市场风险状况，都将显著影响大宗商品价格走势。同时，全球经济增长转弱，需求下行压力增大，全球贸易摩擦也将长期存在，中东地区的地缘政治风险增加等，都会对原油价格产生冲击，导致油价出现大幅波动。另外，以美国为代表的发达国家货币政策回归常态，美元走强，也会导致黄金等贵金属价格难有上涨空间，黄金等贵金属价格或将呈现震荡走势。例如，代表大宗商品市场走向的波罗的海干散货指数（BDI）近期持续走低，尤其是2018年底至2019年初，由2018年7月最高1773点，下滑至2018年11月最低1003点，跌幅达43%。在全球产能出现过剩、各国政策不确定性加剧的情况下，大宗商品价格或将维持低位，这增加了全球通货紧缩的预期，促使消费者推迟购买行为，对全球贸易复苏产生一定的压力。

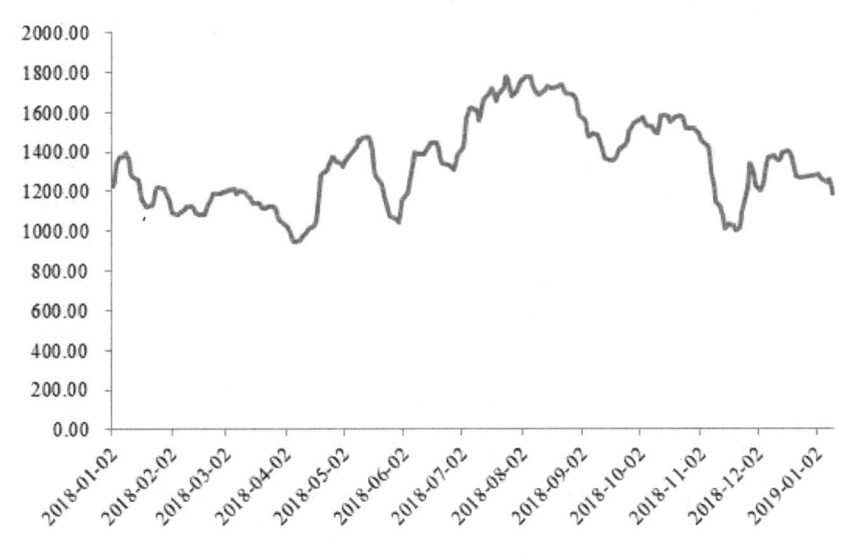

图6-4 波罗的海干散货指数（BDI）

（4）全球贸易摩擦蔓延至投资领域，投资增长面临障碍

当下，国际经贸竞争压力加大，各国为了加快自身经济复苏步伐，维护发展利益，加大各种经贸规则的审查和限制力度，导致全球经贸关系紧张，同时贸易保护主义抬头，并由贸易领域蔓延至投资、金融等领域。为保障自身利益，各国转而寻求更有效且更强硬的措施来应对国际贸易不确定性冲击，其中最重要的体现就是各国对外商直接投资审查趋严，针对外资收购叫停的案例与日俱增。

例如，七国集团（G7）成员相继出台外商直接投资政策新标准，加强对进入本国外资的审查力度，各国对外资收购叫停的案例明显增多。由此也可见，启动外国投资审查机制已是大势所趋。正在兴起的投资壁垒和关税壁垒对全球投资的恢复性增长带来负面影响。

第二节 我国宏观审慎监管的实践及成效

具体来说，宏观审慎分析是建立准确且简洁的统计指标体系，开发金融体系的预警指标集以及宏观压力测试体系，定期进行宏观审慎监测演练，这样可以更好地了解宏观经济周期的发展走势并对整个金融体系存在的风险做出评估。宏观政策选择是根据前一步即宏观审慎分析的结果研究制定相应的政策。

一、宏观审慎政策的中国实践

从我国宏观审慎政策的实践看，最初以逆周期调节以及差别准备金动态调整为基础。目前的宏观审慎政策框架已涵盖差别准备金动态调整、合意贷款管理机制等。2018年中国人民银行工作会议提出，进一步完善宏观审慎政策框架，加强"影子银行"、房地产金融等的宏观审慎管理。

2011年中国人民银行正式引入差别准备金动态调整机制，其核心是金融机构的信贷扩张应与经济增长的合理需要及自身的资本水平等相匹配。

2015年中国人民银行建立了对上海自贸区经济主体跨境融资的宏观审慎管理模式，将金融机构和企业跨境融资与其资本金挂钩，并设置杠杆率和宏观审慎调节参数予以调控。

2015年8月底以及9月中旬为了对外汇流动性进行逆周期调节，中国人民银行对银行远期售汇以及人民币购售业务采取了宏观审慎管理措施，要求金融机构按其远期售汇签约额的20%交存外汇风险准备金，并提高了跨境人民币购售业务存在异常的个别银行购售平盘手续费率。

2016年1月25日在上海自贸区试点取得有益经验的基础上，中国人民银行面向27家银行类金融机构和在上海、广东、天津、福建4个自贸区注册的企业扩大本外币一体化的全口径跨境融资宏观审慎管理试点。

2016年1月25日起中国人民银行对境外金融机构在境内金融机构存放执行正常存款准备金率，加强对人民币跨境资本流动的宏观审慎管理。

2016年起中国人民银行将差别准备金动态调整机制"升级"为宏观审慎评估体系（MPA），将更多金融活动和资产扩张行为纳入宏观审慎管理，从7个方面对金融机构的行为进行引导，实施逆周期调节。

2017年中国人民银行将表外理财纳入MPA广义信贷指标范围，以引导金融机构加强表外业务的风险管理。

2018年中国人民银行将把同业存单纳入MPA同业负债占比指标考核。

中国人民银行继续加强房地产市场的宏观审慎管理，形成了以因城施策差别化住房信贷政策为主要内容的住房金融宏观审慎政策框架。

从政策框架的设计看，宏观审慎政策对货币政策形成了有效补充，通过对金融体系的顺周期抑制波动以维护金融体系稳定，同时，对于同业业务、理财业务、产品嵌套、通道业务等形成风险监测和应对，有效防范金融体系的风险和跨市场传导。

宏观审慎政策的作用点在整个金融业和金融市场，能够直观评估金融市场运行状况，特别是风险状况，从而通过逆周期和跨市场调节金融机构的行为，降低金融机构和金融体系的风险度，提升防控系统性风险的能力。

二、宏观审慎和房地产政策的实践

保持房地产市场平稳有序运行是实现国民经济健康发展、防范系统性风险的前提。借鉴主要经济体房地产金融宏观审慎管理的经验，重点分析了中国人民银行上海总部在全国率先进行房地产金融宏观审慎管理的探索与实践，并提出了进一步完善房地产金融宏观审慎管理的若干建议。

针对房地产市场区域分化明显的情况，上海总部在总行的部署指导下，在上海率先探索实施房地产金融宏观审慎管理：①率先推出房地产金融宏观审慎管理框架，在综合评估上海房地产市场形势基础上，努力构建逆周期调节的房地产金融调控长效机制；②配合上海市政府房地产调控，率先出台"因城施策"的差别化住房信贷政策，并率先探索土地拍卖资金的宏观审慎管理，这是对上海市房地产金融市场更加系统化、制度化调控的有益尝试，也为全国其他城市房地产金融市场宏观审慎管理积累了经验。

1. 房地产金融宏观审慎管理的重要意义

保持房地产市场平稳有序运行是实现国民经济健康发展，防范系统性风险的前提。房地产业是国民经济的重要组成部分，不仅在国内生产总值中占较大的比重，同时又是资金借贷活动的主要抵押品，是产业链长、影响广泛的行业。2008年国际金融危机表明，房价和房地产信贷是影响金融稳定的重要因素，保持房地产市场的稳定具有很大的挑战性。金融危机以来，主要经济体逐步建立起金融宏观审慎管理框架，并高度重视调控房地产市场。国际货币基金组织（IMF）和国际清算银行（BIS）均鼓励各成员国根据本国国情制定并实施房地产金融宏观审慎管理。

我国的金融体系以银行为主导，商业银行本外币贷款余额在社会融资规模存量中的占比接近70%，大量贷款均以房地产作为抵押资产。近年，房地产企业还普遍通过公司债、信托计划、资管、私募基金等多元化融资渠道筹集资金，随着房地产价格上涨，房地产金融杠杆也被显著推升。同时,居民端购房杠杆率也在快速上升。

2. 上海率先推出房地产金融宏观审慎管理框架

目前,上海房地产金融宏观审慎管理框架主要包括以下四方面内容:

(1)"房地产金融宏观审慎管理基础数据库",对上海市房地产市场宏微观影响因素进行全面监测。"基础数据库"涵盖了经济金融运行(如经济增长、融资规模、利率、汇率、股市等其他资产收益率、跨境资金流动等)、人口结构等宏观因素;并对辖区房地产市场、房地产金融市场的运行状况做了监测。完善的数据储备为上海市推行房地产金融宏观审慎管理奠定了基础。

(2)"房地产金融宏观审慎监测体系",以"房地产金融宏观审慎管理基础数据库"为基础,提炼综合性指标对上海市房地产金融宏观审慎状况实时监测。具体而言,通过测算房地产市场景气综合指标、房地产市场系统风险指标、银行经营稳健性指标和房地产金融秩序指标,对上海市内房地产及金融市场进行监测。"房地产金融宏观审慎监测体系"是上海市房地产金融宏观审慎管理的核心。

(3)"金融机构宏观审慎评估体系",将金融机构房地产金融业务纳入宏观审慎评估体系。对辖内金融机构房地产贷款集中度、稳健性、信贷结构、资产质量、差别化住房信贷政策执行情况、借款人偿债能力、市场利率定价自律机制决议执行情况、压力测试等方面实时监测,完善上海市房地产金融宏观审慎管理。

(4)宏观审慎"政策工具箱",综合运用上海总部房地产金融业务各项调控工具。

1)定期开展审慎评估,根据市委、市政府房地产调控要求,指导市场利率定价自律机制调整辖内个人住房贷款最低首付比例渊与国际上通行的贷款价值比 LTV 相对应冤和房贷利率水平。

2)将房地产金融宏观审慎评估纳入宏观审慎评估(MPA)以及货币信贷政策导向效果评估中,以此对金融机构实施差别化激励约束政策。

3)定期对社会发布《上海市房地产金融宏观审慎评估报告》,引导市场预期。

3. 上海房地产金融宏观审慎管理的实践

主要体现在两个"率先":一是率先出台"因城施策"的差别化住房信贷政策,二是率先探索土地拍卖资金的宏观审慎管理。

(1)上海率先出台"因城施策"的差别化住房信贷政策

上海市自出台"沪九条"房地产调控政策,采用多项措施对房地产市场实施调控,其中金融方面,上海总部指导利率定价自律机制率先出台了严格的限贷政策,规定购买第二套普通住房的,首付款比例不低于 50%,购买第二套非普通住房的,首付款比例不低于 70%,利率均按不低于基准利率 1.1 倍执行;严防"首付贷"等配资业务,加强购房人偿债能力审查,规范与房地产开发企业和房产中介机构业务合作管理等。

1）房贷新政执行效果很好。

2018年末，各商业银行发放的房贷业务中，首套房贷占比已降至89%，较2018年初下降约9个百分点，外地户籍房贷占比下降至15%。

2）房贷利率定价机制趋于理性。各商业银行首套房贷平均执行利率升至基准利率9.3折水平，二套房贷均严格按基准利率1.1倍以上执行。

3）房贷首付比例明显提高。各商业银行房贷平均首付比例升至41.6%，较2018年初上升3个百分点；其中二套房贷平均首付比例升至59豫，较2018年初上升7.5个百分点。

4）房地产金融秩序明显好转。上海总部指导市场利率定价自律机制发挥行业自律主体作用，及时更新差别化住房信贷政策实施细则，并加大对互联网金融的整治力度，有效维护了房地产金融市场秩序，首付贷等房地产市场场外配资加杠杆的行为得到遏制。

5）房价过快上涨势头得到抑制。2018年4、5月份，上海市商品住宅价格指数环比涨幅收窄，9月份起环比涨幅逐月回落。11月份，住宅价格指数年内首次环比下降，说明各项房地产调控政策具有很强的针对性，调控已初显成效。

（2）上海率先探索土地拍卖资金的宏观审慎管理

土地是房地产开发企业的"原材料"，其价格是影响住房市场平稳运行的重要因素。在"资产荒"的背景下，土地资源尤其是一、二线城市的土地正成为资本逐利目标，为更加有效地实施宏观审慎管理，防范系统性风险，有必要考虑将房地产金融宏观审慎管理延伸到土地拍卖环节。

从上海情况看，"地王"频出的现象严重影响了公众对房地产价格走势的预期，干扰了房地产市场的平稳运行。上海总部根据上海市政府的部署，与上海市规土局、银监局联合研究制定了加强商品住房用地公开出让交易资金监督的相关工作方案，并以观察员身份列席土地交易现场，加强土地市场调控，引导市场预期。土地拍卖资金宏观审慎管理在全国没有先例，相关工作面临诸多挑战。

1）房地产企业购地融资来源复杂。对上海的地王调研显示，房地产企业购地资金中自有资金通常仅占30%左右，其他资金涉及银行理财、信托、证券、保险、互联网金融、民间借贷等多个渠道。部分企业外部融资中一半以上源于信托、资管和私募基金等非传统融资渠道。

2）房地产企业跨地区融资普遍，地区性金融管理部门管控难度较大。银、证、保割裂的行为监管不利于房地产企业融资管理和调控。上海总部从房地产金融宏观审慎管理的视角出发，研究提出了适度去通道、降杠杆，防止资金违规流入土地市场，化解潜在风险的建议。

三、宏观审慎和外汇政策的实践

近年来，我国涉外经济规模不断扩大，外汇管理形势发生了深刻变化，外汇管理的思路和方式也应相应改进以适应新的监管需求,从微观审慎监管转向更加注重宏观审慎监管成为必然的政策选择。

1. 当前我国跨境资金流动的主要特征

(1) 发达经济体外商直接投资规模锐减

2020年上半年,全球外商直接投资(FDI)规模共计3990亿美元,相比2019年下半年下降50%,其下降幅度大于OECD在疫情初期预测的40%下降率,创2013年以来半年FDI规模最低纪录。受新冠肺炎疫情影响,投资环境不确定性加剧是2020年FDI下降的主要因素。

美国在2020年上半年FDI净流入较2019年下半年减少一半。欧盟国家FDI流入惨淡,由于瑞士、荷兰和英国出现了外商大量撤资,流入欧洲国家的FDI较2019年下半年减少51%。

对外直接投资(ODI)方面,美国在2020年第一季度ODI出现负值,第二季度由负转正,是全球ODI的主要输出国之一。2020年上半年,日本、加拿大和意大利ODI下降最为明显。因为奥地利和比利时的大规模撤资,导致欧盟国家ODI下降33%。

(2) 部分新兴经济体FDI规模回暖,面临诸多不确定因素

由于低附加值产业向部分东盟国家的转移,FDI是亚洲新兴经济体的主要经济来源。2020年以来,印度和印度尼西亚是FDI主要流入国。第二季度,中欧、东欧、中东和非洲地区(CEEMEA)的FDI回暖成为其资本流入的主要动力,波兰、捷克、俄罗斯和南非的FDI表现相对乐观。然而,IIF指出,如果国内债务或地缘政治危机等问题变得严峻,土耳其、南非、乌克兰和俄罗斯将是受影响最严重的国家。阿联酋和埃及的FDI呈现流入态势,均集中在传统的石油和天然气行业。

从新兴经济体FDI的特征来看,其主要集中在传统行业,并且,未来投资环境具有较大不确定性。绿地投资方面,相比发达国家2020年受疫情影响只降低9%,而新兴经济体骤降了46%。地缘政治危机、监管不力、政府治理问题是这些国家跨境投资的主要障碍,未来投资环境仍将面临较大不确定性。

(3) 新兴经济体证券投资流入波动复苏,美元债券投资流入为主要动力

新兴经济体在3月的大规模资本外流高达832亿美元,自4月起,部分新兴经济体证券投资流入出现缓慢复苏,随后流入态势波动较大,且不同地区表现存在明显分化,其中,亚洲和拉丁美洲国家的证券投资流入最为显著。

新兴经济体债券投资流入方面,继2020年3月债券投资流出新兴经济体近300亿美元后,4月债券投资流入突增至151亿美元,而股权投资依然流出63亿美元。4月以来,除8月债券投资出现少量流出外,其余月份均显示净流入态势。总体来看,新兴经济体2020年主权外币债券发行达到历史高峰,相比,其国内债券市场表现疲软。从新兴经济体债券投资流入的特征来看,一方面,由于与发达经济体的利差增大,新兴经济体实现了

债券投资净流入。新冠疫情以来,全球处于低利率、高风险环境,美联储基准利率保持在 0~0.25 浮动区间,欧元区和日本已实施零利率或负利率,无风险利率债吸引力下降,市场风险偏好转向新兴经济体的债券投资。另一方面,新兴经济体通过发行外币债券以获取外部融资,为缓解财政赤字起到了关键作用。然而,由于新兴经济体金融脆弱性自疫情以来再次暴露,发行外币债券会挤占本国债券市场。同时,由于大量美元债的发行,一些国家会失去货币政策和汇率政策的自主性。

2. 我国跨境资本持续流入,FDI 和证券投资流入势头强劲

(1) 跨境资本总体流入

2020 年以来,我国资本项目波动不大。从国际收支平衡表来看,非储备性质金融账户第一季度和第二季度分别呈现逆差 139 亿美元和 153 亿美元,2020 年虽有疫情影响,总体未出现大幅震荡(图 6-5)。从银行结售汇差额来看,2020 年 1~9 月我国累计银行结售汇顺差 762 亿美元,由于季节性分红派息,7 月和 8 月分别出现银行结售汇逆差 25 亿美元和 38 亿美元,9 月小幅回升至顺差 39 亿美元。远期结售汇差额在 2020 年下半年相对平稳,体现了人民币汇率稳中有升的预期(图 6-6)。

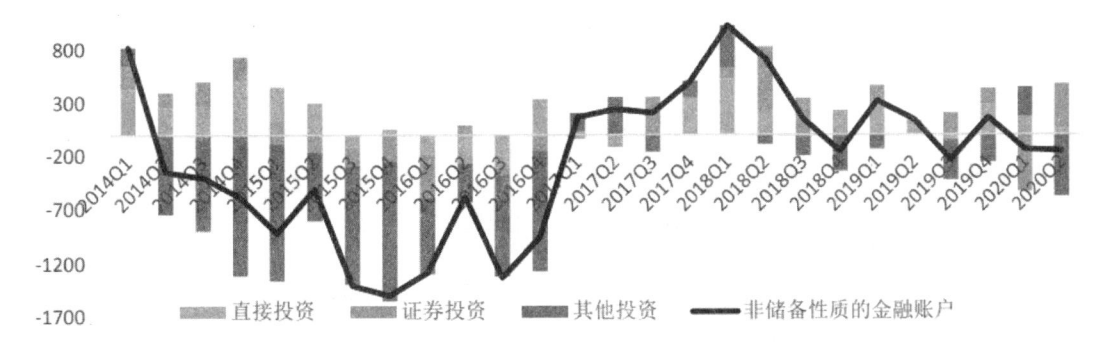

图 6-5 我国非储备性质的金融账户(亿美元)

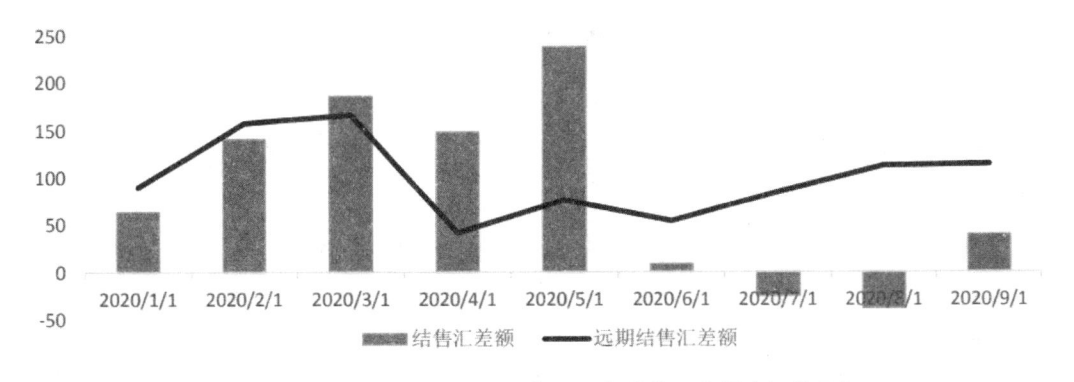

图 6-6 我国)银行结售汇差额和远期结售汇差额(亿美元)

(2) 外商直接投资规模持续增长

2020 年以来,我国 FDI 规模持续增长。截至 2020 年 10 月份,我国 FDI 已连续增长 7 个月,第一、二季度分别呈现 163 亿美元和 47 亿美元顺差,第三季度攀升至 239 亿美元

顺差，其中，FDI 规模达到 571 亿美元，ODI 为 332 亿美元。

从 FDI 特征来看，首先，大部分外商投资于我国的高科技行业。2020 年 1-10 月外商直接投资服务行业同比增长 16.2%，高科技行业增长 27.8%，跨国并购以信息服务业和电子商务行业为主。其次，从区域来看，在上半年反全球化逆流涌动时期，美国对华直接投资同比增长 6%，荷兰和英国对华投资分别增长 73.6% 和 17.2%，"一带一路"沿线国家投入我国同比增长 2.9%。

（3）陆股通波动较大，美元与人民币债券投资流入双双走高

我国跨境证券投资流入的增长是 2020 年第二季度资本恢复流入的主要动力。2020 年以来，跨境证券投资从第一季度的 532 亿美元逆差升至第二季度 424 亿美元顺差，在 6 月出现迅速攀升后，第三季度保持在 400 亿美元顺差。前三季度，境外投资者增持境内债券和股票增长 47%。其中，股票投资流入波动较大，而本外币债券投资流入规模双双走高。

1）在股票投资方面，北向资金第三季度出现大进大出。

陆股通经历了 3 月的下滑后，在 4 月开始出现回升，之后又在 8 月和 9 月跌至负值。南向资金表现更为可观，2020 年下半年港股通由上半年的大幅波动转为平稳流动态势（图 6-7）。

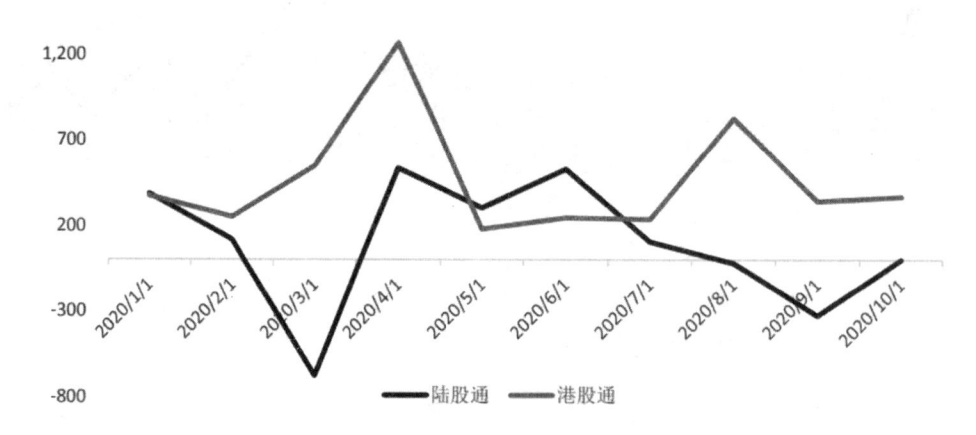

图 6-7 我国陆股通与港股通累计买入成交额（亿元人民币）

截至 2020 年 9 月，陆股通和港股通分别累计净买入 10872.18 亿元和 13307.61 亿元人民币。

2）中资机构海外发债方面，中资企业美元债发行金额持续增加。

2020 年第一、二季度中资企业美元债发行规模分别为 566 亿美元和 523.8 亿美元，而第三季度攀升至 715 亿美元，创历史新高。从发行结构来看，房地产行业和金融行业外部融资需求较高，为发债主体，分别占总发债金额的 27% 和 40%。境外机构投资人民币债券方面，在人民币持续升值的背景下，境外持有人民币债券显著飙升。第一、二季度人民币外来债券投资净流入分别为 89 亿美元和 387 亿美元。据中债登和上清所统计，前三季度境外增持人民币债券达 1056 亿美元，同比增长 63%，境外债券托管量增速从 2019 年 8

月已开始加快。

对比债券投资流入特征,其他新兴经济体主要得益于全球风险偏好的转移带动债券投资流入。我国由于经济基本面良好,人民币债券,如国债、政策债、银行同业存单等凸显了避险资产的角色,又由于中外利差加大,人民币安全资产受到国际投资者青睐。

另外,我国金融市场对外开放政策有效降低了跨境资本流动的交易成本,进一步满足了境外投资者的投资需求。9月2日,中国人民银行、中国证监会、国家外汇管理局共同起草了《关于境外机构投资者投资中国债券市场有关事宜的公告》,我国债券市场有望进一步对外开放,吸引更多海外投资者。

3. 当前我国外汇监管面临的主要问题

(1) 监管工具无法应对跨境资金流动的新特征

改革开放以来,我国外汇管理逐渐形成了以行政管理为主导的管理体制。实践中,强调便利化的核心思想是弱化行政管理,强调防风险的核心思想则是加强行政管理。政策工具只有一个,而政策目标包含便利化和防风险两个目标,这种情况有悖于丁佰根法则——政策工具的数量不能少于政策目标的数量。从监管效果来看,传统的行政管制和数量控制型工具的管理成本较高,且容易被规避,因此现有的跨境资金流动监管工具无法完全应对跨境资金流动的新特征。

(2) 真实性审核困难制约了监管的有效性

从实践来看,当前外汇监管的关键在于真实性审核,但真实性审核在具体操作方面存在一定难度,往往流于形式。由于真实性审核困难,当前的外汇监管更多是依据程序性违规来界定,而实质性的违规线索较难发现。在真实性审核过程中,商业银行往往扮演被动应对的角色,其主动和有效识别客户的优势未能得到充分发挥,同样制约了监管的有效性。

(3) 微观审慎监管不能适应外汇市场的发展

随着外汇管理改革的深化,简政放权成为主流,外汇微观监管的手段逐步减少;与此同时,外汇市场日趋发达,金融衍生品等工具广泛使用,大大压缩了有监管、监管很细密的领域。在这样的环境下,越来越多的金融产品和服务被转移到资产负债表之外、金融机构之外,这些金融活动超出了微观审慎政策体系的监管范围,从而导致微观监管效果进一步被削弱。

(4) 微观合理并不必然导致宏观稳健

当前的外汇监管更多地侧重于针对单个金融机构风险的微观监管,但对于整个金融体系而言,即使单个金融机构是稳健的,集合后果却有可能是灾难性的。单个金融机构的理性行为和最优策略并不一定能够产生最佳的社会效果,而且在很多情况下显然如此。例如,目前针对商业银行的外汇头寸调控属于微观监管,旨在追求每个银行的外汇头寸合理,但并没有关注银行间市场的外汇系统风险,没有充分考虑银行同时缩紧外汇贷款的可能影响。

4. 外汇宏观审慎监管应遵循的主要原则

（1）强调逆周期调节和风险关联

虽然我国资本项目尚未实现完全可兑换，推高净流入压力的跨境资金性质与资本项目可兑换的新兴市场国家有所不同，但是跨境资金流动的短期性和顺周期特征是相似的。因此，宏观审慎视角下的外汇监管应具备逆周期调节的特征，要能够依据跨境资金流动的形势变化发挥自动调节作用。从横向来看，宏观审慎外汇监管的关键在于处理特定时间内不同金融机构共同且相互关联的风险暴露，通过制定宏观审慎视角下的外汇监管框架，将整个外汇市场风险控制在局部，从而控制"尾部风险"，无需对每个金融机构进行"一刀切式"监管。

（2）强调控总量和市场化管理外汇监管

从微观管理向宏观管理转变，要逐步减少对涉外主体微观行为的监管，转向宏观运行监测和总量调节。所谓控总量，是指外汇管理要依据宏观经济金融运行情况，配合利率、汇率等重大改革进程，围绕货币政策的方向、基调和宽松（稳健）程度来确定跨境资金净流入的总量容忍度，划定外汇管理的风险底线。

具体而言，对于跨境资金流动的管理要根据外汇占款规模变化、给定货币供给增速（M2或社会融资总量）、物价以及资产价格控制目标等来确定，从而使外汇管理成为中央银行宏观审慎政策框架中的有机组成部分。所谓市场化管理，是指采取类似货币政策工具的市场化管理手段，并辅以必要的行政手段。就目前来说，可借助对调控指标的灵活设计体现市场化管理导向。

（3）强调间接性和依法行政

如果外汇监管采用直接手段干预涉外微观主体的经营交易，容易成为矛盾的聚焦点，还有可能面临一定的行政风险。因此，新的监管手段要强调调控的间接性，通过一定的中介机构来传导外汇管理部门对于跨境资金流动的政策意图，避免与相关利益主体产生直接冲突，降低调控过程中的行政风险。外汇指定银行是跨境资金和贸易融资产品的主要供给者，是外汇管理政策传导的核心环节。

同时，银行作为跨境套利套汇交易中的利益相关者，更为了解其产品工具的特性以及客户资质情况和相关业务风险。因此，抓住银行便抓住了解决问题的关键。通过银行结售汇综合头寸管理和全口径外债规模控制来调控跨境资金流动，建立以外汇指定银行为政策传导中介的跨境资金流动管理框架，有助于实现政策调控的间接性并降低外汇管理的行政风险。

5. 宏观审慎视角下的外汇监管框架构建

（1）外汇宏观审慎监管的指标设置监管

外汇风险需要重点关注套利性跨境资金流入规模、金融机构外汇风险以及非金融公司外汇风险，有助于判断市场主体的风险等级，并为制定宏观审慎政策和工具提供依据，从而提高宏观审慎监管的有效性。具体而言，外汇宏观审慎监管需要设置以下指标：

1）贸易投资净结汇占比

如果贸易投资净结汇占总结汇的比例过低，说明境外投机性资金流入压力较大；如果结构分析中套利性因素占比较高，说明外汇资金流动很大程度上已脱离实体经济运行。

2）金融机构外汇风险指标

①外汇净敞口头寸与资本的比率

该指标测度外汇资产敞口头寸与负债头寸的搭配情况，能够评估存款吸收部门资本状况应对汇率变动的潜在脆弱性。

②外币计值贷款与总贷款的比率

该指标衡量外币贷款占贷款总额的相对比例。在允许外币计值贷款的国家，如果本地借款人偿付外币计值负债的能力下降，会增加信用风险，特别是本国货币大幅贬值或缺乏外币收入时。

③外币计值负债占总负债的比率

该指标衡量外币融资占总负债的相对比例。如果高度依赖借入外币（特别是短期借款），则意味着存款吸收机构承担的风险可能在增加，因为汇率变动和偿付外币融资的风险有所增加。

④外汇贷款总额的部门分布比率

该指标反映贷款（包括不良贷款，未扣除专项贷款损失准备金）在居民部门和非居民部门的分布情况。如果大量信贷累积和集中在某个特定的居民经济部门或活动，可能意味着此部门或活动的活跃程度、价格水平和盈利水平一旦有风吹草动，存款吸收部门就会深受其害。

3）非金融公司风险指标

非金融公司风险指标主要是外汇净敞口与股本的比率。该指标衡量非金融公司的外币风险暴露与其资本的相对比例。外币风险暴露越大，货币大幅贬值时非金融公司的财务稳健性所受到的冲击越大，并且这个冲击最终会传递到存款吸收机构。外汇净敞口与股本的比率这一指标适用于在国内进行的外币借入行为以及在国外市场进行的（外币）借入行为。

（2）外汇宏观审慎监管的工具选择

1）主体分类监管

"分类管理"是外汇宏观审慎监管目标得以实现的基础和前提。"分类管理"有助于对市场微观主体形成正向激励并对违规主体进行处罚，奖惩并用，督促市场微观主体依法合规办理业务。当前外汇管理部门对货物贸易实施分类管理，实践证明非常有效。根据国际收支形势和外汇管理需要，外汇管理部门利用监测指标阈值的动态调整机制以及对企业主体实施差别化管理的分类管理机制,实现了对资金流与货物流偏离程度的逆向纠正,从而达到"逆周期调节"的管理目的。借鉴货物贸易的监管方式,资本项目也可尝试进行分类管理,以提升监管效能。

2)逆周期的结售汇头寸调整

根据资金流入压力大小和流入渠道,逆周期的动态调整银行可持有的外汇头寸。银行结售汇综合头寸下限的计算公式为:当月头寸下限:(上月末境内外汇贷款余额 – 上月末境内外汇存款余额 × 参考贷存比)× 国际收支调节系数。国际收支系数由外汇管理部门根据形势确定,建议采用累进管理的方式,并视各外汇指定银行的不同结售汇顺差增幅,采用不同的国际收支调节系数,进行差异化调节(见表6-1)。

表6-1 基于不同结售汇顺差增幅的差异化国际收支调节系数

结售汇顺差增幅	国际收支调节系数	结售汇顺差增幅	国际收支调节系数
小于10%	0.15	30%-40%	0.35
10%~20%	0.2	40%-50%	0.45
20%~30%	0.25	> 50	0.6

表6-2 商业银行短期外债类别及权重设置

类别	定义	权重
同业拆借类D1	银行自身与非居民机构发生业务往来而产生的债务,主要包括境外借款、境外同业拆借、境外同业存放、境外联行和附属机构往来等	100%
非居民存款类D2	主要包括非居民机构存款(定期和活期)、非居民个人存款(定期和活期),以及相应的理财存款和应付利息等	100%
贸易项下对外负债类D3	银行作为媒介为企业提供国际贸易结算和融资产品过程中对非居民形成的直接或间接债务,部分放在表内,部分放在表外。主要包括代付类,如海外代付、境外同业代付和境外分行协议付款等;远期信用证付款类,如承兑未付款远期信用证等;组合产品类,如远期信用证+海外代付等。	外 币:60% 本币40%
对外担保类D4	主要包括融资性和非融资性对外担保,如保函和备用信用证等。	40%
居间类D5	境内银行与境内进出口企业、境外银行之间不存在债权债务关系,而是境内进出口企业与境外银行存在债权债务关系的对外融资。	外 币:30% 本币:20%

3)逆周期的短期外债总量调节

为妥善解决现有外债管理体制中存在的问题,加强对商业银行短期外债的总量管理和调控,外汇管理部门应根据资金流入压力大小和流入渠道,建立商业银行全口径短期外债指标管理制度,将商业银行各项下的对外负债均纳入管理范畴,并按照风险等级对各类短债赋予不同权重,对加权后短期外债总量实行规模控制,同时依据形势变动,对商业银行短期外债规模进行总量动态调控。

第三节 我国银行业系统性风险监管存在的问题

由于我国宏观审慎监管发展时间尚短，在很多领域都处于初步尝试阶段，所以目前在宏观审慎监管中存在着一些问题。我们在宏观审慎监管研究和实践中只有正视这些问题，并进行客观而深刻的总结和分析，才能找出问题的症结并针对问题寻找应对和解决策略，从而为我国宏观审慎监管的进一步发展和完善奠定基础。

一、监管部门之间权责界定模糊，缺乏协调与沟通机制

我国长期以来的分业监管模式导致各监管部门各自为政，监管机构之间不能很好地获得整个宏观经济及金融体系的完备信息，存在监管的重叠、空白与错位现象，导致监管资源浪费、监管效率低下。因此想要有效地实施宏观审慎监管，必须强化监管部门之间的分工与配合，并建立长效的沟通与协调机制。在分工与权责界定上，虽然银监会、保监会、证监会签署了《金融监管分工合作备忘录》，但仍处于尝试阶段，对一些结构性金融产品和新型金融衍生产品等金融混合工具及业务领域内的相关监管职能和权利的划分、监管过失责任的界定及承担等仍缺乏清晰的制度和机制安排。虽然在金融危机爆发以后，为研究和制定危机应对措施以及协调跨行业、跨市场监管，"一行三会"和国家外汇管理局等部门在国务院的统一领导下经常进行定期的磋商，但欠缺长效的信息共享和政策协调机制，尚未形成该领域内的完善严密的法规和制度框架。此外，我国在实施宏观审慎监管的过程中宏观经济主管部门和金融监管部门之间的协调机制建设尚且不足，而在对宏观经济和金融形势作出正确的判断方面国家发改委、财政部、外汇管理局等宏观经济主管部门的作用却是不容忽视的，宏观经济主管部门与金融监管部门之间的协调与沟通是完善的宏观审慎监管中不可或缺的因素。

二、一些领域存在一定程度上的监管缺失

近几年来我国金融市场的广度和深度均有较大程度的发展，虽然与发达国家相比我国影子银行体系发展还处在起步阶段，杠杆率和期限错配特征尚不明显，复杂的衍生性金融产品较少，建立在对冲、套利基础上的对冲基金尚未出现，影子银行体系规模相对较小，产品机构也相对简单，风险并未明显凸显。但鉴于人民币贷款以外的社会融资总量增长迅速，影子银行体系发展速度不容小觑。以"银信合作"为代表的表外业务实际上成为商业银行规避金融监管和信贷规模控制的重要方式，几乎所有的风险均由商业银行承担，且该部分业务与银行其他资产负债联系紧密，却在资本、拨备、信息披露等方面不受商业银行标准的审慎监管制度管理，是当前系统性风险的重要隐藏地带。"地下钱庄"为代表的民

间融资则成为规避金融利率管理的灰色融资地带，违规操作普遍，且扰乱货币政策效应、加大货币调控难度，从而不可避免地加大了金融系统性风险。然而上述领域目前却仍存在"监管真空"，很难受到金融监管部门的有效监管，该领域内监管的缺失在很大程度上增加了金融和社会的不安定因素。

三、宏观审慎监管的分析模型与政策工具研究发展滞后

（1）在宏观审慎监管分析的过程中，分析方法与模型发展滞后，难以准确判断并把握宏观经济形势和风险的累积，这使得宏观审慎性监管的调节举措难以实施。我国监管中对宏观经济形势的判断主要是通过一些具体经济指标和数据统计，但这些数据与指标往往存在一定的偏差和滞后性，使得监管当局很难预测到经济的拐点和是否出现系统性风险。真正适合中国现阶段金融市场发展状况并得到广泛认可的宏观审慎监管指标体系尚未建立。已出现的指标体系建设方面的研究尚且片面、分散，尚未形成完备的体系和接受实践检验，可实践性和有效性仍待进一步验证。虽然压力测试法已在一些系统重要性金融机构内推广，但仍处于尝试和探索阶段，相关技术有待进一步发展，且目前所涉及的压力测试主要仍是针对单个金融机构的微观压力测试，针对多个金融机构和系统性风险的宏观压力测试领域内的研究和实践在我国仍相当欠缺。

（2）在宏观审慎监管的实施工具方面，相对于西方经济发达国家，我国的发展仍属滞后。无论是在逆周期风险的抑制方面还是横截面集合性风险的防范方面的政策工具都仍在初步向西方发达国家借鉴和学习的阶段之中。系统重要性金融机构内部风险模型开发能力欠缺，普遍沿袭专家评级法、标准法或低级内部评级法，模型顺周期风险严重且对风险敞口的决策和处理雷同易引发集合性风险。监管当局实施的宏观审慎工具，包括逆周期资本缓冲、杠杆率工具及动态拨备制度等，也刚刚步入探索的初级阶段，制度有待规则和完善。在对系统重要性金融机构的监管中还尚不能科学厘定系统重要性银行资本附加，同时金融市场缺乏有效的自救机制和资本保险制度，政府对重要性金融机构保护过度，重要性金融机构尚不能完全做到风险自担，上述各点皆不利于时间及横截面层面上的系统风险防范。

四、缺乏对金融机构内部治理的关注

在我国现行的宏观审慎监管制度中存在着对金融机构内部治理结构的较多忽视。我国商业银行等金融机构的内部治都存在着行政化色彩严重的问题。机构内部门的设置和权责的划分不科学，企业制度体系不完善或执行力不强，缺乏约束激励机制。即便是在股份制改革之后，上述问题得到了一定程度的改善和缓解，但相对于西方大型金融企业推行的公司治理结构，我国金融机构的内部治理水平仍亟待提升。虽然我国监管当局针对金融机构的内部公司治理提出过一系列制度和法规要求。但在实践监管过程中，一些关键内部治

理领域,尤其是在金融机构薪酬支付制度方面仍需宏观审慎监管当局给予更多的关注和监督。

薪酬支付制度一直事关金融机构内部约束激励机制的有效与否,也是一个金融机构的领导层能否决策得到,员工能否目标一致,金融机构全体人员的践行能否与机构长远利益相一致的决定性因素。我国金融行业现行的薪酬中目前缺乏风险调整、可变薪酬和延期支付制度等方面的考虑,对员工尤其是高层绩效的考核中风险衡量与期限安排不合理,无法真正促使实现个人薪酬提升与金融机构价值增值之间的一致性。这些薪酬制度中的不合理安排不仅会诱使理者违背投资者和金融机构利益追求短期业绩,在经济繁荣期过分涉险,加重金融顺周期性,也是促使滋生金融机构内部腐败现象,引发委托代理风险,促使系统性风险累积的重要因素,影响金融机构的长远发展和金融市场中投资者的信心。

五、对会计准则的接受程度尚不统一

在新会计准则下,贷款减值损失开始由五级分类法向未来现金流量折现法过渡转变。然而目前这种过渡尚处于初期阶段末,尚未实现到拨备计提制度现金流量法的完全转变。即国内各金融机构对新会计准则和新会计准则下未来现金流量折现法这种新的贷款损失拨备计提方法的接受程度并不一致。应对该趋势的行动与改革举措进展也不统一。一些大型商业银行,尤其是系统重要性金融机构,鉴于其资本及技术实力的雄厚,已经率先迎合新会计准则对银行内拨各计提方法实现了转变和改革,如交通银行、农业银行、中国工商银行等一些国有股份制改制银行已开始试行未来现金流量折现法。而一些城市型商业银行和农信社等规模较小、资本和技术实力稍弱的类金融机构尚未实现拨备计提方法的改革。所以我国现行的贷款损失拨备计提方法主要有两种,五级分类计提法比较传统,在银行业使用较为普遍,未来现金流量折现法的运用则刚刚起步,即使是在已经尝试实施的金融机构中践行机制的发展也尚不是很成熟,仍需进一步研究和完善。

六、政策工具的实施过程中缺乏规则性机制

宏观审慎监管政策的有效实施应该依靠规则与相机抉择机制的合理配合。规则有助于减少人为判断和政策失误给经济造成更大的波动,也有助于建立长效有序的政策和工具实施机制。由于客观经济环境的复杂多变,规则设计不可能做到完全准确适用,而相机抉择则可以修正规则设计中不适用于现实经济的情况下合理实施正确的监管举措。所以只有做到规则与相机抉择的合理搭配才能保证宏观审慎监管的有效实施。但在我国宏观审慎监管政策和工具的实施过程中规则性机制缺乏,很多领域,如贷款成数、动态拨备制度等多凭监管部门根据经济形势的判断作出的相机抉择,缺乏应有的规则机制做基础。这不仅不利于宏观审慎监管的科学实施,也不利于合理引导金融市场预期,最终影响宏观审慎监管的成效。

七、我国跨境资本流动潜在风险

1. 外商在华投资利润汇出导致资本流出

积极引进 FDI 可助力国内实体经济发展，然而，FDI 的流入所产生的利润汇出将直接影响我国际收支。2020 年上半年，我国外商直接投资利润汇出较去年呈增加态势，其主要目的是疫情防控期间支持境外母公司经营。目前，由于我国经济基本面良好，投资者倾向于将利润收入用于再投资生产，而汇出部分占较少份额。从长期趋势来看，我国外商来华投资规模占总跨境资本流入比重较高，国外资本在我国创收会不断增加，而历史性的收益堆积将导致未来外商来华投资利润汇出激增，对国际收支带来负面影响。

2. 短期资本大量流入催生资产价格走高

一方面，短期资本大量流入可能引发资产泡沫。通常，短期资本流入的主要目标是国内房地产市场、股票市场、债券市场和期货市场等。参考以往案例，短期跨境资本流入在同期内会带来金融风险下降，流动性增加的良好态势。然而，经过一段时间后可能会引发金融风险上升，刺激房价或股价攀升，最终导致通货膨胀上涨和央行宏观调控难度增大等问题。另一方面，短期资本流入与人民币升值互为因果，进一步加大人民币升值压力，为资本双向流动带来困难。目前，人民币在离岸汇率创历史新高，人民币升值和跨境资本流入同时发生，容易引发国际游资投机套利。此现象虽在短期内助推资本项目持续流入，对冲贸易顺差收窄，但长期汇率走高会导致出口竞争力下降，对短期资本流入过度依赖，造成银行短存长贷，期限错配等问题。

3. 债券投资活跃导致外债增加

近几年，我国加速开放债券市场，中资企业海外发债和境外持有人民币债券双双走高，拓宽了我国企业融资渠道，增加了外资流入。但是存在的风险为：

（1）私有部门增加美元负债，汇率风险首当其冲。由于汇率市场化改革，境内外不确定因素导致汇率波动幅度明显增大，人民币汇率已达到历史高位，若未来人民币出现贬值，将增加企业外币债务的偿还负担。例如，我国房地产行业海外债务增长快，但收益率低，进入偿债高峰期将带来违约风险。

（2）我国债券市场利率走高是带动境外投资者持续青睐人民币债券的主要动力，然而，债券市场利率过高将抬高政府和社会融资成本，不利于实体经济发展，依靠利率走高的短期资本流入不可持续，可能引发信用风险。

4. 境外资本流入目的和渠道不明暗藏风险

跨境资本大规模涌入时期，我国应特别注意一些没有真实贸易背景的虚假贸易。一方面，我国 FDI 表现强劲的背后，可能存在国际资本通过 FDI 方式入境却并未直接进入实体投资领域的现象。外商企业内部有些闲置大量资金没有进行投资，或境内外关联企业相互配合将境外资金暂时引进国内。另一方面，净误差与遗漏项 2020 年第一季度流入 226 亿美元，而第二季度流出 757 亿美元，不容忽视。

5. 跨境资本集中流入与金融风险传染的国际案例

（1）墨西哥国际收支失衡、资本流动突变与金融风险

1993 年开始，墨西哥大量吸引投机性较强的短期跨境资本流入，以平衡经常项目赤字。1989 年，为恢复国际收支平衡，墨西哥过快开放金融市场，吸引短期资本流入。墨西哥实行了比索盯住美元的方式降低通货膨胀，造成了本币币值高估，经常账户赤字，短期资本大规模涌入，1993 年外资净流入量约为 300 亿美元。1994 年，比索汇率大跌，短期资本大规模流出。为吸引美元外资流入，政府将与比索挂钩的短期债券替换成了与美元挂钩的短期债券，又由于 1994 年起美联储连续加息，外国投资者大量卖出比索债券，造成短期资本撤离，引发金融危机。

（2）巴西雷亚尔高估、资本流入不可持续与金融风险

1995—1998 年间巴西出现雷亚尔高估，证券投资流入激增。20 世纪 90 年代，"雷亚尔计划"抑制了通货膨胀，然而，巴西实行"爬行盯住美元"的汇率制度，造成了严重的雷亚尔升值预期。由此，在 1995-1998 年间经历了汇率高估、资本流入激增、经常账户逆差、经济增长预期，以及内债偿还高峰。1996-1997 年，巴西主要依靠跨境股票投资和债券投资大规模流入平衡经常项目逆差，外商直接投资在后期才体现出重要性。1999 年，巴西短期资本流入不可持续，政府再度大幅提高利率也未能阻止资本外流和汇率贬值。亚洲、墨西哥和俄罗斯爆发金融危机后，巴西国际收支恶化，雷亚尔大幅贬值，国外资本大量逃离巴西市场，外汇储备骤减。

（3）东南亚受国际游资攻击、资本大量外流与风险传染

东南亚地区实行与美元高度挂钩的固定汇率制度，资本账户快速开放，高利率环境下，1997 年前引进了大量国际资本。1996 年净流入亚洲的私人资本达到 1104 亿美元，造成虚假繁荣景象。因此，资本流入股市和楼市催生了资产泡沫，流入房地产和股市的银行贷款也迅速攀升。亚洲地区短期债务流入激增，短期外债过多，而外汇储备不足，造成了巨大流动性风险，固定汇率制度吸引索罗斯为首的国际游资做空泰铢等亚洲货币。1997 年 7 月，由于大量资本外流，爆发亚洲金融危机。

综上所述，三次典型新兴经济体资本激增引发风险的案例具有共性。

（1）为吸引外资流入，资本账户过快开放。新兴经济体金融市场发展尚不成熟，对国际资本流动缺乏有效管理，金融自由化速度过快只会带来短暂的繁荣假象。

（2）新兴经济体实行固定汇率制度，汇率估值高带来出口成本劣势和短期资本流入优势。政府企图运用证券投资流入平衡国际收支，然而，若外资未被用于国内生产和扩大出口，经常账户赤字无法得到改善，同时加重了国内金融市场泡沫。一旦汇率贬值，市场恐慌情绪将导致外资大量撤出。

（3）依靠利差增大带动债券资本流入，短期外债过多，不仅冲击国内债券市场，还将

在外汇储备不足的情况下引发流动性风险。

（4）由于新兴经济体金融市场内部脆弱性凸显，本国金融危机均因外部冲击而爆发，由于短期资本流入的主要项目是债券流入，最终导致债务崩盘。

第七章　宏观审慎监管下商业银行经营的对策

第一节　确立以人民银行为主导的宏观审慎监管框架

金融创新、混业经营的发展以及直接融资活动的日趋活跃,不仅催生出互联网金融、金融控股公司等新业态,也对资本市场乃至整个金融体系的风险承受能力带来巨大挑战,加强监管协调、防范系统性风险当前尤为重要。鉴于中央银行是金融基础设施的管理者和市场流动性的最终提供者,考虑到国际做法并结合中国国情,目前应在分业监管的基础上做好机构监管与功能监管的有机结合、宏观稳健与微观激活的有效统一,为此,需构建由中央银行作为牵头方和引领者的宏观审慎监管框架。

一、中央银行主导宏观审慎监管的优势

从宏观审慎监管对其相应承担主体的要求角度上来看,以及从有关宏观审慎监管的概念及含义的论述中看到:宏观审慎监管要求其承担主体要对一国(或一个地区)的经济金融体系具有总体上的调控能力,能够从整体上把握全局,并对经济金融运行情况的认识能力、风险分析和监管能力、信息数据的获得能力等;并且它还可以协调与各宏观经济管理部门(例如我国的财政部、发展改革委等)和各监管机构的关系,以共同应对金融风险状况。再者宏观审慎监管有既需要监测国家或地区实体经济运行情况及其对金融环境的影响且又需要防范金融系统性风险因素的双重特征。

从我国中央银行自身所具有的条件及先天优势上来看:中央银行是我国主要的宏观经济调控与管理部门之一,它具有法定的最后贷款人职责和金融稳定职责;中央银行掌握着我国金融系统中的货币供应调节权、货币政策执行权,且它统领金融机构体系的发展,具有很重要的主导地位与作用;可以说,中央银行所特有的性质与功能使它在主导实施我国的宏观审慎监管中有着优于其他机构和部门不可比拟的条件和优势。

从以下几个方面为例来列举中央银行承担和主导我国宏观审慎监管所具有的一些具体

优势：

1. 流动性方面

中央银行对金融系统流动性的控制主要是通过其货币政策工具的应用与调节来实现的，这主要是指通过公开市场业务操作、再贴现再贷款、存款准备金等政策的运用。还有中央银行在金融机构运营及金融市场运行中出现流动性危机时发挥最后贷款人的作用以及时提供必需的流动性资金。

2. 数据、信息方面

中央银行在对宏观经济金融形势进行分析和评估的过程中、在与金融机构的业务和金融市场操作中，获得了大量的对金融监管、对金融运行状况有关的数据和信息，所以中央银行具有主导宏观审慎监管的信息优势。

3. 支付、清算方面

支付清算系统是一国金融体系的中枢，同时也是风险扩散传播的重要途径，而我国的支付清算系统正是由中央银行来负责运行和维护；这样中央银行就可以通过其管理的支付清算系统来检测系统性金融机构的资金流量与存量情况，并适时加以引导和调节，同时又可以获得金融整体运行情况的相关重要的经济金融信息和数据，而这些对于宏观审慎监管和评估系统性风险是有利的基础信息数据支持，从而利于维护金融稳定。

此外，中央银行还有着独立性、操作经验、人才、知识能力以及资本等方面的优势。

二、中央银行主导宏观审慎监管的依据

1. 法律依据

在法律上中央银行在我的宏观审慎监管中其实一直是处于主导地位的，也就是说从法律层面上中央银行一直主导着我国的宏观审慎监管，只是实际当中中央银行的宏观审慎监管权力以及明确度在不同时期的大小不一、力度不一样而已。具体来看，目前，中央银行主要是通过构建监管信息共享与协调机制、发挥即时流动性救助的作用、运用各种手段维护金融体系的稳健运行等三个方面来履行其金融稳定职责的。

《中国人民银行法》除了从总体上规定了中央银行的防范系统性风险的金融稳定职能，还规定了中央银行对金融机构的相关监督权、对我国金融监管协调机制建立的相应职责权力和作用、对金融运行及对金融创新的相关管理职责等方面的职责权限。

2. 理论依据

（1）宏观审慎监管与央行的货币政策职能角度

货币政策有效实施的前提是经济金融的健康运行，由中央银行来负责实施宏观审慎监管不但可以通过宏观审慎监管工具的运用来监管和防范系统性金融风险与维护金融稳定，还可以为落实货币政策提供更有利的金融环境保障和便利，显然中央银行会更加重视加强

对系统性金融风险的预警预防。中央银行可以通过宏观审慎监管工具的运用来抑制金融机构的顺周期行为以提高货币政策的有效性，相反中央银行若没有宏观审慎的视角在执行货币政策时是容易引发系统性金融风险的。例如，很多人将本次金融危机归因于美联储货币政策的宽松，而实际上情况是面对充足的流动性美国的相关专业监管机构没有制定合理的房贷监管标准从而造成次级贷款，这是直接原因，然后又经过证券化的衍生手段使风险几何扩大，并最终以金融资产泡沫的破裂结尾，进而引发了系统性的金融风险；这其中美联储没有宏观审慎监管权力，因此美联储也未能够从宏观审慎角度去考虑货币政策的效用，这也是此次金融危机爆发的重要原因之一。

当然，通过逆周期的货币政策来使经济环境稳定，从而也有利于金融的稳定运行，宏观审慎监管也是采取的逆周期的监管视角来维护金融稳定；可见二者在目标上是存在一致性的，并且二者在工具上也可以相互补充；所以宏观审慎监管与中央银行的货币政策在上述意义上是相互需要、是可以实现相互促进与协调配合的。

（2）宏观审慎监管与央行的最后贷款人职责角度

以前中央银行最后贷款人职能存在的同时，又有相当重要的金融监管权力，理论和实践讨论中主张对这一种情况加以改变，因为一些研究人员认为它易引起道德问题；实践中，美英等一些国家在其金融实践中不同程度也这样实行了，把中央银行的金融监管权力部分剥离了，尤其是英国最为典型。不过由本轮金融风险发生的情况来看，危机和风险的发生与扩散相当程度是因为金融机构的不规范经营和违反监管规定而引起的，并且他们认为在最后关键问题时刻中央银行会向他们提供贷款救助，而并不是中央银行一身兼具两个责任而产生道德问题某种程度所导致的；若是这些国家的中央银行没有充分的事前监管权以监管金融机构的自我风险防范、监督再贷款的使用情况等，尤其若是中央银行缺乏宏观审慎监管权则就会难以对整个金融行业的流动性、对系统重要性金融机构资产负债结构进行监管以发现其脆弱之处，就难以及时有效地发挥最后贷款人的救助作用防止风险发生。中央银行最后贷款人职能发挥效用主要是通过流动性的提供与注入来进行救助问题金融机构的，若是中央银行具有宏观审慎监管职责就可以对金融体系运行中的流动性进行有效监控，从而可以针对性地促进其再贷款再贴现作用的发挥，达到减轻风险的冲击力度的效果。

（3）宏观审慎监管与央行防范系统性金融风险角度

中央银行的重要职责或者说目标之一便是对系统性风险的监测与防控，而宏观审慎监管就是针对金融系统整体采用宏观的视角对其所蕴含的各种风险和不稳定因素加以预测与监管的，这正和中央银行的系统性金融风险防范的任务目标是相一致的。

当前，我国金融混业经营趋势加强、金融创新产品与工具不断出现、金融机构相互关联度日益增强等等，我国防范和化解系统性金融风险的任务依然很重；传统的微观审慎监管针对的是单个金融个体的资本充足率、流动性能力等方面的监管，这种独立的机构监管易忽视金融系统的整体性和金融与经济的密切联系，无法从整体把握金融体系风险状况，从而不利于系统性金融风险的防范与应对，本次金融危机验证了这一点；金融危机后欧盟、美国和英国等发达国家都加强了中央银行对系统性金融风险的监测、加强了中央银行的宏观审慎监管。中央银行是我国的宏观调控部门之一，能够从宏观视角对我国金融体系中的系统性风险进行识别与监控；所以从有利于我国系统性金融风险的防控的角度看，应该由中央银行来主导实施我国的宏观审慎监管。

（4）宏观审慎监管与央行维护金融稳定角度

宏观审慎监管的目标就是为了维护金融稳定，这和我国中央银行的金融稳定的职责是一脉相承的；由中央银行来主导实施宏观审慎监管可以及时、准确、全面地收集到整个金融体系的运行信息，并可以通过运用各种宏观审慎政策工具对各金融主体进行必要的引导与约束，以抑制金融机构（主体）的顺周期行为，从而有利于维护和实现金融系统的稳定；而宏观审慎监管正是有效应对金融体系不稳定的重要政策和法宝之一，而中央银行具备主导和实施该政策的优势和条件，依据也十分的充分，所以为了使得中央银行发挥更有效地维护金融系统稳定的作用，应该在法律上明确其相应的宏观审慎监管职能和权限等。

3. 实践依据

在新一轮的金融监管改革实践中，各发达国家和地区的中央银行大都表现出了主导宏观审慎监管的趋势，中央银行的宏观审慎监管权力与范围扩大了，其中以欧盟、美国和英国等发达国家的相关改革与实践最为典型。

美国的《多德－弗兰克华尔街与消费者保护法案》强化了美联储对大型、复杂金融机构的监管尤其是对容易引起系统性风险的大型金融机构的监管，实践中美国就是将美联储的监管范围扩大到了金融控股公司、影子银行等"易引起金融体系不稳定的金融机构"，此外，联储还可以对金融市场清算、支付、结算体系进行监管以防控和化解系统性金融风险；通过这次金融监管体制改革，美联储的宏观审慎监管权得到了前所未有的加强，并渐渐地成为了美国的"超级监管警察"。

英国政府通过成立由财政部、英格兰银行和金融服务局等高层代表组成的金融稳定理事会来进行金融监管的组织机构协调，授权英格兰银行负责宏观审慎监管，并将金融服务局的监管权力转移到英格兰银行，在英格兰银行内部设立金融政策委员会来制定宏观审慎监管政策，可以说在英国，中央银行已开始主导实施该国的宏观审慎监管。欧盟地区则是将宏观审慎监管和微观审慎监管的相关职责分别赋予了中央银行和不同的专业监管机构来实施，其中系统性风险委员会由成员国的中央银行行长组成以执行宏观审慎监管职责；欧洲金融监管系统由银行局、养老局、保险局与欧证券市场局组成，以执行微观审慎监管职责。欧洲各国中央银行的宏观审慎监管权力也得到了提升。

近几年我国中央银行也进行了金融宏观审慎监管的理论研究与实践探索，取得了一定的成效。并且人民银行表示以后中央银行会继续进行宏观审慎监管方面的实践与研究探索、建立我国的宏观审慎监管政策制度架构和政策工具，使中央银行起到重要乃至主导作用。同时，按照国家的相关部署，我国的中央银行正在积极进行构建逆周期调控机制的相关工作，主要内容涉及：健全货币政策逆周期调控制度、加强宏观审慎分析、加强对系统性金融控股公司的监管制度的建立、建立存款保险制度、完善中央银行在部门之间的协调机制等等。

第二节　增强对系统性风险的识别与评估能力

一、系统性风险的传染机制

既然传染性是系统性风险的本质特征，那么识别和分析其传染机制就成为防范系统性风险的关键。根据现有文献，系统性风险的传递主要从两大层面展开。

1. 系统性风险在实体经济与金融体系之间的传递

系统性风险在实体经济与金融体系之间的传递集中表现为实体经济与金融活动的不协调性。一方面，实体经济的周期性调整将减少企业和家庭的收入，增加其债务负担和违约率，进而对银行体系的资产负债表和资本市场带来负面影响；另一方面，金融机构的破产倒闭和金融市场的动荡不仅减少储户和投资者的财富，而且也会制约金融体系服务实体经济的投融资作用。

2. 系统性风险在金融体系内部的传递

金融体系是由金融机构、金融市场和金融基础设施等三部分构成。因此，系统性风险在金融体系内部的传递也就是在这三者之间进行。

（1）风险在金融机构之间的传递。主要表现为：金融机构之间的相互风险暴露、相互持股、跨境业务合作、相互关联的或有负债等。

（2）风险在金融市场与金融机构之间的传递。它表现在：一方面银行间市场、衍生品市场、货币市场和资本市场的剧烈波动对金融机构的负面影响，如资产价值的大幅缩水；另一方面，系统重要性金融机构的流动性困境可能引发金融市场的混乱，如雷曼兄弟公司倒闭引起的全球金融市场动荡。

（3）风险在金融基础设施与金融机构之间的传递。如支付清算系统的突发故障或错误对金融机构造成的负面冲击。

（4）风险在金融市场与金融基础设施之间的传递。一个运转成熟的金融市场需要强大而高效的交易平台和支付清算系统作为支撑。如果交易平台和支付清算系统发生故障，将会对金融市场造成重大影响。相反，当交易平台和支付清算系统在短时间内出现大量而集中的异常交易行为时，金融市场的价格将面临巨大的调整压力。

（5）风险在金融市场之间的传递。金融市场中的投资者并不具备完全理性。一旦投资者对某个交易市场的风险预期发生转变，其他相关市场也很有可能受到波及。比如投资者预期衍生品市场的风险将会增加，那么他们不仅会减少衍生品市场的交易头寸，而且也会减少股票和期权市场的交易头寸，并转而增加对国债和黄金的交易头寸。

二、系统性风险评估的主要思路及方法

根据对传染机制的分析，人们对系统性风险的评估主要从三个方面展开：关注实体经济与金融体系的相互作用，关注单个金融机构对金融体系的影响，关注系统重要性金融机构对金融体系的影响。

1. 金融体系的宏观稳健性

一直以来，各监管当局和国际组织都借助于设计和监测一系列经济先行指标来预判金融体系的宏观稳健性。这种方法的优点在于：分析的数据为历史数据，具有较高的可得性和经济性。同时，该方法也存在明显的不足：

（1）数据的时效性较差。

由于所需数据涉及面广且信息量大，信息使用者无法在较小的时间间隔内（如，每月）获取相关数据。这就使系统性风险的评估存在一定的滞后性。

（2）这种方法将关注的焦点聚集在宏观层面，忽视了对金融机构自身风险情况的监测。此外，Borio 和 Lowe 设计了一系列差距指标（GapIndicators）以反映金融活动对实体经济的偏离程度，进而预测系统性风险。由于这些指标是以变量标准差的形式来表达，因此它们刻画了一种系统性压力。如信贷总量/国内生产总值的差距指标就反映了金融活动与实体经济之间最基本的错配情况。但是，Rochelle M.Edge 和 Ralf R.Meisenzahl 通过实证分析，认为以信贷总量/国内生产总值为代表的差距指标并不能可靠地反映系统性风险。

2. 单个金融机构的稳健性

金融危机爆发前，以欧美为主的监管当局认为系统性风险的来源是单个金融机构，只要确保单个金融机构是健康的，那么整个金融体系就是稳健的。基于这样的认识，各国监管当局先后设计了多种评估体系，通过收集金融机构财务信息和非财务信息，生成各种监管指标，以测量金融机构的稳健性。以美国为例，美国联邦储备委员会、美国联邦存款保险公司和货币监理署等监管机构，先后设计出 CAMEL、CAEL、BOPEL 和 RO－CA 等等评级方法对各种类型的金融机构实施风险评级。随着对单体金融机构监管力度的增强，金融机构纷纷通过表外化和证券化等方式规避风险监管。这就增加了金融机构之间、金融机构与金融市场之间的风险积聚。

3. 系统重要性金融机构的稳健性

金融危机爆发后，国际金融组织和各监管当局逐步认识到系统重要性金融机构在日益复杂的金融网络中的关键节点作用。为此，国际监管当局采取了多种方法以了解金融体系中的关联活动，并以此评估系统性风险。

（1）网络拓扑分析

该方法是通过追踪金融机构的信用事件或流动性风险对金融体系的冲击，预测该机构一旦陷入困境后，可能引发的多米诺效应。具体分析如下：

1）构造风险评估矩阵，以收集和汇总各金融机构彼此的风险暴露。

2）识别金融机构之间的关联程度。

3）模拟金融机构遭遇信用事件或流动性风险所产生的资本损失。

4）追踪单个机构倒闭后可能的风险传染路径。

这种方法的不足之处在于它只是构造了一个静态模型来反映风险在金融机构之间的传递，而且该方法仅仅考虑了金融机构之间的真实性传染，并没有将信息性传染包含在内。

（2）条件风险模型

网络拓扑分析虽然可以反映金融机构之间的直接联系，但是它不能反映那些具有相同风险特征（比如相似的商业模式、相同的会计准则和相同的资本结构等）的金融机构之间的间接联系。

（3）困境依赖矩阵

Segoviano 和 Goodhart 等人认为对陷入困境的银行间的相互联系（即联合困境分布，joint probability of distress）进行合理的估计有助于评估系统性风险。因此，他们将银行体系视为一个组合，并将单个银行的违约概率作为输入变量，利用 CIMDO-copula 方法复原银行体系的多元分布密度，并以此推测银行体系的稳定性。运用这种方法，决策者不仅可以识别一般风险是如何演进的，而且也能判断特定机构的风险是如何产生并影响其他金融机构。

（4）违约强度模型

该模型通过对金融机构历史违约数据的时间序列分析，评估金融机构之间的系统性风险。其优点在于能够通过矩阵反映金融机构因各种系统性影响而产生的风险并可对极端事件进行测量。

第三节 强化对系统重要性结构的监管力度

一、构建完善的银行监管机构体系

一个先进有效的银行监管体制应该能够解决市场失灵问题，保证市场机构遵守规则，促进市场高效运行，将由信息不对称和道德风险造成的扭曲影响最小化。银行监管的目标不是保证每家银行都可以生存，而是要保证整个银行体系乃至整个金融体系的稳定运行与安全。因此，构建现代化的有效的银行监管体制应该全面考虑"经营者、所有者、监管者、规则、市场约束、控制"六个因素。在考虑这些因素的基础上，结合我国有商业银行的现实状况，我国相关监管机构应首先明确自身的职责职能，其次力求构建比较全面的监管机制。

1. 明确政府监管机构的职责

在当前金融环境下，银监会从中国人民银行分离出来已经是体制改革进行中的一大步，但在现行制度下，央行和银监会还是存在着职责不明确的地方。所以，在具体的监管过程中，在出现央行和银监会职能重复的地方，更多应该让银监会发挥监管作用，而央行更多的是提供政策指导和监管方向的把握，并不需要对银行业具体的业务、活动、核算、计划等进行指导。

与此同时，央行与银监会之间也应该实行信息共享，因为：

（1）上述机构在履行各自职能的过程中都会有一些对另外机构有用的信息，如果两者之间不建立沟通机制，就会形成资源浪费和增加监管成本，另外也会影响决策时的准确性。

（2）信息共享能够尽量减轻银行的负担，也能从侧面提高监管机构的效率。

2. 建立全方位多层次的政府机构监管体系

监管体系应该是包括官方的监管当局、行业自发形成的行业自律、金融机构内部的章程和内控以及社会大众媒体等的多层次体系。在中国现行的"一行三会"的监管体系下，三个监管部门要建立通畅的协调沟通机制，除了央行和三方联席会议之外，应成立一个独立委员会或机构研究、协调以及仲裁三个监管机构在各自的监管过程中的行为是否合规，其职能履行是否到位，并且还应进一步研究制定我国未来的金融监管的发展规划。国外的实践证明，如果银行具有完备的内部治理结构，将会有利于增加银行利润和确保银行业务运营的安全。对于我国的银行监管体系来说，首先要建立起能对监管者自身进行有效监督考核的制度，其次才能进一步构建全方位多层次的政府机构监管体系。

建立对监管者本身进行监督和考核的机制，首先要从社会监督着手，即从法律、道德、大众舆论等方面进行监督管理；其次是可把监管考核权交给一些非政府组织进行系统的研究和监督，这种由专家、学者和某领域权威人士组成的非政府组织能更有效地进行监督管理，因为它们并不牵扯到与某个机构或部门的利益关系，所以能真实反映实际情况；再次是监管主体的自我监督，这就需要建立一系列的规章制度来进行约束，比如建立内部审计制度、监管行为准则等可以对监管者的行为进行规范，另一方面，监管主体也要严格执行已建立起来的规章制度，防范工作中的道德风险。

二、完善有效的监管协调和沟通机制的宏观环境

在我国，央行和银监会是银行监管的主要机构，所以两者在监管过程中建立监管协调与沟通机制的宏观环境非常重要。如前文所述，监管职责主要由银监会行使，但它在实施监管的过程中有时还是要与央行进行协调与磋商的。以下将从建立政府主导的银行信息披露机制、加强监管人员的准入机制、加强和国际上银行监管的协调与合作三方面进行阐述。

1. 建立政府主导的银行信息披露机制

实现市场约束的前提是信息披露，没有充分和正确的信息披露，也就没有市场对银行信息的理性反应及随之而来的约束行为。因此，建立和完善政府主导的银行信息披露机制具有较强的理论和现实意义。在我国的现有状况下，某些时候银行信息的志愿披露可能比较显著，但自愿披露难以成为主要方式，必须由政府主导采取强有力的措施才能保证一个真实、完整、及时的信息披露。就理论上而言，信息披露理论主要有资本市场交易假说、证券补偿假说、企业控制权竞争假说、管理者才智信号假说、诉讼成本假说等。但是这些理论分析往往由于假设条件不足而难以在我国成立，因此，必须借助政府力量对公司的信息披露作出强制性的规定。在信息披露过程中，要正确处理披露主体之间的关系，根据金融环境的变化和信息内容作出妥善安排，并且还应综合考虑实施成本和社会成本。

（1）信息披露机制设计应符合参与约束及成本效益原则

参与约束和成本效益原则能确保商业银行进行信息披露的收益大于或等于其机会成本，使商业银行更愿意接受政府所设计的机制，保证了商业银行具有参与机制设计的利益动机。

（2）信息披露要处理好与保护商业秘密、维护金融安全的关系

监管当局应依法对披露银行商业秘密的内容作出明确的界定，使披露银行不会因为规则边界模糊发生损失。另外，由于过度的信息披露可能对公众信心和银行体系的稳定产生动摇，监管当局一定要充分考虑社会承受能力，完善金融预警和安全防范机制；最后，信息披露应分阶段地推进，实行差别化的信息披露。

2. 进一步加强监管人员的准入机制

以人为本是银行监管工作得以顺利进行的重要保障。尤其是入世后外资银行的大量涌入，给监管带来了新的挑战和考验。监管人员少、任务重，使得监管人才缺乏成为当前银监会工作的"瓶颈"。在选拔人才时，除了注重个人学历、素质之外，也要考虑其是否具有相关的工作经验，是否对相关领域熟悉等。加强监管人员的准入机制，应从两方面进行：

（1）参照国际通行做法，按照人才市场规则，建立一套吸引人才、留住人才的机制。在用人制度、工资制度、福利制度等方面进行面向市场的改革，彻底改变计划经济下的政府行为方式，真正按照市场化来运作。作为金融体制创新的过渡阶段，可在金融监管当局内部先建立金融监管干部竞争机制和激励机制，选拔优秀人才，充实监管岗位；探索建立金融监管员等级制度，建立金融监管员任职资格培训考试制度，规范相应任职资格必备的知识能力要求。

（2）要完善监管人员的知识更新培训制度。现代监管要跟上知识经济、信息时代的步伐，强调的是以知识为导向的新型监管理念，要有计划、有步骤地组织监管人员进行培训、进修，优化监管干部知识结构，及时更新知识。尤其要注重基层监管人员的培训，改变目前单一培训的方式，多种培训相结合，加强专业知识培训和先进监管手段的培训，并且给每位监管人员均等的培训机会，促进整体队伍监管水平的提高。

3. 加强国际上银行监管的协调与合作

随着金融全球化的不断推进，不同国家市场之间的相互影响日益加深；国际大型跨国金融机构的兴起，更是将各国金融市场及其风险连在了一起。为此，我国监管当局应当积极加强与国际组织和其他国家监管当局的协调和合作：

（1）要积极参与国际金融监管规则的制定。

目前根据 G20 峰会的要求，相关国际组织正根据金融危机反映的问题，对现有的国际规则进行修改，我国监管当局应当在其中积极发挥作用。

（2）要加强和相关国家监管当局的合作，加强对大型跨国金融机构的监管。既要关注跨国金融机构的整体风险，也要注意其本地机构的流动性和资本充足性，要在加强信息交流沟通的同时，积极建立监管合作与协调机制，加强对国际大型金融机构的监管。

（3）研究制定国际破产和清算规则，有效减低跨国金融机构破产的影响，加强对本地居民的保护，实现跨国金融机构的平稳推出。

三、建立与我国商业银行发展相适应的法律体制

中国金融制度是整个经济制度的一个缩影，其改革进度和力度都远落后于其他经济领域的改革。中国的市场经济的建立与西方发达国家有很大不同，其金融法律制度建立的途径和进程也存在很大的差别，特别是在建设与我国商业银行发展相适应的法律体制方面。

在进入金融的改革时期后,特别在此次金融危机下,金融法律制度得到了重视,突出体现在政府加强了金融制度的供给。然后,受历史惯性、利益结构与人们对市场经济及其对法律认识程度等因素的影响,金融立法特别是与商业银行相关的立法的内容难免体现出计划经济时期的管理观念,或者未能适应金融全球化、自由化和融合化经营的要求。目前中国的金融法律、法规仍停留在行政法规和行政规章体系阶段,与完全意义上的商法还有较大的差距。造成这样局面的原因是多方面的,比如处于金融改革初期难以形成稳定的制度;法律法规的制定者维护既得利益格局而阻止立法效益的最大化;政府部门突破界限造成法律的约束力降低等原因。所以中国迫切需要建立一个与我国商业银行发展相适应的法律法规体系。

1. 注重政府监管法制的规划

(1) 明确立法重心

对于现在的金融法律体制来说,我们需要填补一些立法空白,加强政策邮政银行、融资租赁业、不良资产处置、市场退出、存款保险、市场主体权益保护等方面的监管立法。我们需要细化一些法律条文,制定审慎经营、监管措施、相关调查权行使等方面的次级规则。比如,对于上文提到的多位银行高管外逃现象,监管主体应该建立相关的法规或者采用更为有效的监管手段,例如可以对银行中层以上领导进行账户监督,对于大额的资金变动或外汇交易,监管主体要主动进行问询检查。作为商业银行的监管主体,这一点应具有天然优势。此外,我们需要应对监管规避,进行细致的规则建设,既保护和促进金融创新,又防范和堵塞监管漏洞。我们需要推动国家立法,厘清相关政府部门职能与权责,既避免出现监管交叉和监管重复,又防止出现监管真空和监管不作为。此外,还需要提高立法技术,提升银行业规则的生成质量。

(2) 立足长远,注重立法以商业银行发展情况为基准

人们常说,风物长宜放眼量。银行业法治建设,应当注重长远,加强科学性、前瞻性以及务实性。为此,我们需要在有效银行监管法律框架基础上,总结和借鉴国内外监管的良好做法,开展银行监管中长期立法规划。立法规划应遵循依法、可行、科学、合理、务实、重点突出等原则,确定短、中、长期目标,逐步推进。未来几年,对照有效银行监管核心原则要求,应形成结构完整、体系统一的银行业审慎监管规则体系,使银行业安全稳健运行得到充分保障。再长久点考虑,应进一步完善相关规则,着力构建一个由法律、法规和规章三个层次构成,以商业银行发展具体情况为基准,包括银行运行规则和监管行为规范两方面内容的,层次清晰、内容完整、体系统一、开放透明的银行业法律体系,以完备的法制推动银行业法治长足发展。

(3) 面向未来,厉行监管法治

历史地看,法制建设之路必然通向法律之治——法治。法治是人类孜孜以求的崇高事业。按照亚里士多德的经典阐述,法治的含义不难理解:已成立的法律获得普遍的服从,

而大家所服从的法律又应该是本身制定的良好的法律。当前,我国实行依法治国方略,推行依法行政政策,在国家法律建设背景下,银行业监管法治至少涵盖依法监管、职权法定、合法监管、合理监管、程序正当、权责一致、救济有效等命题。为此,立法机关应该关注和思考研讨机制运行成效,牢牢把握法治精神,改进法律工作机制,切实推动对商业银行监管的立法走向成熟和完善。

2. 建立我国银行危机救助的法律体系

银行危机不仅威胁到银行自身的生存,而且会影响到金融安全、经济发展和社会稳定。如何建立一个完善的银行危机救助法律制度,提高危机应对能力与效率,确保金融安全,是我们必须重视的问题。我们要在实践中不断完善危机银行的接管与并购制度、存款保险制度和最后贷款人制度,增强社会公众对银行体系的安全信心。

3. 大胆借鉴国外立法经验和规则

在后金融危机时期,我国现有银行监管体系应该在结合自身国情的基础上多多借鉴国外的立法经验,特别是西方那些具有比较成熟的金融市场和完备的银行监管法制的国家的经验。关于银行监管的法律体系必须要在市场准入、透明度和逐步自由化方面作出相对应的改革,这样才能尽快适应世界金融业的游戏规则。银行监管的技术性很强,银行监管法律制度则是技术性、专业性并具的法律制度,这种技术性、专业性很强的法律制度便于借鉴和移植。为此,我们应创造条件积极主动地学习,研究国外银行监管法律制度的经验。

首先,要注意收集、翻译和整理国外的银行监管法律制度;其次,集中理论界和实务界的力量对监管法制成效显著的美国等国的法律制度及实施机制作系统的研究;再次,应注意引进国外的监管法制专家和实务部门的优秀人才来国内传授经验和技能;最后,重视调查分析国内现有的监管法制及其实施的局限性,结合实际在法制的完善和实施上借鉴外国的经验。

第四节 完善系统重要性机构的内部控制体系

金融的发展对于社会经济的推动力量是显而易见的,在国际全球化和经济一体化趋势发展越来越明显的今天,强化金融机构对经济的支持作用,对于发展社会是非常重要的。金融机构的发展可以有效地提高社会发展水平,对于社会稳定具有重要的推动意义。金融机构要想得以顺利发展,就必须要有强大的内控监督管理体系,通过有效的内控监管,可以有效地发现问题,并及时消除风险,提高金融机构运营能力与发展能力,提高可持续发展的意义。当前,我国社会正处于转型的重要时期,在这一关键时期,加强对金融机构内控体系进行研究具有非常重要的意义。

一、建立内控体系的步骤

商业银行建立标准化内部控制体系的基本思路可以设计为项目策划、理念培训、清理调查、体系设计、体系文件编写、体系试运行、评审、推广改进八项步骤。

1. 项目策划

项目策划阶段，主要应完成以下几项工作：

（1）通过项目策划确定项目目标是商业银行建立标准化内控体系所追求的目的，因此项目策划首先要策划项目目标。按照巴塞尔银行监管委员会《有效银行监管的核心原则》和中国人民银行《商业银行内控指引》的要求，项目目标的设定为逐步实现"四化"，即：管理的标准化，管理的规范化，管理的科学化，管理的透明化。

（2）项目策划为实现项目目标规定相关资源包括组织机构、人员、设备设施、费用、工作场地、工作方法和程序以及技术支持等方面，资源充分才能保障项目得到有效实施。

（3）项目策划的结果应形成项目计划书通过项目策划，将项目策划设定的项目目标及其规定的实施过程和相关资源用文字的形式表达出来，就是项目计划书。按照项目计划书的计划执行，能保证标准化的内控体系建立工作朝着既定的目标协调一致地前进。

2. 理念培训

（1）项目动员和高层管理研讨

为了表明商业银行高层领导对建立标准化内部控制体系的决心和态度，提高全行职工对构建内控体系的认识，银行的高层领导应召开项目动员和高层管理研讨会，阐明建设内控体系的必要性和意义，项目总体安排和项目实施中的要求，统一各级分支机构高中层管理人员对建立内控体系的认识，提高领导层对项目的重视和参与程度，营造风险管理的文化和氛围。

（2）内控标准和内控原理、方法培训

为使商业银行高层掌握内控标准和风险管理的基本知识，应采取封闭培训的方式，进行内部控制体系标准以及流程分析、风险识别与评估等相关培训。培训可以采取教师讲解和案例讨论相结合的方式进行。

3. 清理调查

内部控制体系覆盖了商业银行所有与内控活动有关的业务活动和管理活动，要保证内控体系的符合性、适宜性和有效性，在体系设计时就必须充分考虑银行现有的管理和运作。因此，有必要对银行目前所有与内控活动有关的业务活动和管理活动前行清理和调查，确保新建立的内部控制体系能够覆盖到银行全部业务和管理活动。清理活动主要包括文件清理、职责清理、产品清理、检查清理、考核清理、案件和险情清理、机构清理等。其中文件、产品业务流程、部门职责的清理是三项核心的清理活动，目的是在下一阶段建立明确的文件、职责、业务和管理流程之间的风险映射关系。

4. 体系设计

（1）体系框架初步设计

在清理调查的基础之上，依据内控标准条款，结合对银行的管理现状和需求调查情况，设定内控体系的初步框架和基本模块，将清理出的活动、文件、产品等经过初步筛选，放入相应的模块。然后根据标准要求和需求，对清理出的活动进行重新整合和设计，确定银行的核心价值流、管理流程和支持流程。

（2）体系目标管理体系

目标是银行依据内控体系的要求所策划的、希望达到的内部控制的结果，内部控制目标由内控指标体系具体反映。内控目标管理有助于明确内控工作努力的目标，衡量内控体系的绩效。

（3）流程分析

银行的产品或服务是通过过程或过程网络实现的。对内部控制而言，为确保银行的产品或服务的顺利实现并达到预期目标，对于每个经营管理者，在实际经营管理中，首先需要识别并梳理这些过程或过程网络。通过流程分析，应当系统地完成对业务和管理活动的梳理，确定业务和管理模块，并最终形成各业务和管理模块的流程图。

（4）文件框架确定

根据业务流程所表示出的对应关系，经过与各部门相关人员进行充分沟通讨论，可以得出体系文件编写思路和文件框架清单，并设计相应的文件编码系统。文件编码系统包括体系文件编码、记录编码、配置流程图编码。文件结构包括内控手册、程序文件、作业指导书和记录四个层次。

（5）职能分配和风险组织结构设计

通过建立分工合理、职责明确、报告关系清晰的组织结构，明确决策机构、经营部门、综合管理部门、支持保障部门、监督部门的责任和义务，可以确保银行内部的职责、权限及其相互关系得到规定和沟通，确保银行内控体系得到有效运行。

（6）提交体系设计方案并组织评审

根据初步框架、流程分析、组织设计的结果，提交最终设计方案。管理层负责组织对体系设计方案的覆盖面、先进性、与标准的符合性进行评审。

5. 体系文件编写

（1）文件编写培训

商业银行应对参与体系文件编写的人员进行培训，培训的内容包括，体系文件的作用和特点、内控手册的编制要求和内容、程序和作业指导书的编制要求和内容、体系文件编写过程中应注意的问题等。

（2）组织开展体系文件编写

文件的编写应由相关职能部门来组织编写，这样使体系文件更符合相关职能部门的实际，也有利于体系文件今后的运行、维护和改进。

（3）流程分析和流程图绘制

在编制文件时，首先应对活动的流程进行分析，在流程分析和优化的基础上，开展绘制配置流程图的工作。配置流程图需表现出流程的目的、输入、输出、活动及其关系、所涉及的相关职能部门或岗位及记录和表单等过程要素。确保流程之间信息交流与反馈的畅通。流程及其相互接口关系都梳理清楚，即构建出了整个银行运作的过程网络。

（4）文件的评审及发布

通过文件评审会形式组织高层和相关部门对体系文件进行评审，文件评审的内容主要包括：文件是否覆盖所有相关的活动和过程、活动的接口是否明确、职责分派是否清晰、文件的规范性、一致性和可操作性。应汇总所有评审意见，并根据评审意见再次修改体系文件。文件通过评审后，由最高管理者（行长）批准发布。

6. 体系试运行

（1）动员并宣布内控体系运行

商业银行的各级分支机构应召开动员大会。动员大会标志着内控体系正式进入运行状态。动员大会应对体系试运行各个阶段的工作内容及要求予以布置；行长宣布内控体系试运行并阐述实施内控体系的必要性、重要性及对各部门在体系运行过程中应发挥的作用提出要求。

（2）内控体系文件培训

依据培训程序制定体系文件培训计划，对全体员工进行内控体系文件培训，包括内控手册、程序文件、作业文件等内容。银行各级机构应通过不同的形式，宣传内控体系的重要意义；宣传各单位或部门好的学习方法；创造良好的学习氛围，提高全体员工对内控文件的认识。各岗位人员应明确应执行的程序文件，明确本岗位的风险点和控制要求。

7. 评审／验收

为保证银行内部控制体系对风险的防范能力，验证各项活动及结果是否符合内控体系标准、相关法律法规和内控体系文件的规定，银行最高管理层负责组织对全行内控体系进行系统性地检查和评价。

8. 推广改进

商业银行各级管理机构均承担着两个方面的任务，即一方面负责本级机构内控体系文件的制定、培训、运行指导和监控；另一方面还负责指导下级机构（分行／支行／营业网点）内控体系文件的制定、培训、运行指导和监控，并对成果进行评价。推广活动包括学习培训、规范运行和成果评价三个阶段。

9. 内控体系的运行

内控体系的运行就是执行已建立的内控体系文件，实现内控政策和内控目标。在内控的各个过程中使可能产生的风险因素始终处于受控状态,保持并不断改进内控体系使之持续有效运行。内控体系运行是内控体系的实战阶段,它既是把内控体系文件付诸实践的阶段,也是检验和改进内控体系的关键阶段。该阶段主要包括运行准备、试运行和正式运行等三方面内容。

(1) 运行准备

运行准备的工作主要包括以下两方面内容:

1) 文件的发布和配发

内控体系文件编制完成,并按相关规定的权限审批后,就可进行发布。内控体系文件的发布,即标志着内控体系自发布之日起进入运行阶段。体系的运行离不开体系文件,发布后的文件需按不同的文件配备的需要和要求发放到各个层次(如领导、部门、单位、岗位等)。

2) 人员培训

培训是保证内控体系有效运行的必要过程,是贯彻内控标准和内控体系建设中的一项基础性工作。体系运行的过程,也是培训、培训、再培训的过程。因此,必须注重人的培训,制定全面的人员培训计划。只有把培训计划落到实处,对各级人员的培训进行控制,才能确保其具有运行和维持内控体系所必需的意识、能力和技能。

(2) 试运行

1) 试运行的实施

内控体系文件编写完成并发布后,要通过体系的试运行,发现文件和工作中的不足,不断的完善、修改文件。体系试运行过程中要避免出现你写你的,我原来怎么干还怎么干的"两张皮"现象。

2) 建立有效的运行机制

为确保内控体系能持续适应体系环境的种种变化,始终处于控制的状态,做到有序地运行并持续改进,建立有效的运行机制十分重要。内控体系的运行机制一般由组织协调、体系监测、信息交流与反馈,以及体系审核和管理评审等活动构成。

①组织协调

内控体系需要依靠有效地组织协调功能来推动各相关部门按内控体系所要求的活动、职责分工、时间、顺序、目标和接口关系等来有序运行。

②体系监测

内控体系在运行过程中,各项活动及结果不可避免地会发生偏离规定要求的问题,为此,体系运行机制中的监测功能必不可少。监测就是对监测对象进行连续的监视和测量,若发现偏离规定要求的问题,及时反馈,以便采取纠正措施,从而使产品、业务、过程和体系符合规定的要求。监测是确保内控体系正常运行的必要手段。

③信息交流与反馈

内控体系在一定意义上是管理信息,先进有效的管理必须建立在良好信息系统基础上，只有信息交流迅速，分析处理准确及时，才能保证内控体系的有效运行。因此，要求保持最新的和足够的内部控制体系文件，使其能够沟通意图，统一行动，确保建立的内部控制体系得到充分理解和有效运行。

3）体系审核和管理评审体系

审核是为了确定内控体系运行的有效性并验证各种内控活动的有关结果满足银行内控体系文件的符合性。管理评审是对内部控制政策、目标、内部控制体系的现状和适应性进行评价，确定内部控制改进对策，确保内部控制体系的适宜眭、充分性和有效性。

（3）正式运行

内控体系的覆盖范围是所有机构、所有岗位、所有产品、所有人员。内控体系的建设是由局部向全局推进的过程。全局性的内控体系建设可按照"局部试点，自上而下，分步推进"的方法来展开。全面推广阶段的工作可分为几个阶段：

1）要进行全面推广培训，对需推广场所所有与内控有关的人员进行分层分批培训，其主要内容为贯彻内控标准的必要性和重要性、体系基础知识和内控体系文件。

2）要不折不扣地执行体系文件的规定，逐步建立起有效的运行机制，确保内控体系能持续适应体系环境的种种变化，始终处于控制的状态，最终实现防范风险的目的。

3）通过银行上上下下的共同努力，按要求建立起覆盖全行所有机构、所有岗位、所有产品、所有人员的内控体系，并将其逐步投入运行，最终实现商业银行全行范围的内控体系的全面正式运行。

二、内控体系建立和运行中的难点和对策

1. 内控体系建立和运行中的难点

（1）内控体系标准的统一

内控体系建设的重要目的是使内控工作制度化、标准化。内控体系总的标准是遵循《新巴塞尔资本协议》要求和《商业银行内部控制指引》规定，但具体的标准没有一个统一的内容。标准的建立存在以下问题：内控体系的核心标准即内控文件的编写究竟要达到什么程度；与现在有关银行规章制度的公文是并行、支持关系，还是替代、解释关系；标准的可操作性和内部控制、经营效率、效益三者一致性的关系；各级行执行标准的不统一。

（2）可控风险点的识别

风险识别与评估是商业银行对风险识别和评估的方法、手段和技术的总称，是内部控制体系的基础。商业银行主动正确地识别和评价风险，才能制定相应的控制措施和控制方案。但是，在标准化内控体系的实际建立过程中，商业银行对风险点的识别和风险程度的评判依据标准和具体操作还有一定难度。一方面，如果运用过程的方法简单按照风险点的定义去确定风险点，会造成某些风险点因其可接受或没有必要性而失去意义，但不可接受或必要性的程度界定又难以把握；另一方面，对已经认定的风险点，其现有控制措施是否

充分、有效、适宜以及受控状态的可否接受也难以判定。

（3）内控体系有效运行的保证

标准化内控体系是对原有商业银行内部控制体系的一次革新，其建立和运行过程必将遭到旧管理模式的惯性冲击和保守思想观念的顽强束缚。商业银行在建立新的内控体系中，存在两方面的难点：①组织体系的问题，即商业银行如何建立垂直的具有相当权威的内控组织体系，以确保内控体系的有效建立和运行；②激励约束机制问题，即如何制定相关激励约束机制来促进内控体系的运行。

2. 建议采取的对策

（1）统一标准，健全体系

商业银行应结合自身经营战略和业务发展状况和需求，以资本对风险的约束为基础，以风险识别与评估为主线，按照业务增长与风险控制相适应、风险成本与风险收入相匹配的原则，建立健全商业银行统一标准的内控体系。标准化内控体系的建立和运行过程中，商业银行应进一步规范内控文件编写要求，建立起具备可操作性、涵盖各类风险、全流程的风险内控体制，实现全行范围内统一的业务标准和操作要求，避免因管理层的变更而影响其连续性和稳定性，最终达到内控体系与经营效率、效益的协调统一。

（2）组织支撑，上下联动

商业银行应建立健全垂直的内控管理组织架构，理顺各职能部门在内控中的职责和定位，推行风险经理制，前移风险管理关口，保证各部门内设风险经理在对本部门领导负责的同时，有权向风险管理部门进行风险定期报告和异常事项报告，形成风险评估与控制的上下联动的运行体系，树立、强化内控体系的有效性、权威性。

（3）机制保障，激励约束

商业银行应建立内控体系的考评办法，对其适宜性、有效性进行评价，强化内控体系的激励约束作用，改变目前内控管理工作中重约束轻激励的现象。根据所搭建的内控体系特点和技术工具的局限性，使考评办法尽可能科学、公正、合理。建议采取层级考核的办法，实行一级分行考核和二级分支行考核两个层次。考虑到业务管理情况的差异，一级分行本部内控体系的考评办法宜采取以定性指标为主的考评体系，二级分支行内控体系的考评办法宜采取以定量指标为主的考评体系。

（4）科学监控、持续改进

商业银行在建立涵盖各项业务、全行范围的风险内控体系以后，应逐步提高内控管理技术，开发和运用风险量化评估的方法和模型，对信用风险、市场风险、流动性风险、操作性风险等各类风险进行持续的监控，对潜在的风险进行计量和评估，提出风险防范措施，并通过审核、评价和改进，不断主动识别风险、评估风险、控制风险，实现对风险的有效控制和内控体系的持续完善。

第五节 实施逆周期的监管措施

一、逆周期的金融宏观审慎管理制度的意义

"羊群行为"与道德风险这些微观上的行为导致了金融体系宏观上的顺周期特性,在经济状况良好时过度乐观,在经济萧条时过度悲观,从侧面加剧了市场的波动性。

逆周期金融监管体系是目前新提出的应对经济周期性波动的方法。宏观审慎监控重点关注各种金融机构的相互作用,以此防范系统性金融风险的发生。运用逆周期的调控方式对经济运行反方向调整,可以达到增强经济稳定性的目的。相对于货币政策的后知后觉,逆周期金融监管体系可以先知先觉,从而体现了它的优点。构建逆周期的金融宏观审慎管理制度有利于提高金融系统的稳定性,避免系统性金融风险的发生。系统性金融风险主要包括随经济周期性波动而产生的货币风险、利率风险、汇率风险等,它的发生是由宏观政治、经济、社会等因素引起的,主要特征是资产价格剧烈波动。系统性风险主要关注的是整个世界经济或世界主要国家或本国一定时期的宏观的经济状况,一般包括经济等方面关系全局的因素,诸如全球经济或主要国家经济发生严重危机、本国持续高涨的通货膨胀以及其他特大突发事件等。金融体系的不稳定造成了金融系统性风险,由于缺乏对宏观环境的关注,导致了对金融风险的防范与控制不当,加剧了金融系统的动荡。金融危机都是由于经济的周期性波动造成的,所以能够降低经济的波动性就能够控制金融危机,使经济平稳发展。

二、逆周期的金融宏观审慎管理制度的内容

1. 在合理范围内根据实际情况改变资本充足率

资本充足率是指银行总资本(一级资本与二级资本之和)与风险加权总资产的比率,是银行对其负债最后偿还能力的衡量指标。"杠杆原理"在物理学中的解释是指用小的力量作用于大的力量。银行在具体的操作流程中是运用较少的资本来运营多倍的债权资产,力争获得较高的回报率。但在实际运作中,在获得较高回报率的同时,也使银行本身面临着系统风险。为了能最低限度地降低金融业不可避免的危机所造成的社会动荡危害度。

2. 合理变动不良贷款率以调控经济冷热度

世界各国的银行经过长期的实践,总结出了现在较为通用的贷款5级分类法,即按照贷款的风险程度,将贷款划分为5类:正常、关注、次级、可疑和损失。不良贷款率指金融机构不良贷款(次级类贷款十可疑类贷款+损失类贷款)占总贷款余额的比重。不良贷

款产生的主要根源如下：

（1）借款人因素

造成借款人因素的原因是多种多样的。可能因为行业技术更新速度较快，造成原有市场萎缩；或是因为管理层变动造成公司内部出现管理混乱；同样也有可能是借款人缺乏还款意识、故意钻监管体系的漏洞，达到逃避银行债务的目的。

（2）政策因素

在政府出台的宏观经济政策导向性不明确、缺乏连续性情况下，或是在短期的经济波动剧烈时，造成经济发展速度减缓，资金流率降低，之前的信用贷款不能如期偿还或是履行，造成信贷市场萎缩。

（3）行政干预因素

受行政干预因素影响的具体表现为：银行不能将大量的资金用于正常贷款，受来自地方政府的强制性或是建设性文件影响，大部分资金转变为大量的指示性或是救济性贷款。这可用一句话概括为"贷款行为行政化，信贷资金财政化"。这样做的后果是排除了竞争，直接降低了贷款的经济效益。但在这里我们主要关注的是"政策因素"与"行政干预因素"。通过不良贷款率这一指标，在经济高涨阶段规定较低的不良贷款率监管指标以抑制信贷扩张，在经济萧条阶段则提高该项指标以鼓励发放贷款，来达到增强经济发展稳定性、平稳经济周期的目的。

3. 根据经济状况调整动态拨备覆盖率

拨备覆盖率是银行对贷款可能发生的呆账、坏账提取的准备金比率，它是衡量一家银行呆账、坏账损失准备是否充足的一个重要指标。对不良贷款拨备覆盖率的宏观解释是：整个社会经济发展风险以及银行业发放贷款的风险程度的大致反映。《股份制商业银行风险评级体系（暂行）》规定，拨备覆盖率＝实际计提贷款损失准备／应计提贷款损失准备，理想率值是1。而仅仅对银行业而言，拨备覆盖率是衡量银行自身财务稳定状况以及风险可控能力大小的指标。

目前我国股份制银行的呆、坏账准备金的提取比率为9%。在顺周期的监管体制下，损失计提在经济良好时不利于积累贷款损失准备，因为景气时质量高的贷款较多，导致贷款损失计提水平较低。在经济萧条时，贷款损失准备的计提会较多，却因为在经济良好时没有积累充足而无法弥补。而逆周期却恰恰相反，在经期时贷款损失计提根据情况积累较多，以防止经济萧条时贷款损失准备的不足，从而起到以丰补歉的效果。

4. 对流动性比率的不同监管

流动性比率是指流动资产与流动负债的比率。通常情况下，营业周期、流动资产中应收账款数额和存贷的流转速度是影响流动性比率的主要因素。流动性比率的逆周期监管是指根据经济周期不同阶段而对银行进行不同的监管，原理是在经济状况良好时降低对银行的监管，使银行有多于进行监管时的资金进行经营，在经济状况不好时，提高流动性比率，以应对挤兑风险。

5. 采取混业经营的方式

混业经营是指允许金融机构从事银行、保险、证券等所有金融业务，而不是银行只能从事银行业务、保险公司只能从事保险业务，它是与分业经营相对的。从目前国内外混业经营的发展状况来说，混业经营还是有诸多优势的，如可为提高资金的流转速度以及资金的最优配置提供条件，使金融业中的各个领域能够明确自身的分工，加强金融领域的合作与发展，减少或避免相互对抗等。所以，混业经营有助于对风险的系统监管。但在构建逆周期的金融宏观审慎管理制度框架时，必须分阶段进行混业经营。在经济高涨阶段严格控制金融机构，使其分业经营；在经济萧条时期则允许金融机构混业经营，推动金融机构的收入来源多元化，减少或避免因经济萧条导致的金融机构倒闭。尤其是商业银行，在任何时期都必须加强对其混业经营的并表监管

第六节　提高压力测试实施效果

流动性风险是商业银行经营中面临的重要风险。根据风险来源的不同，流动性风险可以分为融资性流动性风险和资产流动性风险。融资性流动性风险是当银行面临流动性紧缺时，无法筹集资金应对客户提款要求的风险，是银行存贷款结构不匹配造成的。资产流动性风险是指无法以合适的价格在某段时间内卖出金融资产的风险。为提高流动性风险管理水平，在实施压力测试时必须对上述风险通盘考虑。

一、流动性风险压力测试概述

流动性风险压力测试一般采用情景分析法，实施压力测试一般需通过数据调查及分析、风险因素筛选、测试模式构建、模型参数确定等一系列步骤，最终测算出压力情景下未来一天和未来一个月的流动性缺口，并结合融资后备付率进行分析，制定针对性防控措施。

对于传统中小银行来说，流动性风险因素主要包括以下方面：潜在存款流失，包括受资本市场影响流失，存款季节性或周期性变化，存款在银行间转移等央行回笼流动性的力度进一步加大，存款准备金率继续上调。贷款回收受到重大影响，不良贷款增加较多。贷款集中发放。作为缓释流动性风险的债券不能及时变现。上述流动性风险因素可归纳为两类：一类是风险驱动因子，包括存款流失率、上调存款准备金率、贷款不能按期收回等；另一类是风险缓释因子，包括未到期债券及时变现、存放同业款项提前支取，属于应急预

案范围。

二、提高压力测试实施的策略

1. 领导层的重视和参与能够起到事半功倍的效果

领导层的重视能够确保团队成员间积极配合、相互协作，措施落到到位；领导层的参与能够将其风险管理经验应用到压力测试框架设计中，充分发挥专家判断法对定量方法的补充作用。《商业银行资本管理办法解读》中谈到，"到目前为止还没有一种定量方法可以替代管理层和风险专家对于风险的判断，特别是某些风险类型在国际较佳实践中尚无成熟的定量方法，需要基于管理层和风险专家对全行风险特征的认识才能完成"。领导层的重视程度直接影响压力测试的结果及应用，也反映了管理层对压力测试、风险管理的一种态度。

2. 跨部门岗位人员、业务精英参与必不可少

压力测试作为管理极端风险的方法，影响因素分析尤为重要。影响因素涉及到多个业务条线，为确保测试的有效性，组建测试团队，使各条线业务精英参与到压力测试中，是必不可少的。团队成员不但能够对自己熟悉的业务领域进行深入、全面分析，还能够通过团队的力量分析风险因素的交叉影响，确定更加可靠的压力影响因素和传导机制，制定统一协调、针对性强、专业性高的防控措施，并监督本条线部门的具体实施。

3. 因素分析是成功实施测试的关键步骤

压力因子在测试中起到了至关重要的作用。要找到反映假设情景主要特征的风险因子，需对影响假设情景的全部因素进行分析，并通过筛选得到。实践经验来看，因素分析和情景假设的设立既要考虑宏观经济因素，又要考虑微观影响；不但要分析风险因素的单向作用，还要分析跨业务条线、跨风险类型影响因素的交叉感染；既要重视反向因素，又要重视正向因素；如，开展流动性风险压力测试时，对不良贷款的形成分析、对声誉风险的影响分析就是考虑了风险之间的相互传染，也是一种正向影响分析；对债券市场的融资能力分析就是，对系统间相互影响地分析，也是一种反向影响分析。可以说，影响因素分析关系着情景假设的确定，关系着模型和结果的有效性，选择能够反映主要影响因素的压力因子是成功实施测试的基础性工作。

三、上海市提高压力测试实施效果实例

"十四五"开局之年，上海银行业将实行更大程度的金融开放创新压力测试，支持上海建设具有全球影响力的资产管理中心。总台央视记者从近日在上海市银行同业公会举行的"沪上银行话开年"新闻通气会上了解到，回望"十三五"，面对复杂严峻的国内外形势，上海银行业持续深化金融供给侧结构性改革，有力增强服务实体经济能力，有效防范化解金融风险，不断提高对外开放水平，为在更高起点推动"十四五"时期上海经济社会

高质量发展提供了坚实保障。

截至 2020 年末，上海银行业资产规模从 2015 年末的 12.9 万亿元增加到 19.2 万亿元，增幅 48.8%；贷款规模从 2015 年末的 5.3 万亿元增加到 8.4 万亿元，增幅 58.5%；小微企业贷款较 2015 年末增长 41.1%，科技贷款较 2016 年末增长 126.8%。

面对 2020 年初突如其来的新冠肺炎疫情，上海银行业积极应对，累计支持企业户数 3 万多户，累计投放疫情防控贷款 4527 亿元，有力地支持了疫情防控和复工复产。

上海银保监局党委委员、副局长刘琦在会上指出，上海银保监局在"十四五"期间将引导上海银行业从四个领域发力。①要围绕落实中央关于支持浦东高水平改革开放等重要文件要求，增强上海国际金融中心全球资源配置功能；②要聚焦上海"三大任务"，深化金融改革创新；③要打造金融"三大高地"，服务实体经济高质量发展；④要增强风险抵御能力，守住风险底线。

在增强国际金融中心全球资源配置功能方面，上海将以"一城一带一湾"为重点进一步提高金融机构集聚度，有效落实金融业扩大开放战略，实行更大程度的金融开放创新压力测试，在科技金融、跨境金融、人民币国际化等领域实现新的突破；二是支持上海建设具有全球竞争力的金融科技中心。推进以大数据、人工智能、区块链、云计算、5G 等为代表的核心科技在金融市场交易、支付结算服务、智慧银行建设、智能投资管理服务等领域的广泛应用；三是支持上海建设具有全球影响力的资产管理中心。支持银行类理财资管机构的设立，丰富资产管理市场主体，引导辖内机构牢固树立长期投资理念，提升投资能力。

第八章　国外宏观审慎监管的实践经验

第一节　美国宏观审慎监管的实践

外国金融机构一直都是美国金融市场的重要组成部分。据统计，截至2020年6月末，在美联储备案的64394家金融机构中，外国金融机构达9094家，占比近15%，其中资产规模体量最大的是269家外国银行机构。1978年，美国国会通过《国际银行法》，明确"在美国设有分行、代理机构或商业借贷公司子公司的非美国银行，以及控制该类非美国银行的任何非美国公司或银行，与实际上的银行控股公司一致，同样受制于《银行控股公司法》的管辖"。在实践中，通常将上述法条中提到的该等非美国银行及公司称为"外国银行机构"。根据美国《国际银行法》，外国银行机构在美国设立分行须获得美联储的事先批准，获得货币监理署颁发的正式牌照，并在日常经营中接受相应的法律监管（适用于有关银行方面的监管法律体系）。而对于直接或间接通过非美国银行子公司设立美国分行或代理机构的外国银行机构，需要同美国国内本土银行机构一样，接受与银行控股公司同样的监管。如中国大陆某集团间接控制了香港某银行旗下的两家在美国的银行分支机构，则该集团也会因"控制美国银行机构"而被美联储认定为外国银行机构，并要求接受《银行控股公司法》等的监管。同时，鉴于银行控股公司对于非银行业务（含实业投资）的限制，通常这类银行控股公司会继续申请成为金融控股公司。

此外，在美国，"功能监管""机构监管"与"综合监管"交叉，银行及其控股公司面对的监管机构较为复杂，如美联储拥有对银行控股公司和金融控股公司的机构监管权，但涉及具体业务时，则需要按照功能监管理念，依据业务的属性由相应的监管机构执行，监管成本较高。如某项被执行的功能与证券销售相关，那么即使这项功能是由一家银行所为而非证券公司所为，其监管也由证券交易委员会负责。因此，中国的企业集团和金融机构在美业务发展中，尤其要时刻关注美国对外国银行机构和金融控股公司的监管。

一、美国对外国银行机构的监管法案

1.《银行控股公司法》及美联储法规对外国银行机构的监管及豁免

1956年美国颁布了《银行控股公司法》，其后在1970年通过《银行控股公司修正法案》进一步作了修正和完善。在《银行控股公司法》下，美国对外国银行机构的限制主要体现在银行业限制条款和非银行业限制条款。银行业限制条款较为明显了，要义是未经美联储批准，禁止银行控股公司直接或间接收购另一家银行或银行控股公司5%以上表决权股份。非银行业限制条款则主要是将银行控股公司业务范围局限于银行业务以及管理和控制银行的业务，任何其他业务，如证券、信托、保险、房地产、工业制造等均被视为"非银行业务"，除非适用于《银行控股公司法》及美联储法规规定的某项豁免条款，否则禁止银行控股公司从事此类业务。关于非银行业务禁止性规定的适用范围不仅仅局限于美国境内。因此，外国银行机构在美国开展银行业务后，在美国境外开展的业务也受限于《银行控股公司法》。据此，美联储法K规则下的合格外国银行机构豁免（QFBO资格豁免）规定，凡是能够通过"银行业测试"和"地域测试"并获得"QFBO"资格的外国银行机构，均可获得在美国境外从事任何种类的业务以及在美国境内从事境外业务的附属业务的权利。

通常，对外国银行机构来说，最常用、最有效的豁免主要是"4(c)(6)豁免"（又称"5%表决权豁免"）、"4(c)(8)豁免"和"4(c)(9)豁免"以及实业投资豁免。其中，"4(c)(6)豁免"是指在开展涉美财务性投资时，外国银行机构通常可以根据《银行控股公司法》第4(c)(6)条的规定，在无需美联储事先批准的情况下即可拥有或控制任何非银行公司不超过5%的具有表决权股份；"4(c)(8)豁免"是指外国银行机构在开展涉美非银行业务时，可适用《银行控股公司法》4(c)(8)条款，在经美联储事先批准的前提下，直接或间接从事经美联储认定为"与银行业联系如此紧密……以至于可视为附属于银行业务"的业务，如证券、信托、保险类的一般性业务；"4(c)(9)豁免"是一项临时性的豁免，对于那些通过设立在美分支机构或收购美国同业公司而初涉美国非银行业的外国银行机构尤为珍贵。如美联储综合评估后认为，外国银行机构开展的非银行业务合法且并不违背公众利益，美联储则可就任何非银行业务给予外国银行机构临时豁免，以便其在美国开展此类业务或完成此类收购；实业投资豁免主要是根据美联储K规则的相关豁免条款，外国银行机构可在美国从事同美国境外业务类似的延伸业务或附属业务，但需满足"百分之五十标准"（有50%的资产在美国境外；并超过一半的收入来自于美国境外，收入的来源以产品生产地而非销售地为衡量依据）和"证券业务标准"（不得直接在美国境内承销、销售或发售证券）。除上述豁免外，在《银行控股公司法》及美联储K规则、Y规则下还设有"4(c)(1)豁免"（又称"服务豁免"）、"4(c)(4)豁免"（又称"受托豁免"）、"4(c)(7)豁免"（又称"投资公司豁免"）等豁免条款，这些条款都是外国银行机构在获得金融控股公司资格前开展涉美其他业务的主要法则,外国银行机构可根据实际需要申请。

2.《多德-弗兰克法》对外国银行机构的监管

在经历了2008年金融危机后,美国于2010年颁布了《多德-弗兰克华尔街改革和消费者保护法》(以下简称《多德-弗兰克法》)。《多德-弗兰克法》也是外国银行机构开展涉美业务所需遵循的主要法律。在该法案项下,外国银行机构需遵守"沃尔克规则"。"沃尔克规则"是《多德-弗兰克法》在《银行控股公司法》下加入的第13条,其主要内容是,原则上广泛禁止"银行实体"进行自营交易,以及投资或发起任何对冲基金或私募股权基金。外国银行机构也同样在"沃尔克规则"的管辖范围内,但同《银行控股公司法》一样,"沃尔克规则"可对仅在美国境外发生的某些自营交易活动(通常称为"TO-TUS"自营交易豁免)或设立的基金(通常称为"SOTUS"基金豁免)予以有条件的豁免。此外,《多德-弗兰克法》对外国银行机构提出强化审慎标准和破产处置计划的要求,即外国银行机构在全球范围内合并资产超过100亿美元时,需满足美联储对包括风险资本充足率及杠杆比率、风险管理委员会、流动性压力测试和资本压力测试在内的四项监管要求的限制;超过500亿美元后,需在适用"沃尔克规则"和强化审慎标准的同时,还须向美联储和美国联邦存款保险公司提交一份在重大财务困境或公司倒闭的情况下迅速有序地处置其美国业务的计划。

3. 反洗钱方面的监管

除上述监管要求外,美国对外国银行机构的监管主要是反洗钱方面的监管。在反洗钱方面,美国《反洗钱法》《银行保密法》《爱国者法》等一系列法律明确规定金融机构要对个人、银行和其他金融机构交易记录予以保存和报告,监管机构可以据此对犯罪行为作进一步调查。对于违反反洗钱规定的金融机构,美国国会将授权财政部和司法部对其进行处罚,情节严重的反洗钱行为可被处以至少交易金额两倍的罚金。更有甚者,在反洗钱方面违规后,如被美国财政部海外资产控制办公室列入制裁清单(SDN名单),外国金融机构在美管辖范围内的所有资产都将被冻结。

4. 主要监管方式

为了确保各类法案的有效施行,美联储采取的监管方式主要是要求各银行控股公司针对不同事项申报美联储报告,目前美联储的报告类型多达141项。外国银行机构适用的常规性申报义务主要包括:财政报告(CallReport,即FFIEC002报告),主要目的是收集外国银行机构的所有在美分行及代理机构的资产负债表和表外信息;FRY系列报告,旨在收集外国银行机构的股权架构、基础财务数据,并确定QFBO资格和资本充足情况;流动性压力测试报告,主要侧重于流动性状况;可疑行为报告,主要是要求外国银行机构及其在美公司发现可疑行为时,及时向美国监管机构报告。

二、美国对外国金融控股公司的资格监管

1999年的《格雷姆-里奇-比利雷法》(通常称为《金融服务现代化法》)修改了《银行控股公司法》,使取得金融控股公司资格的银行控股公司或外国银行机构有权参与范围更广的非银行业务活动。因此,鉴于《银行控股公司法》对非银行业务的限制和豁免条款的申请相对复杂且不具有确定性,通常外国银行机构为突破《银行控股公司法》对其在美国业务开展的限制、取得进一步在美发展非银行业务的资质,会向美联储申请成为金融控股公司。笔者将其称为"外国金融控股公司"。

1. 主要监管体系

美国的金融控股公司首先必须是银行控股公司。美国对金融控股公司的监管没有形式上的独立法案。目前,主要的监管依据是《银行控股公司法》《金融服务业现代化法》和《多德-弗兰克法》。其中,《银行控股公司法》和《多德-弗兰克法》是对金融控股公司的主体(即银行控股公司)监管的基础法案,建立了对金融控股公司的监管细则和具体要求;《金融服务业现代化法》明确了对金融控股公司的监管框架,在保持各专业监管机构实施功能监管的基础上,美联储获得了伞状监管者的地位。这些法案对金融控股公司的设立条件、业务范围、高管人员任职资格、关联人要求、风险管控和数据治理等方面的监管要求,既适用于美国本土金融控股公司,也适用于外国金融控股公司,但对外国金融控股公司的监管在准入资格方面更为复杂。美联储对外国银行机构成为金融控股公司的资格监管可概括为"2+1+N"。

2. "2+1+N"资格监管体系

数字"2"指申请金融控股公司需满足两项基本要求,即"资本充足"和"管理良好"。这也是美联储对美国本土银行控股公司以及外国银行机构选择成为金融控股公司的共同要求。其中,在"资本充足"方面,要求外国银行机构的核心一级资本充足率、一级资本充足率和总资本充足率应分别不低于6.5%、8%和10%;在"管理良好"方面,要求外国银行机构在美国分行、代理机构及商业贷款公司的经营业务在最近一次测评中至少获得"满意"的综合评级。

数字"1"指"综合并表监管"。根据美联储Y规则,对于不受母国监管机构综合并表监管的外国银行机构,美联储在审核金融控股公司资质时不视其为"资本充足"和"管理良好"。实践中,美联储会根据K规则作出有关"综合并表监管"的认定,同时还会参考国际通行的衡量银行监管体系的标准,包括《巴塞尔有效银行监管核心原则》中关于综合并表管理的标准要求。此外,美联储在衡量一家外国银行机构是否可以成为金融控股公司时,如果其早前已经判定该外国银行机构受到其母国监管机构的综合并表监管,则其只对该外国银行机构是否持续受到基本相同水平的综合并表监管进行确认。反之,如果没有相关认定,美联储会参考同一母国监管下其他外国银行机构的综合并表监管情况,并评估

该外国银行机构是否受到了该母国监管机构大体相同的综合并表监管。

英文字母"N"有两层含义。第一层含义指前述数字"2"方面的额外要求，即"资本充足"项下母国监管机构采纳《巴塞尔协议Ⅲ》风险资本标准、资本水平可以与一家母公司为金融控股公司的美国银行须有的资本水平具有可比拟性；"管理良好"项下取得母国监管机构对其申请美国金融控股公司资格的同意、对该外国银行机构的管理可比拟于管理一家由金融控股公司拥有的美国银行所需满足的标准。第二层含义指美联储向申请个体提出有一定针对性的若干重点关注事项。美联储对外国银行机构申请成为金融控股公司的资格监管中，会因具体情况提出不同的监管要求。在法规层面，美联储通常会根据Y规则，在决定一家外国银行机构是否符合"资本充足"和"管理良好"的要求时，同时考虑一些影响资本和管理的额外因素，如外国银行机构的资本构成、一级资本对总资产的杠杆比率、会计标准、长期债务评级、是否依靠政府支持以满足资本要求等。实践中，美联储会还会审查其他一系列因素，对外国银行机构申请金融控股公司提出诸多资格监管要求，例如：详细了解外国银行机构在反洗钱和风险内控方面的制度建设和管理流程；补充审查FRY系列报告情况；选择联系外国银行机构的母国监管机构，以确认其对外国银行机构申请金融控股公司的态度，等等。较为重要的是，美联储会依据穿透监管原则，要求外国银行机构确定"连体申请"名单，即申请金融控股公司的应是能有实质控制该美国银行机构的外国银行机构联合体，而不应只是其中之一或部分。同时，美联储还会对"连体申请"名单中所有外国银行机构的中小股东进行审核，以判断中小股东是否对相关外国银行机构具有实质控制力。

3. 资质申请程序

根据美国法律，有意申请成为金融控股公司的外国银行机构应向适当的联储银行递交成为金融控股公司的书面声明，该书面声明需包括对外国银行机构在美国控制的附属存款机构的名称、地址等基本情况介绍，以及有关满足"资本充足""管理良好"等要求的书面声明与阐述。一般而言，美联储推荐外国银行机构在递交正式申请前先通过预审申请流程，请联储银行预先审阅有关资质文件。如果美联储认可预审申请，则外国银行机构可依据美联储Y规则，向联储银行提交其选择成为金融控股公司的书面声明。根据美联储Y规则，除非联储银行另行通知，外国银行机构对于成为金融控股公司的选择，将在联储银行收到该选择之后的第31天生效。

4. 资格维持监管

资格维持监管方面，美联储要求金融控股公司定期提交报告，并对其检查。如果已获得认证的金融控股公司没能保持住资本充足或管理良好的评级，美联储将对该机构采取矫正性措施。例如，如果该机构不能改正其缺陷，美联储可以命令其将任何不合规的附属机构予以出售；如果该机构未达到《社区再投资法》评级（CAR评级）要求，将被禁止从事任何"性质上属于金融业务"的新业务。

三、对我国金融监管的经验借鉴

改革开放以来，我国金融业不断改革创新、扩大开放，取得了举世瞩目的成就。从我国金融业对外开放的发展历程来看，从1978年至加入WTO前，我国主要是在特定地域和部分业务领域以试点的方式进行，开放程度有限；加入WTO后，我国主要是在承诺期内履行金融业全面开放的承诺，逐步扩大业务领域和地域范围，同时监管机构还推出了一系列主动开放措施。随着对外开放程度的加深，外国银行机构在华蓬勃发展。据统计，截至2020年10月末，外资银行在华营业性机构总数已达1000余家，近十五年来资产规模增长了近10倍，净利润累计增长了9倍多。

过去40多年的金融对外开放，全面提升了我国金融业的发展水平和金融机构的竞争力。当前，我国迎来了构建全面开放新格局、打造开放型经济体的新时期。在全面深化改革开放的大背景下，金融高水平对外开放至关重要。从内部发展动力看，我国金融业需要通过进一步扩大开放，提高金融资源配置效率，更好地服务实体经济；从外部环境看，我国经济全球化发展和中资机构"走出去"，要求实施内外一致的金融制度和建立公平、开放、透明的市场规则。当前，我国与美国、欧盟商谈的国际协定均以准入前国民待遇加负面清单为基础制定，对金融业开放、业务开放和市场开放提出了更高的要求。国外发达经济体对外资金融机构很少设有数量化的准入限制，部分国家因其机构在华受到限制而对中资机构准入采取严格的对等措施，使中资金融机构海外发展受阻。因此，在全面扩大金融对外开放中，也应进一步优化涉外金融监管。对比来看，我国现行金融监管体系中，对外资银行已经出台了一系列监管措施，但主要以机构和业务的准入以及资产总额、持股比例等方面的限制为主，且侧重事前监管审批。同时，我国目前对外国金融控股公司的监管仍存在盲区，2020年9月新颁布的《金融控股公司监督管理试行办法》未涉及对外国金融控股公司的监管。

借鉴美国对外国银行机构和金融控股公司的监管经验，建议：①继续推进金融全面对外开放，基于我国现有金融监管体系，进一步补充完善银行、证券、保险、金融控股公司等领域对外国金融机构的监管规则和要求，把涉外金融监管作为我国金融监管体系的重要组成部分，实现涉外金融监管和金融对外开放"同频共振"。②积极创造公平竞争的金融市场环境，对接国际最佳金融监管实践，参照美国金融监管的做法，引入类似外国银行机构的监管概念，对于在华经营的外国金融机构的股东向上实施"穿透监管"。根据美国《银行控股公司法》，任何一家控制商业银行股权比例超过25%的公司，及持有该公司股权比例超过25%的所有上级股东，均被视为银行控股公司纳入监管范畴。同时，将对外国银行机构的监管纳入现有监管体系，并在监管中弱化行政干预，进一步清晰负面监管清单，探索设立业务准入的豁免条款和路径（类似于美国QFBO豁免）。③探索对在华经营的外国金融机构实施境外业务的跨境监管,并设立相应的豁免路径。同时,要求外国金融机构在申请成为金融控股公司时,必须"连体申请"(要求在华经营机构的控股实体均应申请成为金融控股公司),并要求建立相应的资本补充计划和破产处置计划。④注重资格维持监管,关注外国金融机构母国监管情况,构建以资本监管、综合并表监管为核心,以股权架构、公司治理、财务、流动性、关联交易、消费者权益保护等为主要内容的监管体系。⑤注重维护金融安全,加大对外国金融机构的资格申请审查力度;强化监管政策的执行和落地,健全系统、统一、规范的业务报告和统计体系,注重外国金融机构业务经营及管理方面的诚信申报和监管自查自纠;实现各监管机构间的数据共享,对外国金融机构的发展实施跟踪评级管理;加大对违法违规行为的惩处力度,积极防范涉外金融风险,切实推动新一轮金融高质量发展和更高水平对外开放。

第二节 欧盟宏观审慎监管的实践

近年来,欧盟宏观审慎政策加速改革发展。鉴于欧洲多数国家的金融体系以银行为主导,欧洲央行为首的央行体系在宏观审慎政策中处于核心地位,这与我国情况类似,本文对欧盟的宏观审慎政策发展经验进行系统地梳理分析,以期对我国建立健全"双支柱"调控框架、推进金融监管体制改革提供借鉴。

一、当前欧洲宏观金融风险的主要特征

1. 欧洲金融结构发生变化,影子银行体系的资产规模增大

危机之后,非银行部门金融资产逐渐增加,并在2014年首次超过银行部门资产。其中,以投资基金为代表的非银行中介开始崛起,这些金融中介机构基本被纳入影子银行体系之中。截至2017年第三季度,欧盟非银行部门资产已达57.3万亿欧元,约占整个金融资产的53%,而欧盟银行部门资产为51.5万亿,约占整个金融体系资产的47%。发生这一变化的主要原因是银行出现"借贷"行为,贷款融资规模有所下降;持续低利率提高了投资者对金融市场的产品需求;2015年以来欧盟实施了促进资本市场发展的结构性改革计划等措施。当金融市场及中介发展到具有相当规模的时候,监管当局开始担忧缺乏足够的监管工具来应对非银行部门对系统性风险产生的影响。因此,加强关注非银行部门风险与发展逐渐成为欧洲宏观审慎监管的重要内容之一。

2. 信贷扩张带来房产价格上升,私人部门杠杆率居高不下

危机之后的宽松货币政策对欧洲实体经济部门的资产负债表和金融稳定产生了重要影响,主要表现在以下两个方面。

（1）部分地区出现房屋信贷增长、房产价格膨胀。

宽松货币政策、信贷增长、房屋价格膨胀和金融不稳定存在关联。2013年以来，欧盟28国以及欧元区的总体住宅房屋价格水平出现明显的上升。其中，奥地利、丹麦、比利时、瑞典等国家的住宅房地产价格指数自2009年以来出现明显增长。此外，一些国家例如丹麦、荷兰等国银行体系抵押贷款/核心一级资本的比率超过600%，芬兰、葡萄牙、比利时等国超过400%。因此，如何防范房地产市场泡沫引发系统性风险，成为欧洲宏观审慎政策的重要内容。

（2）居民、企业杠杆率的持续走高。

对于居民而言，房地产价格的提高将影响居民财富净值和可支配收入，低利率水平进一步增加居民贷款头寸的持有，使得去杠杆进程受阻。2017年欧元区居民未清偿贷款余额/可支配收入的比重为94.1%，比危机爆发高峰时2010年的98.1%有所下降，但是仍然与危机之前的2007年基本持平。对企业而言，低利率的量化宽松政策降低了企业的融资成本，减少了危机对企业破产的冲击；但同时杠杆率的高企也预示企业资产负债表的修复尚未实现，债务可持续性问题依然突出。

3. 欧洲银行业风险问题突出，银行体系出现分化

金融危机使得实体经济部门资产负债表受损严重，银行体系经营表现也随之恶化。其一，部分国家不良贷款率居高不下。从不良贷款率和经营状况来看，欧洲不良贷款问题严重的国家主要是意大利、希腊、葡萄牙、爱尔兰、塞浦路斯等五个"外围国家"，截至2018年第二季度，希腊不良贷款率仍然高达45.6%，意大利等其他四个国家也超过10%。其二，低利率水平影响银行的息差收入，进一步影响银行业的经营情况。2008年~2016年的欧洲银行部门的平均利差收入下降了近2%，欧元区各国银行业的利差收入均呈现下降趋势。其三，银行体系经营表现出现分化。①"中心国家"与"外围国家"的分化。德国、英国、芬兰、法国等"中心国家"的不良贷款率均不超过4%，资本回报率均超过6%；而"外围国家"大量坏账准备的冲销影响到银行业的资产回报率，尤其是希腊的银行资本回报率仍为负数。②大型银行与中小型银行的分化。由于业务依赖存贷服务的中小银行受到息差的冲击相对更大，而资本抵御冲击却相对较小，因此危机之后的欧洲中小银行平均不良贷款率一度超过15%，比全球系统中占据重要性的大银行要高得多，而且拨备覆盖率相对较低。

4. 跨境金融活动与金融周期紧密相连，跨境金融规模过大对金融稳定形成威胁

随着欧盟单一市场的推进，欧盟大型金融企业往往在整个欧盟开展金融业务。在欧债危机以前，单一市场业务规模的扩大，使得金融周期与跨境债务流动之间建立重要的联系，特别在欧元区内部。2009年欧债危机爆发时期，希腊、葡萄牙等"外围国家"对外金融负债的债券/GDP比例高达100%左右，而整个欧元区的这一比例仅为50%，德国、法

国等"中心国家"对"外围国家"的信用支持成为金融失衡的重要来源。马克•舍恩通过计算银行在各区域的资产规模发现，欧盟最大的 25 家银行在本国金融资产规模中的比重约为总资产的 54%，其余的资产在欧洲其他国家和欧盟以外的比重达到 23%。除此之外，欧盟保险业也存在类似的情况。在欧债危机爆发之后，一方面，除了希腊、立陶宛、爱尔兰等少数国家出现跨境业务规模明显下降以外，大多数国家在欧盟及世界其他各国的金融扩大趋势得以延续。另一方面，跨境资金自由流动对欧洲金融稳定仍然具有威胁。例如，意大利政治危机造成 2018 年 5、6 月份出现约 800 亿欧元的资金外逃，欧洲金融市场出现明显波动。因此，欧盟单一市场使得欧盟国家可以通过跨境资产负债表、贸易联系、政策溢出等多种渠道产生跨境金融溢出效应，针对一个国家采取的宏观审慎政策可能无效。如何加强跨境监管合作、防止跨境资本流动而导致的金融风险累积成为欧盟关注的重点问题。

5. 主权债务风险与银行风险相互关联，系统性风险隐患依旧存在

金融危机爆发时期，主权债务风险与银行风险的关联性表现为政府对银行的救助而导致债务水平的上升，欧元区重债五国表现尤为突出

这一问题在意大利尤为突出，其主要风险在于：

（1）巨大规模的高风险政府债券严重威胁到银行的资产质量。自欧债危机以来，意大利的银行已增持了 1300 多亿欧元的本国政府债券。

（2）量化政策降低银行业优化资产负债表的动机。政府债券的升值使得意大利的银行可以通过低息贷款购买高收益债券，增加账面的利润，从而降低了银行优化资产负债表的动机。

（3）政府债券收益率的上升推高了贷款成本，抑制了经济增长，从而增加银行的信贷风险。

（4）主权债务风险还会波及银行信用，导致储蓄开始大量流失，越来越多的意大利储户将自己的储蓄转移到国外。

二、欧盟宏观审慎政策的主要进展

1. 三层次的宏观审慎治理框架扩大了欧盟和欧洲央行的统一监管权力

欧债危机说明，在财政独立的国家实施统一货币政策不利于金融稳定的实现。为了弥补这一缺陷，欧盟建立的宏观审慎治理框架赋予了欧盟更多的金融稳定权力。欧盟宏观审慎政策体系建立在由欧盟理事会批准通过的法律文件之上，对各国均具有法律约束力。其中，有关治理框架的文件包括《欧盟金融监管体系改革》《单一监管机制（SSM）法规》《单一监管机制（SSM）框架法规》等欧盟层面的法律，形成了欧洲系统性风险委员会 EuropeanSystemicRiskBoard，ESRB）、欧洲中央银行（ECB）、各国宏观审慎当局等三层次机构组成的政策治理框架。

2. 参照货币政策体系构建宏观审慎政策体系

欧洲宏观审慎政策体系基本类似货币政策体系，除了必要的组织框架、政策工具和政策分析评估等要素之外，设立了具体目标和中间目标，规定了政策当局的独立性、责任性和透明性，甚至提出了前瞻性指引、政策沟通等类似于货币政策的措施。这一做法体现了欧洲中央银行体系在欧盟及各国宏观审慎政策中发挥着重要作用。

（1）政策目标

欧盟确立了宏观审慎的具体目标和中间目标，提高政策工具的可操作性。尽管宏观审慎政策最终目标是一致的，但由于各个国家的金融体系结构以及系统性风险的来源和发展不尽相同，因此，不同国家的侧重点有所不同。源于欧债危机金融失衡的教训，欧盟把广泛的内生性金融失衡的累积导致突发调整作为最重要的风险来源，进一步确定了具体目标的内容，包括"宏观审慎政策的目标是平滑金融周期"，是主动"防止"系统性风险的发生而非只是被动提高金融业的弹性，在此基础上，欧盟根据市场失灵的根源因素进一步细化形成"防止过度信贷增长和杠杆率、过渡期限错配和市场流动性不足、风险暴露过度集中、提高金融设施的弹性"等中间目标，进而细化了宏观审慎政策工具的功能划分。

（2）政策工具与措施

依照巴塞尔协议III的要求，欧盟层面通过了以银行体系为主要政策对象的《资本要求指令》Capital Requirements DirectiveIV，CRDIV）和《资本要求法规》（Capital Requirement Regulation，CRR）。

首先，成员国使用最多的宏观审慎工具是巴塞尔协议提出的留存资本缓冲（CCoB），以及欧盟统一提出的逆周期资本缓冲（CCyB）、系统性风险缓冲（SB）和贷款价值比（LTV）。其次，各国均实现关于系统性重要机构的设定。

（3）政策评估工具

为了充分评估宏观审慎政策的政策反应，欧洲央行和欧盟各成员国央行共同成立的宏观审慎研究系统（MaR），着力构建新的动态随机一般均衡模型，通过建立金融中介与实体经济的关系，最终了解宏观审慎政策的传递渠道及政策效果。其中，3D模型被用来分析市场主体对政策当局关于资本金管理工具的反应，已被所有接受单一监管机制的国家采纳，成为欧洲央行以及这些国家宏观审慎政策当局进行宏观审慎政策调控的依据之一。这一模型最突出的特征是将企业、居民以及银行均纳入风险考虑因素，以最终实现社会福利的最大化作为政策有效性的衡量标准，通过微宏观模型的结合来审视有关资本金要求的宏观审慎政策工具，并评估这些工具的有效性。除此之外，欧盟拟建立由欧盟委员会组织的定期检查回顾制度，其主要目标是由ESRB、ECB以及各国政府共同评估宏观审慎工具是否在减轻现有的和潜在的系统性风险方面发挥作用。

（4）宏观审慎、微观审慎和货币政策的相互关系

学术界对宏观审慎、货币政策和微观审慎相互之间的关系问题存在争议。欧洲在政策

治理框架中遵循"一种政策,一种工具"的分离原则。一方面,认为货币政策不应运用利率工具来追求金融稳定。因为如果把货币政策和审慎政策决策的机构框架混为一体,公众会误认为货币政策决定受制于金融机构的有关反应,从而失去独立性。为此,欧元区货币政策和宏观审慎政策决策的机构设置实施分离,限制二者之间的信息交换,采取不同的分析框架,并赋予宏观审慎与微观审慎不同的任务、目标和工具。另一方面,确立了三者的协调内容,主要包括以下几个方面:①宏观审慎是货币政策的必要补充。鉴于货币政策的统一无法消除各国差异性的金融周期,因此,宏观审慎政策应当是针对不同国家的必要补充。对此,欧洲央行在宏观审慎方面的权力主要是收紧工具水平,并且是有限的权力。②相较于微观审慎的宏观审慎优先原则。当金融体系面临系统性风险威胁的时候,宏观审慎政策应优先给予实现。③建立政策工具、政策效果的重叠和抵消,以及政策操作时机的协调机制。

3. 监管视野逐步由银行体系向非银行部门延伸

由于法律的限制,目前欧盟大多数成员国还不能对非银行体系采取直接的宏观审慎政策干预,只能通过(非)公开建议、警示,要求非银行体系对监管部门公布信息。因此,监管主要表现在提高对影子银行的数据监测力度方面。具体包括:①欧盟及成员国构建了非银行体系的宏观审慎监测框架,这一框架明确了影子银行体系在流动性、期限转换、杠杆率以及与银行体系的关联度等方面对系统性风险发挥潜在影响,并形成了机构基础和交易活动基础(证券化、回购协议、证券融资交易以及场外衍生品)这两个维度的监测方法,运用资产负债表数据、交易信息等来捕获不同类型的影子银行在金融市场上的风险状况。②提高数据颗粒度,完善监控系统性风险所需要的数据体系。鉴于欧洲对于影子银行体系的数据不完全、碎片化,欧盟陆续通过《欧洲市场基础设施监管规则》(EMIR)、《证券融资交易法》(SFTR),加大对衍生品交易以及证券融资交易的信息采集要求。③考虑将逆周期监管工具扩展到存贷款机构、养老基金等。例如,提出对非银行部门实施杠杆限制、抵押衍生品和证券融资交易的保证金要求,建立包括衍生品在内的综合杠杆率等。

除此之外,遏制房地产市场风险是当前欧洲针对非银行体系宏观审慎的重要方面。鉴于房地产是金融周期波动的重要参数,欧盟各国均在不同程度上加强了有关的宏观审慎监管,运用借款基础的工具来限制信贷行为,提高银行资产风险权重,一些国家还运用提高房产税和分期还款要求等手段来配合宏观审慎工具的使用。此外,为了更好地识别市场风险,2016年ESRB发布了关于消除房地产数据差异的建议,建议成员国采纳其构建的统一的指标和定义。最后,ESRB和ECB联合开发了跨国的监测框架,通过开展横向和纵向两个维度的系统性风险监测,评估监控各国风险状况。

4. 突出强调"先发制人"的早期监管干预手段

"先发制人"原则是欧洲央行重点强调的宏观审慎原则之一,这与国际清算银行

（BIS）提出的早期监管干预是一致的。通过前瞻性评估、风险影响框架、专家监管小组的指导，以及迅速纠正的行动，尽量减少破产银行对存款保险计划的影响。目前，欧洲早期监管干预的基本内容包括：

（1）打破银行危机与主权债务危机的联系，建立金融体系的前瞻性破产管理。欧盟层面推出《银行恢复与清算指令》Bank Recoveryand Resolution Directive，BRRD）和《存款保险计划指令》(Deposit Guarantee Schemes，DGS），这两个法律文件确保在银行出现倒闭的情况时，减少政府和纳税人的负担，并能及时处置、剥离资产，维护银行正常的存款支付功能。根据BRRD第45条规定，2015年7月，在金融稳定委员会（FSB）关于银行业总损失吸收能力标准（TLAC）的基础上，欧洲银监局（EBA）对所有银行均提出了自有资金和合格负债的最低要求（MREL），以提高银行的自救能力。进一步地在非银行部门，ESRB提出关于中央交易对手方（CCP）以及保险机构的恢复与清算的统一框架的法律建议。

（2）建立了系统性风险的仪表盘，通过对有关系统性风险的所有区域进行指标检测和评估，从而获得系统性风险测量和预警的依据。

（3）建立了银行早期预警模型（BEWM），用于识别个别的系统重要性银行的脆弱性，以及大量银行同时累积的风险。第四，开发了新的分析工具STAMP，作为宏观审慎压力测试的分析工具。它的优势在于将更广泛领域的金融机构纳入观察范围，除银行体系外，还包括影子银行、中央交易对手方以及保险和养老基金；对于金融周期形态给予分析，并将经济和金融冲击对系统性风险的影响也纳入评估之中。

5. 重视跨境监管合作与协调

由于宏观审慎政策权力主要集中在各成员国，为了确保宏观审慎政策的有效性和一致性，各国以及与欧盟机构之间需要更加充分的合作，以避免跨境溢出效应的出现，主要包括：

（1）规定了关于逆周期资本缓冲要求的强制性对等原则。目前，各成员国关于房地产风险的风险权重以及逆周期资本缓冲等有关资本金管理的强制性对等已经建立。

（2）2015年末，ESRB推出了宏观审慎政策的志愿对等框架，建议以自愿相互承认的原则来协调成员国的宏观审慎政策，并期望逐步推广至整个欧盟国家。

（3）ESRB、ECB和各成员国还共同开展对非欧盟的第三方国家风险的指标监测，并制定逆周期资本缓冲要求，要求本国银行执行。

三、欧盟宏观审慎政策的效果评析

1. 在调控信贷规模、熨平金融周期方面具有有效性和灵活性

一方面，多数经验研究验证了宏观审慎政策工具的有效性。审慎政策的实践经验有限，有关宏观审慎政策的有效性仍然需要时间加以验证，现有的经验研究表明：欧盟的宏

观审慎政策有助于调节信贷规模、管理金融周期。例如，通过建立关于宏观审慎政策工具的指标体系，发现资本缓冲、流动性上限以及贷款限制等工具对于欧盟非金融企业的贷款具有相应的影响力；特勒瑟尔等通过欧元区《银行贷款调查问卷》收集到的有关数据，对宏观审慎政策对于遏制贷款增长以及房价上涨的有效性做了评估，发现调节银行融资成本的工具（如流动性比率、严格的资本缓冲要求等）在降低抵押贷款增速方面最为有效，贷款价值比的限制同样有效。此外，有研究认为宏观审慎政策有助于改善欧元区经济失衡的问题，通过建立两国动态随机一般均衡模型，检验贷款价值比上限和最低逆周期资本缓冲对金融失衡的影响，得出的结论是：使用区域差别的宏观审慎政策有助于抵消共同货币政策相机抉择的冲击，平滑外围国家的产出波动，从而减少欧元区统一货币政策产生的经济失衡问题。

另一方面，欧盟宏观审慎政策也体现了充分的灵活性。首先，欧盟强调政策工具的使用依照国别特性设定，从而有效地降低了成员国金融周期的异质性，体现了政策工具和目标的精准性。其次，尽管欧盟资本金要求指令对中小企业贷款的风险权重作出了统一的规定，并要求成员国统一执行。在2013年~2017年欧洲经济最为低迷的阶段，为了体现宏观审慎政策的逆周期性，欧盟下调了这一风险权重，以促进中小企业信贷的增加和经济的复苏。此外，鉴于欧洲银行业处于调整阶段，欧盟针对银行体系的宏观审慎力度是低于国际监管组织要求的。在资本金管理方面，欧盟放松了针对小型金融机构的资本定义和资本缓冲要求，在宏观审慎政策工具的设定水平方面，也对成员国留有余地。最后，在自有资金和合格负债最低要求（MREL）方面，由于这项规定将对银行体系带来较大的融资压力，欧盟表示将会对大型银行机构实施更有利的资本待遇。

2. 推动银行去杠杆进程的实现

随着宏观审慎政策力度的加强，在2015年欧版TLAC启动之后，欧洲银行业的资本金要求和坏账准备金要求不断提高，普通股以及资本比率（CET1）要求已从7%提高到2017年的14%。监管力度的加大迫使银行采取各种措施行动，通过配股增资、资本重组、降低风险权重资产、资产出售及拆分等直接和间接手段，改善了资本质量银行业和资产负债分配，降低了银行业的杠杆率过高的风险。

3. 宏观审慎政策的未来取向将继续推动欧洲金融结构演变

在过去25年间，欧洲监管格局呈现以下特征：从过去的放松银行监管到金融危机之后的放松金融市场监管，目前又转向二者兼顾、相互平衡的趋势。危机之前，欧洲银行体系出现了杠杆率过高、高度集中以及规模过大的问题，欧盟认为银行对私人部门的贷款急剧膨胀是危机发生的重要原因之一，因此决议要加强对银行业的监管，鼓励金融市场发展。随着宏观审慎政策的进一步落实和生效，限制银行的资产无序扩张，银行体系恐难再续危机之前的辉煌。接着，由于欧洲崇尚"多方平衡、相互制衡"，欧盟开始启动一系列加强金融市场和影子银行体系的监管措施,监管套利的空间将逐渐减小,对金融市场发展的推动也逐步减弱。因此,宏观审慎政策取向将继续推动欧洲金融结构的演变。建立更加平衡的金融结构、共同促进经济发展应当是未来欧洲金融结构可能的格局。

4. 无法消除主权债务风险与银行体系风险相互交织的系统性风险隐患

欧元区的金融不稳定是由统一货币和独立财政的制度缺陷导致的,主要表现在两个方面:

(1)统一货币加深了欧洲金融市场一体化,也加剧了私人资金的无序流动。

(2)成员国没有货币创造能力,无法实现公共债务的货币化融资,欧元区"亚主权"国家容易出现公共债务问题。因此,欧元区国家易于受到银行体系风险以及主权债务风险的冲击,进一步升级成为系统性风险的可能性更大。欧洲宏观审慎政策体系有助于欧元区的金融稳定,却无法根除风险隐患。在金融层面,尽管跨境监管协调机制已经建立,但未有效解决跨境资金的无序流动问题。此外,由于"共同存款保险"和"统一清算机制"的停滞不前,单一监管机制作为金融监管改革的主要进展,正在远离"银行联盟"三大支柱构想,金融稳定的一体化程度远远不够。在财政层面,2017年,欧盟建议将危机时期的"欧洲稳定机制"转变为可以充当"最后贷款人"角色的欧洲货币基金。目前,这一建议仍然处于悬而未决的状态。

5. 宏观审慎政策的治理框架有待继续完善

欧盟宏观审慎组织架构和权力分配充分体现了欧盟的"权力分散与平衡"的特征,决策主体和程序较为复杂;加之宏观审慎政策的模型、政策的使用以及传导机制等均处于完善之中,因此,有关宏观审慎政策的各项协调工作显得尤为重要。宏观审慎的政策框架存在多处需要完善的方面。

(1)组织框架复杂、决策效率低下

整个政策框架涉及ESRB,欧元区SSM中的欧洲央行、行长理事会、监管委员会、执行委员会,以及各国监管当局(有的是各国央行,有的是金融稳定当局等)等诸多主体,但缺乏一个全面执行宏观审慎政策的权力机关。庞大的组织架构导致政策反应缓慢和执行效率低下,缺乏清晰的治理思路。

(2)面临政策独立性的考验

对于欧元区SSM的机构设置,欧元央行体系有关货币政策与金融稳定的决策代表也存在较多的重叠。监管委员会的部分成员为各国监管当局,是财政部制约机构,他们如何参与欧洲央行单一监管机制的独立决策,也引起人们对其独立性的质疑。

(3)各国宏观审慎权力分散,增加了协调难度

目前,金融体系状况较好的中心国家宏观审慎工具标准高于金融体系状况较差的外围国家,这与宏观审慎政策工具设定原则恰恰相悖。以系统性风险缓冲为例,多数北部国家

采取较高的系统风险缓冲，比率在 2%~3% 之间，南部国家大多采取较低的系统风险缓冲，比率一般不超过 1%，而意大利和拉脱维亚则将这一比率设定在 0%。这一现象为监管套利提供机会，也增加了欧盟各国协调合作的难度。

（4）宏观审慎政策的实际操作有待完善

诸多宏观审慎政策工具（例如，系统性风险缓冲与逆周期资本缓冲等）、宏观审慎政策与微观审慎政策之间、货币政策和宏观审慎政策之间均存在工具设置模糊和重叠现象，有时 ECB 和 ESRB 也无法达成统一认识。

第三节 英国宏观审慎监管的实践

国际金融危机后，宏观审慎政策重新被金融监管机构所重视，成为与货币政策、微观审慎监管同等重要的监管政策。在实践中，宏观审慎政策该如何与货币政策和微观审慎监管相协调。实例探讨英国协调宏观审慎政策与货币政策和微观审慎监管关系的实践和相关的经验和教训。

一、宏观审慎政策、货币政策和微观审慎监管机构、目标和工具

1. FPC、MPC、PRA 和 FCA

英格兰银行下设的货币政策委员会（MPC）负责货币政策的制定，金融政策委员会（FPC）负责宏观审慎政策的制定。FPC 法定职责是识别、监测和采取行动以降低、减少系统性风险，保持英国金融系统的弹性，实现金融稳定目标。为支持金融稳定目标，英格兰银行还担负起金融市场基础设施的监管职责，包括中央对手方和证券结算系统的监管。微观审慎监管机构主要是审慎监管局（PRA）和金融行为管理局（FCA）。PRA 主要负责监管吸收存款的金融机构、保险公司和较大的投资公司。2013 年成立的审慎监管局是英格兰银行的组成部分，负责保险公司、存款机构和主要投资公司的微观审慎监管。FCA 负责所有金融机构的行为监管和监管不在 PRA 监管范围内的其他金融服务公司，例如资产管理公司、对冲基金、证券交易商和独立的金融咨询公司。

FPC、MPC 和 PRA 是英格兰银行的下设委员会或机构，只有 FCA 独立于英格兰银行，但 FCA 局长是 FPC 成员，英格兰银行行长同时是 FPC 和 MPC 的主席。四个机构决策成员相互交叉，这样组织、人员安排方便信息交流和政策协调。

2. 政策目标

虽然货币政策、宏观审慎政策和微观审慎监管长期的共同目标是通过达到可持续的潜

在经济增长,提高公共福利。但短期政策目标不同,政策工具也不同。

货币政策目标是保持物价稳定和支持政府经济政策,包括经济增长和就业。物价稳定,即年化 CPI 保持在 2%,CPI 是月度数据,目标是否完成一目了然。因为货币政策时滞的影响,实际判断政策效果略复杂,货币政策充分发挥作用需约两年的时间。宏观审慎政策目标是保持金融稳定。金融稳定尚没有被广泛接受的定义。一般认为,金融稳定是金融体系在各种经济环境下,包括经济危机期间,以合理价格提供主要的金融服务支持实体经济发展。主要的金融服务包括支付和交易,储蓄转为投资,以及保险、风险管理。

宏观审慎政策目标是否实现较难判断,没有类似 CPI 的月度金融稳定指标。微观审慎监管主要目标是单个银行和其他金融机构的稳健运行,也是金融体系和经济稳定的基础。由 PRA 和 FCA 负责,PRA 法定目标有两个:一是提升所有被监管金融机构的安全性和稳健性;二是特别对于保险行业来说,保护保单持有人的利益。FCA 监管金融服务企业和金融市场,保证金融市场公正、公平和有效。

3. 政策工具

根据丁伯根原则,实现三个政策目标至少需要三种政策工具。三类政策工具中,货币政策工具相对成熟,宏观审慎政策工具仍处于完善发展过程中,微观审慎政策工具较灵活。

英格兰银行的货币政策工具有两类,常规政策工具和非常规政策工具。常规工具是政策利率,即金融机构向央行借款的利率。非常规政策工具是中央银行扩张资产负债表购买公司和政府债券,即所谓的资产购买计划或量化宽松。

FPC 宏观审慎政策工具主要有五种:

(1) 逆周期资本缓冲工具(CCB),属于巴塞尔 III 框架下的工具,被用于要求银行、房屋抵押贷款协会和大型投资公司持有额外缓冲损失的本金,提高了整个系统的损失吸收能力,降低了系统性风险,是一个简单、总量型工具。

(2) 部门资本金要求(SCRs),根据 FPC 判断,针对存在影响金融体系稳定的特定部门风险敞口金融机构额外的资本要求。

(3) 系统性风险缓冲(SRB),针对系统重要性金融机构资本金的要求,从 2019 年开始实行。

(4) 杠杆率上限要求,巴塞尔委员会提出的用于补充银行资本充足率的工具,是银行资本与总风险敞口或总资产的比例。

(5) 平滑房地产周期的工具,因为房地产市场风险是引起金融不稳定的重要因素,即债务收入比和贷款价值比。

微观审慎监管政策工具是设立监管标准,包括对金融机构资本金、流动性和风险管理等方面的要求,以及针对系统重要性金融机构进行的压力测试。

二、宏观审慎政策和货币政策之间的关系和相互作用

货币政策会影响金融稳定，宏观审慎政策也会对物价稳定和经济增长产生一定影响。当货币政策宽松，政策利率较低时，资产价格脱离基本面的上涨和居民、企业过度负债导致金融风险的聚集，进而影响金融稳定。较高的杠杆率使借款人更易受到利率上升、信贷环境收紧和收入下降的冲击，金融中介受到贷款损失和所持资产价格下降的影响资本充足率降低，对手方对金融机构还款能力产生质疑，会引发金融风险。当较低的短期利率与向上的收益率曲线结合时，金融机构倾向于借短贷长，其资产负债表还会出现期限错配。危机中，借款人和金融中介的过度反应放大信贷紧缩和收入下降的冲击，极端情况下，金融服务功能的中断给实体经济带来严重影响，物价稳定的货币政策目标也无从实现，就像2008年国际金融危机中，经济体所经历的一样。另一方面，当货币政策收紧、政策利率较高时，中期看，抑制了企业和居民的借款需求，负债和杠杆率的下降有利于降低金融风险，实现金融稳定。但在短期，信贷环境的收紧，企业和居民的融资展期的需要得不到实现，债务违约风险增加，不利于金融稳定的实现。

金融稳定是货币政策有效传导的基础，是实现物价稳定和经济可持续发展的基础。金融稳定不仅依靠宏观审慎政策，还需要货币政策配合。大部分时间，货币政策和宏观审慎政策方向一致。经济繁荣时，市场参与者往往承担过度风险，需要货币政策和宏观审慎政策同时紧缩。当经济陷入衰退，物价水平处于通缩时，需要宽松的货币政策和宏观审慎政策。

两个政策有时也会出现冲突，就需要采取合适的工具对冲另一政策的不利影响。例如，FPC出于防范风险的考虑，要求发放贷款的金融机构持有更高资本、保持较高的流动性和充足的抵押品，而此时，实体经济处于衰退或复苏过程中，通胀水平低于目标，需要较宽松的货币政策。宏观审慎政策的实现就不能通过降低贷款额来实现，更多应依赖于资本金的增加。提高资本金从长远看有助于促进经济增长，因为金融机构资本充足率的提升，增强了放贷能力。

在宏观审慎政策和货币政策协调方面，英格兰银行有一些实践经验。2012—2013年，国际金融危机后，FPC试图重建银行业，需提高其资本充足率，MPC试图刺激信贷需求和消费增长，政策利率已达到最低有效利率水平。FPC用压力测试工具确定银行所需筹集的资本金，并向微观审慎监管机构建议通过增加资本金，而不是减少贷款额来满足资本充足率的要求，不能降低贷款的发放，因为MPC正在鼓励金融机构贷款的发放。

2014年6月，英格兰银行针对住宅市场所采取的措施，避免使用货币政策工具拖累实体经济的表现。当时，市场担心居民不断上升的债务水平对金融稳定产生不利影响，FPC的措施是不超过15%抵押贷款人的贷款收入比超过4.5。针对市场担心浮动利率抵押贷款后期利率上升时，贷款人无力负担带来的金融风险，FPC的措施是对贷款利率上浮3%进行压力测试，测试借款人的还款能力。货币政策可以不用考虑住宅抵押市场积累的风险，

只需关注中期通胀目标。

2016年6月,英国全民公投决定"脱欧",为了避免该决定对经济的负面影响,货币政策进行了宽松,主要通过资产购买和鼓励金融机构从英格兰银行借款并放款给私人部门。为了避免与FPC对金融机构资本要求规定相抵消,FPC在计算杠杆率时,扣除了金融机构在英格兰银行的存款,另外,还调整了对金融机构杠杆率的要求,保证了货币政策实施的效果。

三、宏观审慎政策与微观审慎监管的关系

大部分情况,宏观审慎政策与微观审慎政策关系是相辅相成,相互促进,政策方向一致。有效的微观审慎监管是金融稳定的基础。宏观审慎政策依赖于微观监管部门信息的收集。例如房地产贷款的信息帮助宏观审慎部门判断金融风险情况。宏观审慎政策关注于微观审慎监管没有覆盖的金融业务的外部性、溢出效应和传染性。宏观审慎政策的有效执行需与微观审慎监管部门密切配合,例如在对金融机构进行压力测试和对结果进行解释时。另一个案例是当英国宣布"脱欧"后,FPC决定将金融机构逆周期资本缓冲的要求降低0.5%。为了确保释放的资本用于发放贷款,以支持实体经济,而不是用于股东的分红或股票回购上,需要微观审慎监管机构的配合。

当经济处于衰退期,有时也会出现政策冲突。当风险凸显、贷款违约增加,宏观审慎政策希望能释放资本缓冲,确保贷款的正常发放,保证经济体的资金需求,但微观审慎监管更多注意到风险上升,更关注金融机构的稳健,要求金融机构贷款的发放应更加慎重。这时如果金融机构在经济繁荣期积累了充足的资本缓冲,就可以在满足放贷需求的同时,不影响金融机构自身的稳健性。

金融监管工作、经济政策的制定机构不能各自为政,需平衡政策目标,协调政策工具,避免出现政策方向冲突、效果相抵的情况。英国金融体系以银行业为主,相比金融市场,更依赖金融中介的作用,与中国金融体系特点类似,其在金融监管上的经验教训值得中国借鉴。

(1)为实现政策目标,宏观审慎政策、货币政策和微观审慎监管决策机构之间的信息交流和成员间的交流非常重要。FPC、MPC和PRA同设在英格兰银行内部更容易实现信息共享,政策合作沟通和协调也更为便利。英国组织框架安排是其所特有的,时间不长,判断效果尚需时日。2013年4月,金融服务管理局(FSA)解散,被FCA和PRA所取代,银行业、保险业和大型投资公司的监管权又回到英格兰银行,加强了英格兰银行的权力和职责,体现了央行在经济金融领域的专业优势。

(2)目前看,在应对房地产周期上,包括商业地产和住宅,宏观审慎政策的应用较成功。在实践中,宏观审慎政策除了考虑与货币政策和微观审慎监管之间的关系,其逆周期管理的难度也较大,面临多方压力。经济繁荣期,阻力来自于金融业和政治层面,危机期

间，又难以获得公众的理解和支持，公众的压力也会传导到政治层面。

（3）在目前开放的经济金融环境下，一国的金融稳定不仅受到本国金融风险的影响，还有来自国际金融风险的影响，所以宏观审慎政策也需考虑国际合作问题。例如2008年席卷全球的金融危机就是由美国的次贷危机引发的。

（4）宏观审慎政策与货币政策、微观审慎监管关系和作用需要进一步理论研究和实践经验总结。随着金融市场、金融机构不断推出新的金融产品和金融业务，引发金融脆弱的因素不断变化，需要一国金融监管框架相应进行调整以完成法定的监管目标，监管工具也需要不断的扩充和创新。

第四节　巴塞尔委员会宏观审慎监管的实践

商业银行在经营管理过程中，由于各种不确定因素的存在，随时都有遭受损失的可能性，这就是银行风险。因此，现代商业银行在进行资产负债管理过程中，要注意加强资产负债风险管理，尽量降低和减少银行可能遭受的信用风险、流动性风险、利率风险、资本风险和营业风险。

当代西方发达国家商业银行的资产负债风险管理，是按照"巴塞尔协议"的有关规定来执行的。

一、"巴塞尔协议"产生的背景及目的

巴塞尔协议产生之际，正是全球银行业经历重大变革的时期。80年代以来，国际商业银行在新技术革命、各国资本市场及金融政策自由化等因素推动下，打破了传统业务界限，与投资银行业务互相渗透，为了扩大市场份额，各银行竞相推出新的融资工具和融资形式表外业务迅速扩展，使得商业银行的汇率风险、利率风险、营业风险乃至国家风险越来越大；加之80年代初爆发的发展中国家债务危机，使国际银行业的稳定与发展受到威胁，许多商业银行破产。

如美国1985年破产的银行达120家，1987年破产的达200家，1989年又倒闭了206家。各国商业银行的风险如何测量和防范，需要有一个国际统一标准。在这种背景下，为了以统一的标准来监管各国的商业银行，由美国、英国、法国、联邦德国、意大利、日本、荷兰、比利时、加拿大、瑞典（"十国集团"）及卢森堡和瑞士等12国中央银行代表组成的巴塞尔委员会于1987年12月制定并通过了"巴塞尔提议"，以后经过6个月的咨询期，汇集各方的意见，于1988年7月经巴塞尔委员会正式通过，并经12国中央银行行长签署，形成了"巴塞尔协议"。该协议并不具有法律效力，但由于参与制定的国家是当

今世界的主要工业国家，代表着世界上最强大的经济集团，因此，该协议很快被广泛接受并成为世界各国银行业管理的统一指导文件。

二、"巴塞尔协议"的内容

"巴塞尔协议"的内容主要由四部分组成：①资本的构成；②风险加权的计算；③标准化比例的目标；④过渡期和实施的安排。

1. 资本的构成

巴塞尔协议"将银行资本分为核心资本（又称一级资本）和附属资本（又称二级资本）两类。

核心资本由实收资本和公开储备组成，其中实收资本包括实收普通股资本和不可赎回、不可累计收益的优先股资本；公开储备是以公开的形式，通过保留盈余或其他盈余反映的资产，包括股票发行溢价、保留利润（用当年保持利润向储备分配或储备提取）、普通准备金和法定准备金的增值而创造和增加的新增储备，但不包括重估储备和累计优先股。

附属资本则包括非公开储备、资产重估储备、普通准备金和普通呆账准备金，带有债务性的资本工具、次级债务等。

其中非公开储备指虽未公开，但已反映在银行损益账户上，并为银行监管机构所接受的储备，此项不能超过附属资本的45%；资产重估储备必须由官方认可的专门的评估机构进行，重估后的增值部分必须反映在资产负债表上；普通准备金和普通呆账准备金是用于防备目前还不能确定的损失的准备金，在损失一旦出现时可随时用于弥补；带有债务性质的资本工具既有一定的股本性质又有一定的债务性质，如加拿大银行的长期优先股，英国银行的循环从属债务及美国银行的强制性可转换债务等。

次级债务具有两个鲜明特征：①债务清偿时不能享有优先清偿权；②有严格的期限规定。上述各项资产构成中，核心资本应占整个资本的一半，附属资本不能超过核心资本。各国金融管理当局可根据本国的会计和管理条例对附属资本中未公开储备的内容作出取舍。

2. 风险加权的计算

"巴塞尔协议"把银行资产划分为表内项目和表外项目两大类。表内项目是在资产负债表上反映的，表外项目是不在资产负债表上反映但又可能随时转换为表内项目的。评估银行资本所应具有的适当规模，要将资本与资产负债表上不同种类的资产以及表外项目的不同风险程度挂钩，并按风险权数计算银行的总资产。以风险资产为基础，计算资本与风险资产的比例。为此，巴塞尔协议对资产负债表内及表外项目，按其风险程度不同分别进行了分级和分类，并且规定了风险权数。

（1）表内项

表内项目的风险权数共分为5级：

1）风险权数为0的资产

包括现金资产、对本国中央银行和中央政府的债权。对经济合作与发展组织（OECD）国家的中央政府和中央银行的其他债权、用现金或用OECD国家中央银行提供担保的债权。

2）风险权数为0%、10%、20%或50%（各国自定）的资产

包括对国内政府公共部门机构（不包括中央政府）的债权和由这样的机构提供担保的贷款。

3）风险权数为20%的资产

对多边发展银行（国际复兴开发银行、泛美开发银行、亚洲开发银行、非洲开发银行、欧洲投资银行）的债权，以及由这类银行提供担保、或者以这类银行发行的债券作抵押的债权；对OECD国家内注册银行的债权以及由这些银行提供担保的贷款；对OECD以外国家注册的银行余期在一年以内的债权和由这些银行提供担保的、所余期限在一年以内的贷款；对非本国的OECD国家的公共部门机构（不包括中央银行）的债权，以及由这些机构提供担保的贷款，托收中的现金款项。

4）风险权数为50%的资产

完全以居住用途的房产作抵押的贷款。

5）风险权数为100%的资产

包括：对私营部门的债权；对OECD以外的国家的法人银行余期在一年以上的债权；对OECD以外国家中央政府的债权（以本国货币定值和以此通货融通的除外）；对公共部门所属的商业公司的债权；行址、厂房、设备和其他固定资产；不动产和其他投资；其他银行发行的资本工具，所有其他资产。

（2）表外项目

表外项目的风险权数，是通过信用换算系数的方法来计算的，即以信用换算系数乘以项目余额，乘出的数额根据表内同等性质的项目进行加权，从而得出相应的风险等级。

表外项目的风险从"无风险"到"十足风险"共划分为4类：

1）风险权数为0%的项目，包括能随时无条件取消的和初始期限不到一年的贷款承诺。

2）风险权数为20%的项目，指短期的有自行清偿能力的与贸易有关的或有项目，如有优先索偿权的装运货物作抵押的跟单信用证。

3）风险权数为50%的项目。包括某些与交易相关的或有项目，如投资保证书、认股权证；票据发行便利和循环包销便利，逾期为一年以上的贷款承诺等。

4）风险权数为100%的项目，包括直接信用的替代工具（如为贷款担保、银行承兑、

备用信用证）；销售和回购协议。

3. 标准化比例的目标

"巴塞尔协议"要求在1992年底之前，签约各国及经营国际业务的银行都应实现按统一标准计算的资本与加权风险资产的比例，即资本（包括核心资本与附属资本）应达到全部加权风险资产的8%，其中核心资本与风险资产的比例至少4%。巴塞尔委员会希望其他国家也实施这一条例。

4. 过渡期和实施的安排

为顺利过渡到新的监管体系，"巴塞尔协议"规定了从1987年底到1992年底的5年过渡期，并确定资本与风险资产的比例1990年底达7.25%为中期目标，以便让各国银行调整和建立所需的资本基础。1991年2月，巴塞尔委员会对上述介绍的计算方法进行了修改：

将普通准备金从资本中删除，因为这部分准备金是用来弥补外国资产和不动产损失的准备金。用来弥补任何风险的准备金可以作为附属资本。

从1993年底开始，作为普通准备金的附属资本不得超过银行加权风险资产的1.25%。

永久性股东的股份和未公开储备可作为核心资本，并且用以弥补普通银行风险的资金也可以作为核心资本。

三、"巴塞尔协议"对各国的影响

"巴塞尔协议"是80年代以来国际金融业的一份十分重要的文件，它以统一的计算方法和标准，解决了资本与资产的比例问题，其影响是相当巨大的。

（1）它有助于各国银行，尤其是发达国家的银行，在平等的基础上进行竞争。国际银行业为达到"巴塞尔协议"标准，或增加资本，或减少资产，或者调整资产结构以改变风险权重。同时，各国中央银行对国内商业银行也加强了监管，将"巴塞尔协议"标准用于国内不从事国际业务的银行，使各银行在平等的基础上开展业务竞争。

（2）为国际间银行监管工作的协调一致提供了方便，这必将进一步保障各国银行在激烈竞争和提高服务效率的同时，确保国家银行体系在国际债务危机或金融风潮中能平稳顺利营运。

（3）"巴塞尔协议"的最终完全实施，将使各国银行的国际化、国际金融市场的一体化进程更加加快。最后，该协议将促使发展中国家根据协议的原则监管本国银行，发展中国家的商业贷款增长速度将会放慢。"巴塞尔协议"在涉及国家转移风险这部分中，将贷款的风险权重按两类不同的国家组别予以区分。OECD国家和沙特作为一类国家，对这类国家中央政府的债权，风险权重为零，银行和公共部门的债权为20%；非OECD的发展中国家作为二类国家，对二类国家的贷款，其风险权重全部为100%，这将使这些国家或金融机构的融资活动处于不利地位，并使贷款数量受到极大的影响。

第五节　日本宏观审慎监管的实践

日本宏观审慎监管实践及经验借鉴亚洲金融危机爆发后，宏观审慎监管引起了全球金融监管机构的关注。日本为提升宏观审慎监管水平，设置了宏观风险指标，并定期进行宏观压力测试。实例重点介绍了日本的宏观风险指标体系的构成和宏观压力测试的方法，以及具有代表性的压力测试案例，并总结了日本宏观审慎监管的若干经验，以期为我国宏观审慎政策的制定提供参考。

一、宏观审慎监管成为全球金融监管领域的关注点

在亚洲金融危机爆发前，大部分国家金融监管的重心都在于保障个体金融机构的安全，往往忽视了保障整个金融体系稳定的重要性。虽然"宏观审慎"的概念早在20世纪70年代末就已被提出，但直到亚洲金融危机爆发后，宏观审慎监管才引起全球金融监管领域的关注。1998年1月，国际货币基金组织发表了《迈向一个健全的金融体系框架》报告，最先将宏观审慎监管的理念用于金融体系监管。

宏观审慎监管是为了维护金融体系的稳定，防止金融体系对经济体系的负外部性而采取的一种自上而下的监管模式。具体来说，宏观审慎监管包括三个方面：①识别系统性风险，即发现、监测和计量系统性风险及其潜在影响；②降低系统性风险的发生概率，即通过提高监管标准和采取针对性监管措施等，预防系统性风险爆发；③缓解对金融体系和实体经济的溢出效应，即在系统性风险爆发后，限制破坏的程度和范围，尽可能降低经济损失。

20世纪80年代后期，日本开始出现资产泡沫，且资产泡沫在随后很短的时间内走向破灭。于是从20世纪90年代末到21世纪初，日本政府对此采取了一系列措施，制定了危机管理框架。作为实施宏观审慎监管的主要部门，日本中央银行日本银行在识别和计量系统性风险时使用了一系列方法，这些方法设计科学，且经过了实践验证，值得我们参考借鉴。

二、日本银行宏观审慎监管实践

日本银行的宏观审慎监管主要是定期对金融体系的稳定性进行评估，通过风险指标监测和压力测试掌握金融体系的风险情况，并进行多种分析，最终进行综合判断，以确认是否需要采取措施应对当前的风险。

1. 金融体系报告

日本银行每半年发布一期金融体系报告，定期分析和评估整个金融体系的稳定性和运行情况。通过此报告，日本银行可以及时把控风险，并与金融体系中的广泛参与者共同分享信息。这是在早期阶段能识别金融失衡并在适当时机采取有效抑制风险措施的基础。因此，日本银行关注两个关键点：一是改善金融市场评估的质量，使宏观审慎措施能在最有利的时机得以实施；二是扩大分析范围，着眼点不仅在于银行，还包括整个金融体系。

2. 宏观风险指标

日本银行监测的宏观风险指标，主要包括金融活动指数、金融周期指数和系统性风险指标。

（1）金融活动指数

金融活动指数是用来衡量金融失衡程度的指标体系，通过对14个选定指标趋势偏离度的测量，鉴别出经济是否过热。通过对指标的综合分析和评估，日本银行可以衡量出金融失衡的积累程度。

（2）金融周期指数

金融周期指数是用来识别金融体系不稳定迹象、检测金融体系状况的周期性变化指数。它是8个指标的综合反映，是由这8个指标的长期趋势决定的。这8个指标分别是银行类股票价格、房地产类股票价格、建筑行业股票价格、公司财务状况、金融机构贷款意愿、公司当前盈利水平、住房贷款和商品价格。与金融活动指数不同，金融周期指数用于检测金融体系较长时间跨度的周期变化，如资产泡沫破灭时期，这种情况通常每隔几十年发生一次。金融周期指数的值一般在 $-1\sim1$ 之间波动。当金融周期指数从正值转向负值时，其8个指标中大多数指标的长期趋势值会以更快的速度下跌，这预示着金融体系可能会在不久的将来出现不稳定情况。

图8-1显示，1990年1月、1997年11月和2007年8月三个时间点对应着三条垂直线，分别代表三个金融危机事件，即日本资产价格泡沫破灭、日本三洋证券破产和美国次贷危机爆发。目前，日本金融周期指数处于负值区间，8个指标也已转为负值且改善空间有限，因此根据以往的经验判断，日本金融体系将出现不稳定情况。

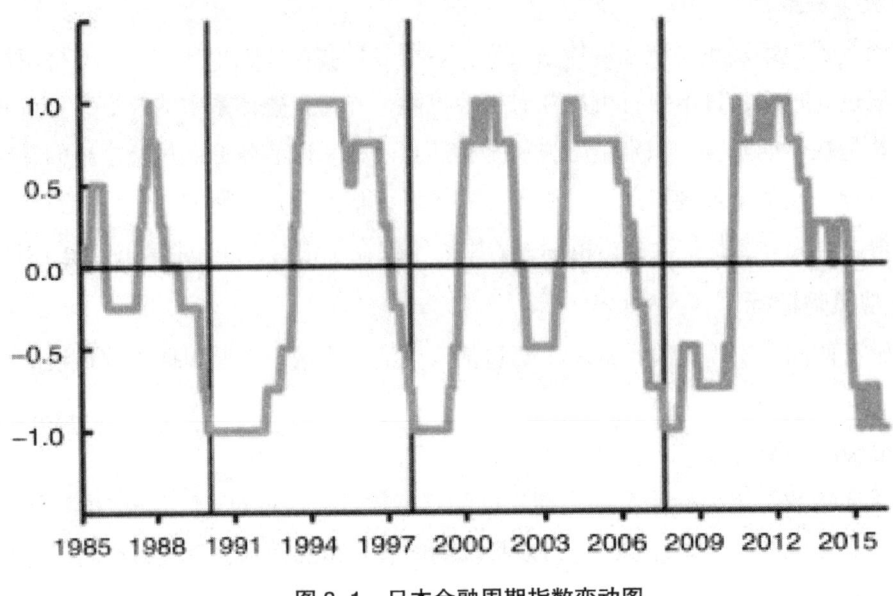

图 8-1　日本金融周期指数变动图

(3) 系统性风险指标系统性

风险指标是根据全球系统重要性银行的股价波动和它们之间的关联度,衡量各金融机构对系统性风险的贡献度。其检测指标主要包括条件在线价值(CoVaR)和边际期望损失(MES)。

CoVaR 通过金融机构所承受的压力程度和各种压力之间的联动程度这两个因素,来衡量金融机构对系统性风险的贡献度,即在测度单个金融机构非条件性尾部风险的基础上,通过测度某个金融机构陷入困境对其他金融机构尾部风险的影响,将系统性风险和在线价值联系起来。其值越高,表明对系统性风险的贡献度越大。但是,CoVaR 衡量的是单个机构层面的风险,不具有可加性,单个机构对系统性风险的贡献度之和并不等于整个金融体系的系统性风险。

MES 是指当市场收益率出现大幅下跌时,某单个金融机构对系统性风险的贡献度。该指标可用于确定金融机构在金融危机中将面临的资本损失。其值越高,则对系统性风险的贡献度越大。

根据 30 家全球系统重要性银行的股价数据,可以测算出全球系统重要性银行的 CoVaR 和 MES 值。同理,利用日本、美国和欧盟全球系统重要性银行一定样本量的股价数据,可以分别测算出日本、美国和欧盟的 CoVaR 和 MES 值。

自 2015 年夏天以来,日本、美国和欧盟的系统性风险指标值均持续上升。这是这段时期全球金融市场波动性加剧、新兴经济体经济增速放缓及其他影响资产组合和全球系统重要性银行盈利能力的因素的综合反映。尽管全球主要发达经济体的系统性风险指标值在持续上升,但比起雷曼危机和欧债危机时期,该指标值目前还处于正常水平。但是在经济金融全球化发展趋势不断强化的格局下,各国风险传染性和联动程度也在加强,个别机构和地区陷入危机会对其他金融机构产生不利影响，甚至导致其他金融机构也陷入危机，以至扩散到整个金融体系，引发系统性危机。

如近几年，日本三大金融集团的海外机构通过证券方式和贷款业务投资某些新兴经济体，随着这些新兴经济体风险的暴露，三大金融集团的 CoVaR 和 MES 值也在明显上升。因此，日本银行定期对系统性风险指标进行监测，以警惕风险在系统内深化传递，从而防止其对整个金融体系的稳定性产生严重影响。

3. 宏观压力测试

宏观压力测试是指日本银行根据金融和宏观经济两个部门所反馈的信息建立模型，从宏观角度对金融机构资本充足率和金融体系弹性进行动态监测，评估特定压力事件中资本损失程度，分析负面冲击对经济和金融市场稳定性的影响。通过这样的测试，可以分析出整个金融体系的风险累积程度，以及金融机构之间风险分配不均的情况，为政策制定提供依据。首先，通过压力情景设计，评估当遇到前所未有的冲击时，整个金融体系将会受到何种程度的影响。然后，在相同情景下对全行业进行分析，得出金融体系中风险分布的情况。

（1）宏观压力测试的模型

日本银行宏观压力测试采用了金融宏观模型，其特点在于：①模型设定了金融和宏观经济两个部门，可以对金融体系和实体经济之间的相互作用进行分析；②不仅对金融部门的总值，还可以对单个金融机构的收益和自有资本率等各种经营指标进行动态分析（见图 8-2）。

（2）宏观压力测试

情景在测试中，压力情景设计是评估金融体系稳定性至关重要的环节。其中，基本线情景（baseline scenario）、尾部事件情景（tailevent scenario）和特定事件情景（the tailored event scenario）被广泛使用。

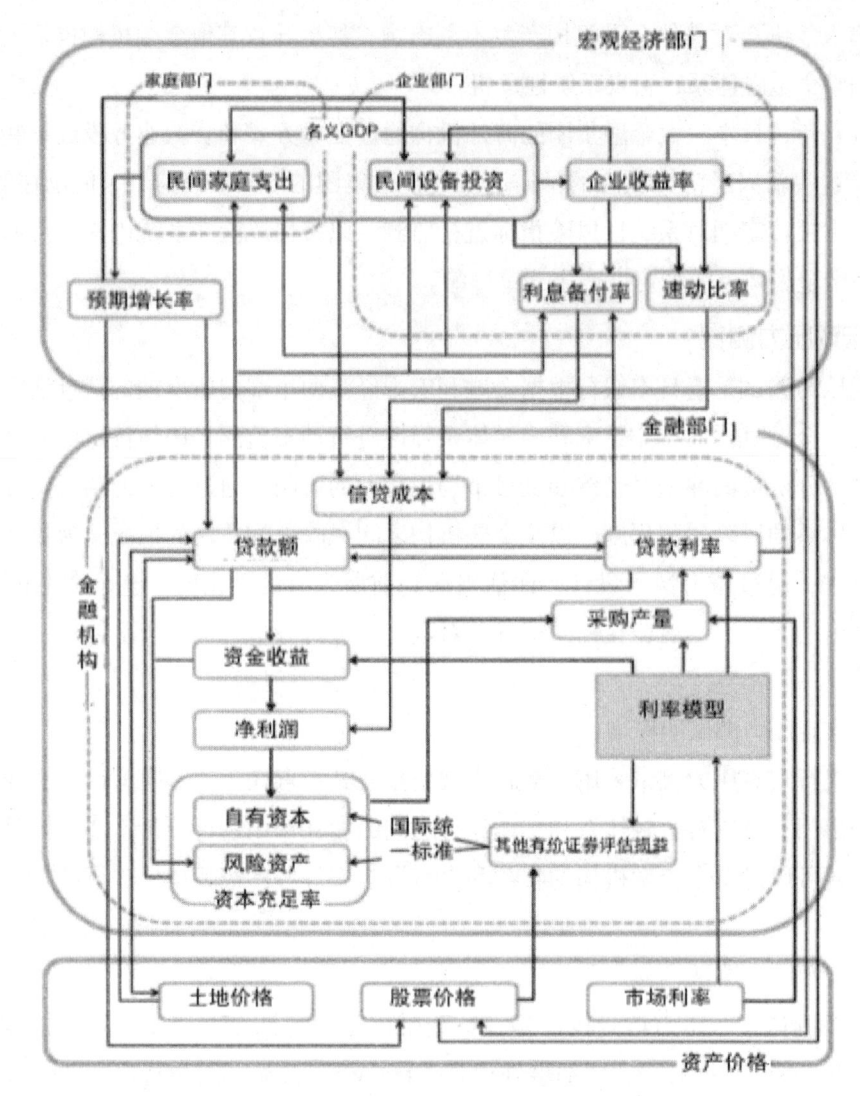

图 8-2 金融宏观模型图

宏观压力测试首先设置基本线,以作为压力测试指标的评估标准。为了识别经济金融环境和金融机构风险状况,压力测试设计了尾部事件情景和特定事件情景,以及这些情景下的特定测试指标,由此可以对各试点金融体系的问题进行特定压力测试。

基本线的主要设置方式为:

1)采用民间预测机构预期值来预测国内经济增长率。

2)采用国际货币基金组织的世界经济预期值来预测海外经济增长率。

3)采用其他变量,但这些变量都需与民间预测机构和国际货币基金组织的预测基础保持一致。

尾部事件情景是指类似于雷曼危机这种十分危急的经济金融形势。即使情景相同,同一外部压力对金融体系的影响也可能因为金融机构自身风险状况和资本实力等情况不同而有所差别。特定事件情景可以被灵活设置,旨在通过多维度分析,测试不同情况下金融体系的脆弱性，并通过模型和源数据，分析风险的传导机制。在这种情景下，压力的强度不一定需要与尾部事件情景下压力的强度一样。

（3）基本线情景和尾部事件情景相结合的压力测试案例

日本银行压力测试的对象是115家银行和258家信用金库（占信贷总额80%~90%的份额），压力的持续时间假定为3年。以日本银行2016年4月进行的一轮宏观压力测试为例，压力测试的时间段从2016年第二季度到2019年第一季度。根据国际货币基金组织和民间预测机构的预测，日本银行最新一轮压力测试设置的基本线情景为：发达经济体经济逐步回升，带领新兴市场和发展中经济体经济向好。尽管受到2017年消费税税率提高的影响，日本经济仍将以温和步伐复苏。同时设置尾部事件情景为：日本海外经济显著衰退，全球金融市场受到冲击，股票价格大跌，外汇市场避险行为增加，相对安全的日元大幅升值。根据上述机构的预测结果及金融宏观模型，日本银行对基本线情景下的经济走势进行模拟，同时还模拟了尾部事件情景下的经济走势，以便对比，如图8-3所示。图8-3中基本线情景和尾部事件情景交叉处右侧为模拟结果。结果显示，若日本海外经济衰退，日元汇率走高，导致日本企业出口减少，企业生产量降低，收入和就业减少，设备投资和个人消费等国内需求也随之减少，2016财年（2016年4月1日至2017年3月31日）日本经济增速大幅下降。但经过极限施压后，经济将触底复苏，在图5中显示为日本2017—2018财年经济增速回升。

（4）基本线情景和特定事件情景相结合的压力测试案例

该设计方案是为了评估不同情景下的金融体系脆弱性，即从宏观层面分析不同时期经济金融环境和金融机构面临的风险。对于不能覆盖的风险，采用特定风险因素指标进行分析。

日本银行在最新的压力测试中，设置的特定事件情景是"日本的银行外资成本上升"。假设外资成本上升的主要原因是日本的海外长期利率的期限升水1不断扩大，以及外汇掉期升水的扩大，并且扩大的幅度足以对银行利润和资本充足率产生压力。由于日本的银行外币资金大部分是美元，因此如果美国的长期利率期限升水扩大至200个基点，同时美元对日元掉期升水50个基点，那么这些特定事件会通过各种贸易和金融渠道使得资金回流美国，日本经济发展将暂时放缓。综合以上因素可做成特定事件情景模型，如图8-4所示。

三、日本银行宏观审慎监管经验总结和借鉴

日本银行的宏观审慎监管在风险计量方法及政策实施方面，均有一些经验值得我们借鉴。

1. 宏观压力测试与经济预测之间存在差异

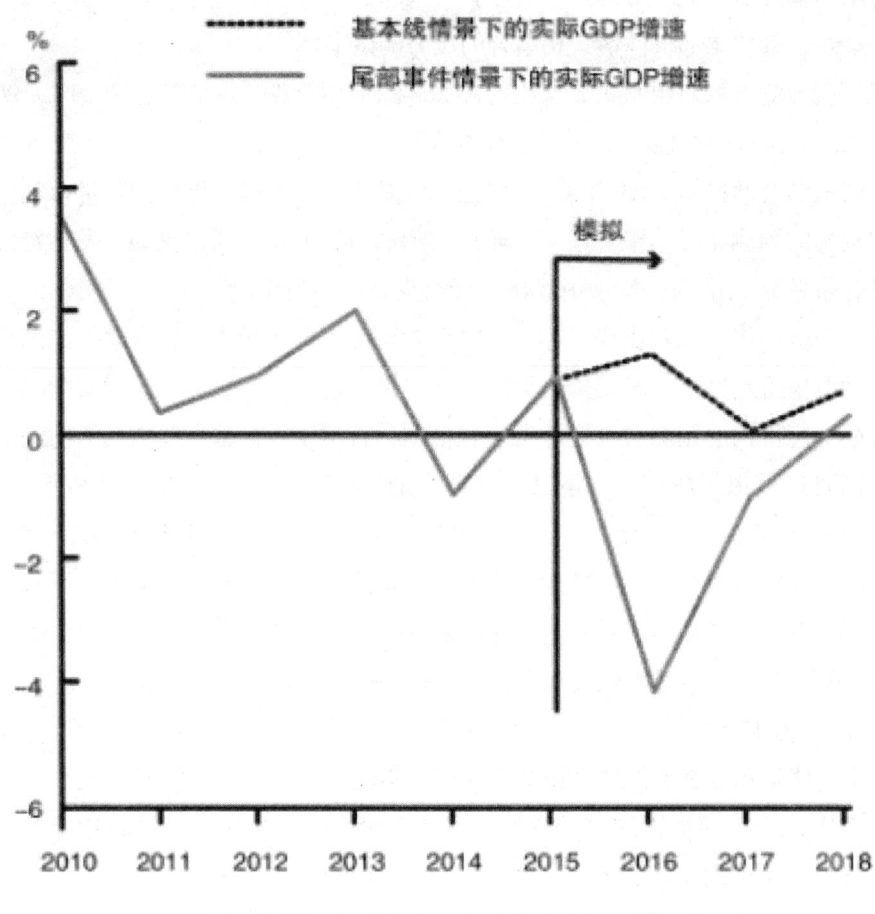

图 8-3　尾部事件情景下日本实际 GDP 增速模拟图

宏观压力测试是为了评价压力状况下金融体系稳定性和金融机构资本充足性而设定的，发生概率很高的事件不一定被设置在内。换句话说，压力指标的选取是以当时形势为前提，选择对金融体系稳定性和金融机构健全性最能构成威胁的评估指标，但不一定是经济预测指标。不过，选定的压力测试指标应与经济理论和经济金融形势的预测指标进行整合。日本银行的宏观压力测试以金融宏观模型中经济变量间的关系为基础，考虑经济金融形势指标，以确保口径一致。例如，当需求数据恶化时，主要有三类指标出现波动：①收入减少将导致个人消费减少，②企业收益恶化将导致设备投资减少，③世界经济不景气将导致出口减少。在此情况下，当设定评估海外经济减速对国内经济影响的指标时，需求数据恶化的要因不是个人消费和设备投资减少，而是出口大量减少，以此来确保指标与变量间的一致性。

2. 政策实施的时机至关重要

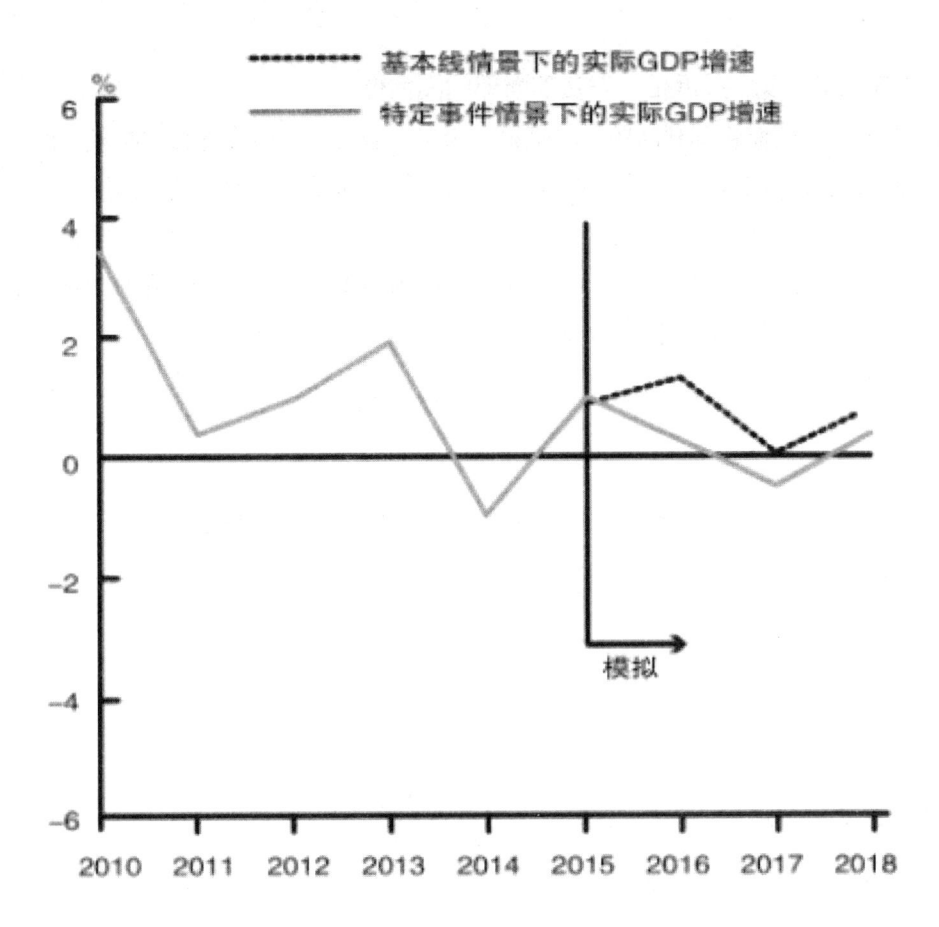

图 8-4 特定事件情景下的日本 GDP 增速模拟图

在合适的时机实施恰当的措施，将会有效遏制金融失衡的状况。有实证表明，若未能在合适时机采取措施，反而会拖累经济发展，增加经济的波动性。例如，在 1990 年日本土地价格过度上涨时，对银行房地产贷款总量限制的政策却迟迟没有出台，以致延误了政策实施的最佳时机。相反，当土地价格转向下跌时，该项政策的实施加速了土地价格的跌势，使日本经济深受其害。目前，人们已经认识到了政策实施时间的重要性，但问题的关键是如何识别金融失衡，什么状态才算是金融失衡。每个国家对此作出判断都需要积累大量经验数据，由此才能在最合适的时机推出有效的宏观审慎政策。

3. 政策框架的设计需考虑到政策实施初期的不确定性

在政策实施初期，监管当局很难证明其对金融失衡做出的预判是正确的，也很难证明所采取的措施对防控金融失衡是有效的。2008 年国际金融危机后，全球对于如何判断和处理金融失衡存在意见分歧：一种观点认为，有必要事先尽早识别金融失衡并及时解决问题；另一种观点认为，金融失衡很难事先被确定，因此应该等到泡沫破灭后再采取针对性措施。两种意见分歧的焦点在于金融失衡能否被提前判断，以及何时去应对。目前，许多国家，包括日本，更认同第一种观点，并试图设计政策框架以尽早识别金融失衡，及时采取行动。

4. 为防止政策效应打折扣，需要加强部门间合作

基于普遍存在的监管套利问题，尽管银行为响应某类政策而降低贷款总量，但政策效应可能会被其他金融机构（如影子银行等）的放贷行为所抵消。如果政策面能广泛涉及包括影子银行在内的大部分金融机构，那么政策效果将会更加明显，这就需要监管部门之间加强合作。此外，随着金融技术的不断进步，当市场出现了游离在监管范围之外的新金融产品时，政策监管的范围也应随之改变。

参考文献

[1] 谷玥. 河南一大学生赌球欠58万余元贷款跳楼身亡[J]. 中国青年报, 2016（1）.

[2] 张燕. 记者卧底"裸条"借贷调查[J]. 中国经济周刊, 2016（28）.

[3] 吴晓光, 曹一. 论加强P2P网络借贷平台的监管[J]. 南方金融, 2013（32）.

[4] 武长海. 应当尽快出台新规加强校园网贷监管（上）[J]. 中国经济时报, 2016（1）.

[5] 黄敏. 裸条借贷再曝校园网络借贷乱象严格监管迫在眉睫[J]. 通信信息报, 2016.（5）.

[6] 武长海. 应当尽快出台新规加强校园网贷监管（下）[J]. 中国经济时报, 2016（2）.

[7] 杨阳. 引导大学生正确对待校园贷款[J]. 广西教育, 2016（1）.

[8] 王曦, 朱立挺, 王凯立. 我国货币政策是否关注资产价格？——基于马尔科夫区制转换BEKK多元GARCH模型[J]. 金融研究, 2017, 449（11）：1-17.

[9] 刘勇政, 李岩. 中国的高速铁路建设与城市经济增长[J]. 金融研究, 2017, 449（11）：18-33.

[10] 况伟大, 王琪琳. 房价波动、房贷规模与银行资本充足率[J]. 金融研究, 2017, 449（11）：34-48.

[11] 祝树金, 赵玉龙. 资源错配与企业的出口行为——基于中国工业企业数据的经验研究[J]. 金融研究, 2017, 449（11）：49-64.

[12] 陈德球, 陈运森, 董志勇. 政策不确定性、市场竞争与资本配置[J]. 金融研究, 2017, 449（11）：65-80.

[13] 牟敦果, 王沛英. 中国能源价格内生性研究及货币政策选择分析[J]. 金融研究, 2017, 449（11）：81-95.

[14] 高铭, 江嘉骏, 陈佳, 刘玉珍. 谁说女子不如儿郎？——P2P投资行为与过度自信[J]. 金融研究, 2017, 449（11）：96-111.

[15] 吕若思, 刘青, 黄灿, 胡海燕, 卢进勇. 外资在华并购是否改善目标企业经营绩效——基于企业层面的实证研究[J]. 金融研究, 2017, 449（11）：112-127.

[16] 姜军, 申丹琳, 江轩宇, 伊志宏. 债权人保护与企业创新[J]. 金融研究, 2017, 449（11）：128-142.

[17] 刘莎莎,孔高文.信息搜寻、个人投资者交易与股价联动异象——基于股票送转的研究[J].金融研究,2017,449（11）：143-157.

[18] 李晓庆.基于WRDDM的银行效率和全要素生产率分析——考虑银行风险承担行为的测度[J].湖南社会科学,2016（5）：136-141.

[19] 赵瑞,杨有振.资本结构对商业银行盈利能力的影响分析[J].山西财经大学学报,2009（6）：85-92.

[20] 李志辉,王伟,谢盈莹."中国资本监管新标准"的实施对商业银行盈利能力的影响——基于对RORWA和ROA影响因素的分析[J].金融监管研究,2012（2）：72-87.

[21] 段俊山,杨浦.核心资本充足率变动与商业银行盈利能力[J].金融论坛,2013（11）：36-43.

[22] 王耀青,于研.新监管标准对我国商业银行绩效的影响研究[J].现代管理科学,2014（3）：67-69.

[23] 张岭,张胜.资本监管提升中国银行业经营效率了吗？——基于两阶段DEA跨期比较模型的实证分析[J].经济经纬,2016（11）：155-160.

[24] 曲洪建,Gong Tao,迟运鹏.资本监管压力、收入多元化与上市银行稳健性[J].金融论坛,2017（7）：9-17.

[25] 杨瑾,霍天翔,刘湘勤.资本充足率监管有效性的成本收益分析——基于我国四大商业银行的实证研究[J].财经问题研究,2010（1）：128-140.

[26] 李勇,王满仓.资本监管、货币政策与商业银行效率非对称性效应——基于面板门限回归模型的再检验[J].经济评论,2012（2）：116-126.

[27] 邵汉华.银行监管降低了银行效率吗？[J].金融经济学研究,2016（7）：36-46.

[28] 傅强,魏琪,林荫华.审慎性监管与银行效率：来自中国银行业的经验证据[J].管理工程学报,2016（2）：84-91.

[29] 宋琴,郑振龙.巴塞尔协议Ⅲ、风险厌恶与银行绩效——基于中国商业银行2004-2008年面板数据的实证分析[J].国际金融研究,2011（7）：67-73.

[30] 刘信群,刘江涛.杠杆率、流动性与经营绩效——中国上市银行2004-2011年面板数据分析[J].国际金融研究,2013（3）：88-95.

[31] 袁鲲,饶素凡.银行资本、风险承担与杠杆率约束——基于中国上市银行的实证研究（2003-2012年）[J].国际金融研究,2014（8）：52-60.

[32] 靳玉英,贾松波,杠杆率监管的引入对商业银行资产结构的影响研究[J].国际金融研究,2016（6）：52-60.

[33] 曹艳华,资本监管压力下的商业银行风险承担行为——基于不同性质商业银行（2004—2007）的比较研究,金融论坛,2009年第5期,45-50.

[34] 方意,宏观审慎政策有效性研究,世界经济,2016年第8期,25-49.

[35] 方意、赵胜民和谢晓闻，货币政策的银行风险承担分析—兼论货币政策与宏观审慎政策协调问题，管理世界，2012年第11期，9-19.

[36] 廖岷、林学冠和寇宏，中国宏观审慎监管工具和政策协调的有效性研究，金融监管研究，2014年第12期，1-23.

[37] 吕进中、张燕、张鹏辉和张习宁，宏观审慎政策工具的有效性研究—基于动态随机一般均衡模型的分析，金融监管研究，2018年第10期，18-32.

[38] 沈沛龙和王晓婷，宏观审慎政策与银行风险承担研究，财经理论与实践，2015第3期，9-15.

[39] 宋科，宏观审慎监管三共识，http：business.sohu.com/20130325/n370146266.shtm，2013年3月25日.

[40] 宋科、李振和赵宣凯，宏观审慎政策、经济周期与银行风险承担，经济理论与经济管理，2019年第1期.